DEUTSCHE GESCHICHTE IN 100 ZITATEN

Christoph Marx

Deutsche Geschichte

in 100 Zitaten

Von Tacitus bis Merkel

Mit Illustrationen von
Dieter Wiesmüller

Mit Zitaten Geschichte erzählen

»Oh heilige Einfalt«, »Hier stehe ich! Ich kann nicht anders«, »So schnell schießen die Preußen nicht« oder »Wir schaffen das!«. Das sind nur ein paar Zitate, die jede und jeder kennt und wahrscheinlich irgendwann schon einmal selbst in den Mund genommen hat. Es sind historische Sätze, die zu geflügelten Worten geworden sind. Aber wann und in welchem Zusammenhang sind sie eigentlich zum ersten Mal gefallen, und was macht sie so bedeutend, dass sie von Generation zu Generation immer weitergetragen wurden und heute noch verwendet werden? Diese Überlegung stand am Anfang dieses Buchs, das deutsche Geschichte einmal aus einer etwas anderen, ungewohnten Perspektive erzählen will – nicht wie sonst anhand der Abfolge von Königen, Fürsten, Kanzlern, Herrschern und Beherrschten, Verträgen und Schlachten, sondern anhand von 100 Zitaten, die noch heute ihren festen Platz in unserer Alltagssprache haben: Zitate, die in der Regel deshalb so berühmt geworden sind, weil sie über die konkreten Ereignisse hinaus für geschichtliche Wendepunkte oder Meilensteine stehen und sie anschaulich auf den Punkt bringen.

In chronologischer Reihenfolge werden in diesem Buch Herkunft und Bedeutung von 100 Zitaten aus Reden und Büchern, von Parolen, Aufrufen und Zeitungsmeldungen dargestellt: vom konkreten historischen Anlass über den historischen Kontext bis zum heutigen Sprachgebrauch, der nicht selten einer inhaltlichen Neuinterpretation gleicht. Die Zitate reichen von Tacitus bis Merkel, von der »deutschen« Vorgeschichte der Germanen in der Antike bis zur Berliner Republik der Gegenwart. Manche Persönlichkeiten wie Bismarck oder Kohl sind sogar mit mehreren Zitaten vertreten. Und nicht alle Urheber und Urheberinnen sind deutscher Herkunft. Kennedys »Ich bin ein Berliner« oder Greta Thunbergs »Wie könnt ihr es wagen« durften nicht fehlen. Anhand dieser bunten Perlenkette aus kraftvollen, poetischen, verunglückten oder flapsigen Zitaten wird deutsche Geschichte sichtbar und sogar »hörbar«.

Christoph Marx

1

Vom Furor teutonicus zum Vater Europas

Die deutschen Ursprünge in Antike und Frühmittelalter

Ab wann kann man eigentlich von Deutschland sprechen? Oder von deutscher Geschichte? Ein eindeutiges Datum gibt es nicht. Ihr Ursprung liegt im Römischen Reich ebenso wie in den germanischen Wäldern Mitteleuropas.

Zu den Gebieten nördlich der Alpen, die Cäsar im 1. Jahrhundert v. Chr. eroberte, gehörten auch der südliche Teil des heutigen Deutschlands und die Rheingebiete. Hier entstanden mit Trier und Köln zwei der ältesten deutschen Städte: von der römischen Kultur geprägte, infrastrukturell hochentwickelte Großsiedlungen. Die Römer planten, ihre Expansion bis zur Elbe fortzuführen, wurden jedoch von der »Raserei der Teutonen«, so der Dichter Lukan, gestoppt. Nach der Niederlage in der berühmten Schlacht im Teutoburger Wald kurz nach der Zeitenwende bildete der Rhein für lange Zeit die Grenze zwischen dem Römischen Reich und Germanien.

Germanische Stämme auf römischem Gebiet

Da die germanischen Stämme von östlich der Rheins immer wieder in römisches Reichsgebiet einfielen, bauten die Römer zur Grenzsicherung entlang des Flusses eine gewaltige Wehranlage, den Limes. Der verhinderte jedoch nicht, dass insbesondere in den grenznahen Regionen Germanen und Römer enge kulturelle und ökonomische Beziehungen unterhielten. Ab dem 3. Jahrhundert verschwammen die Grenzen im Nordosten zusehends. Die unterschiedlichen germanischen Völker begannen, sich dauerhaft auf römischem Hoheitsgebiet anzusiedeln und brachten so zumindest das Weströmische Reich im Jahr 476 endgültig zum Fall.

Zwischen Rhein und Elbe bildeten sich nun allmählich die Stammesgebiete der Alamannen, Sachsen, Franken, Thüringer und Bayern heraus. Im heutigen Italien ließen sich die Goten und Langobarden, im heutigen Spanien die Westgoten, in Gallien vor allem Burgunder und Franken nieder. In ganz Westeuropa kam es zu kleinteiligen und oft kurzzeitigen germanisch-fränkischen Reichsbildungen. Rom blieb aber identitätsstiftend und einflussreich – zumindest als Idee eines universalen Reiches und als Zentrum eines Kulturraums, der wesentlich vom Christentum geprägt war.

Karl der Große und die Ausbreitung des Christentums

Noch in der Endphase des Römischen Reichs hatte Kaiser Konstantin das Christentum zur Staatsreligion erklärt. Wenig später wurde der Bischof von Rom als Papst Oberhaupt der katholischen Kirche, zu der sich nach und nach fast alle germanischen Herrscher Europas bekannten. Eine zentrale Rolle spielte dabei der Aufstieg des Geschlechts der Merowinger westlich des Rheins im 5. Jahrhundert, die als Herrscher der »Franken« ein Großreich formten, das auch Teile des heutigen Deutschlands umfasste. Als der Karolinger Karl der Große 771 die Alleinherrschaft über das Frankenreich antrat, eroberte er auch die Gebiete im Norden des heutigen Deutschlands, die bis dahin von den Sachsen beherrscht worden waren.

Jeder Expansionsschritt ging mit Missionierung, Zwangstaufen und dem Aufbau eines geistlichen Verwaltungsapparats einher. So wurde die römisch-katholische Kirche zur wichtigsten Stütze für die königliche Macht des Frankenreiches, das sich Anfang des 9. Jahrhunderts über weite Teile Süd- und Mitteleuropas erstreckte. Mit der Kaiserkrönung Karls durch Papst Leo III. Weihnachten 800 im Petersdom hatte das Frankenreich offiziell das Erbe Roms angetreten. Doch Streitigkeiten zwischen den Nachfolgern Karls ließen das Reich schnell zerbrechen. Das Ostfränkische Reich umfasste die Siedlungsgebiete der Mainfranken, Sachsen, Friesen, Thüringer, Bayern und Schwaben und entwickelte sich nach dem Tod des letzten karolingischen Herrschers 911 kontinuierlich zu einem neuen eigenständigen Reich, dessen Bewohner sich über die Sprache und das Gemeinwesen später als zusammengehörig, als »deutsch«, begriffen.

Um die Herrschaft über dieses »Reich der Deutschen« *(Regnum Teutonicum)* kämpften nun die einheimischen weltlichen und geistlichen Fürsten, wobei sich zunächst die Sachsen durchsetzten. Als der sächsische deutsche König Otto I. durch den Papst 962 zum römisch-deutschen Kaiser gekrönt wurde, begannen sich die deutschen Könige als »Schutzherrn des Christentums« zu verstehen und leiteten davon bis weit ins Mittelalter hinein auch eine politische Vormachtstellung in Europa ab.

»Wild blickende blaue Augen, rötliches Haar und große Gestalten«

TACITUS

Hünenhaft, rotblond und blauäugig, zudem jederzeit kampfbereit sollen sie gewesen sein, die germanischen Barbarenvölker in den undurchdringlichen, unwirtlichen Wäldern und Sümpfen Mittel- und Nordeuropas. Immer trugen sie Waffen bei sich, egal, was sie gerade taten. Wenn sie nicht kämpften, waren sie gesellige Zeitgenossen mit viel Familiensinn – verliebt ins Würfelspiel und vor allem ins Trinken. Literweise Bier (»Weizengebräu«) kippten sie regelmäßig in sich hinein und verprügelten sich im Vollrausch auch schon mal gegenseitig. Wer die Abhandlung des römischen Historikers Tacitus über die Germanen aus dem Jahr 98 n. Chr. liest, glaubt das Befremden des Autors, eines hochgebildeten Repräsentanten des damals allmächtig scheinenden Römischen Reiches, förmlich zu hören. Wie war es möglich, dass die Germanen, diese rätselhafte, scheinbar einfach gestrickte Stammesvölkerschaft rechtsseitig des Rheins, sich seit Jahrzehnten erfolgreich gegen die Eingliederung in die römische Zivilisation wehrte? So erfolgreich, dass die Römer keine andere Möglichkeit mehr sahen, als zwischen Bad Hönningen am Rhein und dem heutigen Regensburg zur Absicherung und Kontrolle der Grenze auf über 500 Kilometern einen martialisch aufgerüsteten Grenzwall aufzubauen.

Nicht die militärischen Auseinandersetzungen mit den Germanen interessierten den Geschichtsschreiber Tacitus, sondern das vermeintlich natürliche Wesen dieses »wilden« Menschenschlags. Anders als die »dekadenten« Römer hatten sich die Germanen eine vermeintliche Natürlichkeit bewahrt, so seine Überzeugung: Einfachheit, Mut und Freiheitssinn – Eigenschaften, die sie gegen die Römer stark machten. Mit diesem Subtext erklärte er den Römern in kurzen, pointierten Sätzen und durchaus mit trockenem Humor Land und Leute: Er beschrieb die verschiedenen Stämme, die geografischen Gegebenheiten, ihr Kriegs- und Gemeinwesen, ihre Feste, ihre Riten und Gebräuche. Dabei bediente er sich frei und nach Gutdünken verschiedenster damals zur Verfügung stehenden Informationsquellen, wie Reise- und Augenzeugenberichte oder Geschichtswerke. In Germanien war er selbst wohl niemals gewesen.

Die kurze Abhandlung wäre längst vergessen, wenn sie nicht zufällig 1450 im Kloster Hersfeld wiederentdeckt und seitdem immer wieder zu einem Ausweis einer deutschen Wesensart uminterpretiert worden wäre. Ab dem 16. Jahrhundert begannen die Gelehrten fälschlicherweise, die Germanen des Tacitus, die es als einheitliche Völkerschaft nie gab, mit den Deutschen gleichzusetzen. Insbesondere seit dem 19. Jahrhundert verwiesen nationalistisch gesinnte Kräfte gerne auf die Schrift, um den vermeintlich einzigartigen kühnen und freiheitsliebenden Volkscharakter der Deutschen zu belegen – und einen »Germanenmythos« zu begründen. Da war der Weg zum völkisch-rassistischen Bild des wehrhaften deutschen Kriegers nicht mehr weit. Im Nationalsozialismus war Tacitus' *Germania* überall Schullektüre – als Denkmal glorreicher deutscher Vergangenheit. Wer nach gängigen Klischees über das Aussehen von Deutschen fragt, kann das Echo von Tacitus noch heute häufig hören. Viele Nichteuropäer stellen sich Deutsche immer noch so vor: blond, groß und blauäugig.

DER GESCHICHTSSCHREIBER TACITUS

Über die römische Kaiserzeit wissen wir heute vor allem aus den Werken des vielleicht bedeutendsten römischen Historikers, Tacitus, der etwa von 58 bis 120 n. Chr. lebte. Seine *Historiae* und *Annales* bestechen vor allem durch die prägnante, scharfzüngige Charakterisierung der Nachfolger des ersten römischen Kaisers Augustus. Wenn Tacitus auch betont, sachlich und objektiv – *sine ira et studio* (»ohne Zorn und Eifer«) – vorgegangen zu sein, schimmern in seinen Darstellungen doch immer wieder Sympathien für die Idee der Römischen Republik durch. Der geschulte Redner und Anwalt machte auch politisch Karriere und amtierte für zwei Jahre sogar als Prokonsul in der Provinz Asia, dem westlichen Teil der heutigen Türkei.

»*Varus, gib mir meine Legionen zurück!*«

KAISER AUGUSTUS zugeschrieben

Drei Legionen wurden komplett vernichtet, etwa 25 000 Soldaten waren getötet worden: Kaiser Augustus muss regelrecht traumatisiert gewesen sein, als er im September des Jahres 9 n. Chr. die Nachricht von der schweren Niederlage im fernen Germanien erfuhr. Mit einem Mal schien den vermeintlich allmächtigen Römern mit den Germanen an der nordöstlichen Grenze ihres Reichs ein gefährlicher Konkurrent zu erwachsen. Der Verlust eines Großteils der damals am Rhein stationierten Truppen war für Augustus eine Katastrophe bisher unbekannten Ausmaßes, die ihm den Verstand zu rauben schien. Laut der *Kaiservita* (um 120 n. Chr.) des römischen Gelehrten Sueton soll Augustus sich monatelang Bart und Haare nicht mehr geschnitten und immer wieder aus Frust seinen Kopf an die Tür geschlagen haben. Dabei verfluchte er seinen verantwortlichen Heerführer in Germanien wiederholt mit den Worten: »Quintili Vare, legiones redde!« – »Quintilius Varus, gib die Legionen zurück!«

Ausgerechnet Quintilius Varus, mag er gedacht haben, sein langjähriger Vertrauter und Parteigänger, der sich zuvor in vielen anderen Provinzen als durchsetzungsstarker Statthalter der römischen Besatzungsmacht einen Namen gemacht hatte. Im Jahr 7 n. Chr. war er nach Germanien versetzt worden, um die Romanisierung einzelner rechtsrheinischer Teile Germaniens weiter voranzutreiben. Dabei unterschätzte er offensichtlich den rebellischen Eigensinn der Einheimischen, als er wohl kurz entschlossen die römische Rechtsordnung und Steuererhebung in Germanien einführen wollte. Daraufhin gelang es dem charismatischen Anführer der Cherusker, Arminius, die verschiedenen germanischen Stämme kurzzeitig gegen Rom zu vereinen. Unter einem Vorwand trieb er Varus' Heer in einen Hinterhalt, vermutlich im Umkreis von Kalkriese nördlich von Osnabrück, wo die römischen Truppen innerhalb weniger Tage zerrieben wurden.

Die Ereignisse bedeuteten eine entscheidende Wegmarke in der Geschichte Europas, die mit Sicherheit anders gesetzt worden wäre, wenn die Römer ihr Machtgebiet dauerhaft bis an die Elbe oder noch weiter ausgedehnt hätten. So aber ließen sie von den Plänen der militärischen Eroberung Germaniens ab und zogen sich dauerhaft auf das Gebiet links des Rheins und rechts der oberen Donau zurück. Bis heute gilt die sehr viel später so benannte »Schlacht im Teutoburger Wald« als Ausgangspunkt für die Entstehung »Deutschlands« – ungeachtet der Tatsache, dass die Germanen von einem gemeinsamen König aller Germanen nicht das Geringste wissen wollten und Arminius, weil er diese Krone anstrebte, von Verwandten ermordet wurde. Bis heute ragt ein fast 54 Meter hohes Denkmal zu Ehren des verwegenen germanischen Kriegers in der Nähe Detmolds über die Gipfel des Teutoburger Waldes. Bis in die Moderne überlebt hat aber auch der verzweifelte Ausspruch des Augustus, obwohl sein Zorn wohl nicht dauerhaft war, denn er gewährte Varus, der sich aus Scham noch auf dem Schlachtfeld das Leben genommen hatte, ein ehrenhaftes Begräbnis.

Zwar spricht heute keiner mehr von Legionen – wenngleich militärische Metaphern in der Sprache der Politik und der Medien immer noch präsent sind –, aber das (leicht abgewandelte) Zitat eignet sich, um stilbewusst sein Bedauern über etwas Verlorenes auszudrücken, das man sehr gerne zurückbekäme.

KAISER AUGUSTUS UND DAS GOLDENE ZEITALTER ROMS

Mit Augustus (63 v. Chr.–14 n. Chr.), dem ersten römischen Kaiser an der Zeitenwende, sind Glanzzeit und größte Ausdehnung des Römischen Reiches verbunden. Der Adoptivsohn von Julius Cäsar war aus den internen Machtkämpfen 31 v. Chr. als Sieger hervorgegangen und hatte eine Monarchie etabliert, ohne formal die Republik abzuschaffen. Er befriedete das Reich nach innen und sorgte so für einen langen wirtschaftlichen Aufschwung. Vieles, was wir heute von Augustus persönlich zu wissen glauben, wie etwa auch seine Verzweiflung nach der Niederlage gegen Arminius, entstammt den *Kaiserviten* des römischen Gelehrten Sueton (um 70–130 n. Chr.), der nicht zuletzt den zeitgenössischen Klatsch überlieferte.

»In diesem Zeichen wirst du siegen!«

angebliche Vision KAISER KONSTANTINS

Als Konstantin, der Kaiser des westlichen Römischen Reiches im Herbst 312 gen Rom zog, standen seine Chance, seinen Mitregenten vom Kaiserthron zu stoßen, objektiv ziemlich schlecht. Maxentius hatte sich zunächst hinter den Stadtmauern verschanzt, und er verfügte über wesentlich mehr Truppen. Da konnte der Zuspruch einer höheren Macht zur Stärkung der Kampfmoral nicht schaden. Und siehe da – als Konstantin kurz vor Schlacht in den Himmel schaute, erkannte er über der Sonne das Christuszeichen, in dem drei Worte zu lesen war: »in hoc vince« – »in diesem siege!«. Konstantin war verwirrt. In der Nacht erschien ihm noch einmal Jesus Christus persönlich, der ihn anwies, vor dem Kampf das Christogramm auf der Hauptheerfahne und den Schilden der Soldaten anzubringen. So gestärkt schritt Konstantin zur entscheidenden Schlacht an der Milvischen Brücke, bei der die Feinde in die Flucht geschlagen wurden. Maxentius ertrank im Tiber und Konstantin zog als alleiniger Kaiser des Westens in die Stadt. Demütig bekannte er sich seitdem zum Christentum. So zumindest haben es später die beiden christlichen Schriftsteller und kaiserlichen Biografen Eusebius von Cäsarea und Lactantius Firmianus überliefert, die das Ziel verfolgten, den Glauben zu verbreiten.

Dass es sich tatsächlich so zutrug und sich ein heidnisches Heer von heute auf morgen mit christlichen Insignien schmückte, gilt als eher unwahrscheinlich. Unstrittig ist, dass mit dem Machtantritt von Konstantin eine weltgeschichtliche – die sogenannte konstantinische – Wende eingeleitet wurde: Mit Konstantin ging die heidnische Antike definitiv zu Ende. Seine Politik legte die Grundlage für den Siegeszug des Christentums im gesamten Römischen Reich. Er stellte das jahrhundertelang blutig verfolgte Christentum mit dem römischen Götterglauben gleich, ließ Kirchen errichten und ernannte Bischöfe zu Richtern. Am Ende des 4. Jahrhundert wurde die missionarische Religion faktisch zur Staatsreligion erhoben und war zu einem entscheidenden Machtfaktor in Rom geworden.

Dass das römische Christentum auch nach dem Untergang des Imperiums in Europa führend blieb, war der Legende nach einem weiteren, quasi konstantinischen Erweckungserlebnis aus der Zeit der Völkerwanderung geschuldet. So berichtete Bischof Gregor von Tours von dem fränkischen König Chlodwig I., der (496) kurz vor einer drohenden Niederlage gegen die Alamannen auf dem Schlachtfeld Jesus Christus angerufen und geschworen habe, sich taufen zu lassen, wenn dieser ihm noch zum Sieg verhelfe. Tatsächlich wendete auch er noch das Blatt, und Chlodwig trat als erster Herrscher Westeuropas in Reims feierlich zum Katholizismus über. Als er weiter siegte und schließlich von Paris aus über ein Großreich herrschte, das vom heutigen Belgien bis zu den Pyrenäen reichte, folgten ihm immer mehr seiner Untertanen auch religiös. Mit der weiteren Ausdehnung des Frankenreichs insbesondere durch Pippin den Jüngeren und Karl den Großen ab Mitte des 8. Jahrhunderts expandierte auch der römisch-katholische Glaube, nun ganz real ein Zeichen der Macht und des Sieges. Und in der abendländischen Tradition wurde aus der überlieferten Aufforderung an Konstantin: »In diesem Zeichen siege!« ein Überzeugungssatz, die prophetischen, geflügelten Worte: »In diesem Zeichen wirst Du siegen!« Auch im nichtchristlichen Kontext ist das Zitat heute noch gebräuchlich, wenn man sein Vertrauen in ein Vorhaben zum Ausdruck bringen will.

KONSTANTIN DER GROSSE

Dass Konstantin (um 270/288–337) ein religiöses Bekehrungserlebnis hatte, gilt heute als unwahrscheinlich. Seine Hinwendung zum Christentum erfolgte wohl vor allem aus machtpolitischen und taktischen Erwägungen. Dennoch mag er tatsächlich Zeuge eines optischen Phänomens am Himmel gewesen sein, das er nachträglich im christlichen Sinn deutete. Die Frage, ob Konstantin selbst jemals Christ war, ist umstritten – christliche Nächstenliebe war eher nicht seine Sache. Der Sohn eines selbst bis zum Kaiser aufgestiegenen römischen Offiziers scheute vor Verwandtenmorden nicht zurück, wenn sie seinen Interessen dienten. Nach und nach schaltete er seine Konkurrenten aus und wurde 324 alleiniger Herrscher des römischen Imperiums. Er ließ zahllose christliche Kirchen errichten, nicht zuletzt in der Stadt, die er 330 zu seiner Hauptresidenz machte: in Byzanz, das von da an seinen Namen trug: Konstantinopel (das heutige Istanbul).

»Uns ist in alten maeren, wunders vil geseit«

NIBELUNGENLIED

»Uns wird in alten Erzählungen viel Wunderbares berichtet«, heißt es am Anfang des *Nibelungenliedes*, der bekanntesten aller deutschen mittelalterlichen Heldensagen. In den insgesamt 2400 Strophen über die unglückliche Liebe zwischen Kriemhild, der Königstochter von Burgund, und Siegfried, dem Königssohn der Niederlande und Drachentöter, wimmelt es nur so von »Wunderbarem«. Erzählt wird von Zwergen, Drachen, Kriegern mit übermenschlicher Kraft und Tarnkappen, Jungfrauen mit magischen Eigenschaften und nicht zuletzt von einem verfluchten Schatz. Das im Hochmittelalter verfasste Epos ist mit Figuren und Elementen der germanischen Sagenwelt, mit »alten Erzählungen« verwoben. Weite Teile der Handlung wurzeln jedoch in historischen Begebenheiten aus der Zeit der sogenannten Völkerwanderung im 4. und 5. Jahrhundert.

Als die Hunnen, eine Gruppe zentralasiatischer Reitervölker, in Osteuropa einfielen, wurden germanische Volksstämme verstärkt nach Westen und Süden vertrieben und siedelten sich auf dem Gebiet des zerfallenden Römischen Reiches an. Ein jahrhundertelanges unübersichtliches Hauen und Stechen zwischen Römern, Germanen und Hunnen begann in Europa, wobei sich die Stämme immer mehr vermischten. Es entstanden kleinere oder größere, in der Regel kurzlebige germanische Reiche, die dann regelmäßig durch wechselnde regionale Bündnisse wieder zerstört wurden. Nicht nur germanische Legenden, sondern viele oft wesentlich später verfasste, auf mündlichen Überlieferungen basierende Beschreibungen dieser verwirrenden Zeit zwischen Antike und Mittelalter fanden in das Großepos Eingang, wobei die Akteure literarisch teils bis zur Unkenntlichkeit verfremdet und die Ereignisse poetisch verdichtet oder aus dramaturgischen Gründen umgestellt wurden. Deutlich zu identifizieren sind etwa Herrscher, wie der Hunnenkönig Attila (»Etzel«) oder der ostgotische König Theoderich (»Dietrich«), die unter anderen Namen auftauchen.

Vor allem aber bilden die Überlebenskämpfe und schließlich die Zerstörung des germanischen Burgunderreiches im 5. Jahrhundert den historischen Kern der Handlung im zweiten Teil. Die Burgunder waren von Skandinavien aus ins Gebiet des heutigen Rheinhessens gezogen und hatten sich dort 413 mit römischer Erlaubnis rund um das Zentrum von Worms niedergelassen. Mit Unterstützung hunnischer Verbündeter ist das Reich nur 22 Jahre später von römischen Heeren des Feldherrn Aetius vernichtet worden. Im Epos wird der Untergang der Burgunder allerdings direkt mit dem Hunnenkönig Attila verknüpft. Diesen hatte der Sage nach Kriemhild geheiratet, um den Burgundern die Möglichkeit zu geben, Rache für ihren ersten Ehemann Siegfried zu nehmen. In der Königshalle kommt es zu einer blutigen Schlacht mit den Kampfgefährten Attilas, wobei alle Burgunder fallen, die Könige und auch Kriemhild. Dass das *Nibelungenlied* in Deutschland bis heute wesentlich als nationales Kulturerbe verstanden wird, liegt nicht zuletzt an der musikalischen Bearbeitung durch Richard Wagner im 19. Jahrhundert. Die jährliche Aufführung seines vierteiligen Opernzyklus *Der Ring des Nibelungen* bei den Bayreuther Festspielen ist ein Höhepunkt auch der High Society.

EIN ANONYMES HELDENEPOS

Das sich aus einer Unzahl mündlicher Erzählungen speisende *Nibelungenlied* ist wohl 1198–1204 von einem unbekannten Dichter am Hof des Passauer Bischofs Wolfger von Erla in mittelhochdeutscher Sprache niedergeschrieben worden und hatte ursprünglich keinen Titel. Dass es tatsächlich einen einzelnen Autor gibt, gilt angesichts der geschlossenen Form inzwischen als wahrscheinlich. Eine Urheberschaft Walthers von der Vogelweide (um 1170 – um 1230) bleibt rein spekulativ. Die beiden Zeilen der Eingangsstrophen sind erst in einer späteren Handschrift hinzugefügt und an den Anfang des Epos gestellt worden.

»Ora et labora«

BENEDIKT VON NURSIA zugeschrieben

Selbst die Anzahl der gekochten Speisen, die die Glaubensbrüder gemeinsam als Mahlzeiten am Tag einzunehmen hatten, legte Benedikt von Nursia genau fest (es waren übrigens zwei). Als er 529 auf dem abgelegenen Monte Cassino die erste christliche Abtei in Italien gründete – und damit den Prototyp des abendländischen Klosters schuf –, schrieb er in seinen 73 Benediktinerregeln nicht nur detailliert nieder, wie man ein Kloster organisiert, sondern auch, wie die Mönche Tag und Nacht verbringen sollten. Wer ein Mönch werden wollte, entschied sich, in Keuschheit, Armut, Maßhalten und Gehorsam nur für Gott zu leben und materiellem Besitz und weltlicher Liebe zu entsagen. Die Benediktiner konstituierten erstmals eine in sich geschlossene, spirituelle Gemeinschaft, in der eindeutig geregelt war, wann was zu tun sei: wann die zum Überleben notwendige Arbeit zu verrichten war, wann tägliche Gottesdienste gefeiert, wann meditiert, wann geruht, wann gemeinsam gegessen werden sollte und wann man sich dem Studium der Schriften zu widmen habe. Für ein solches Mönchsleben etablierte sich historisch die griffige lateinische Kurzformel »Bete und arbeite«, die bis heute gerne als Wahlspruch des Benediktinerordens angeführt wird.

Dabei verkürzt die populäre Maxime das ganzheitliche Anliegen Benedikts eigentlich und verwischt die zentrale Rolle der Einkehr und insbesondere der Gelehrsamkeit. Die populäre Formel, die in der Folge tatsächlich für das Mönchstum insgesamt wegweisend und idealbildend wurde, findet sich an keiner Stelle wörtlich in den Ordensregeln. Klöster breiteten sich im Mittelalter in ganz Europa aus und gewannen große gesellschaftliche Bedeutung. Sie waren die treibende Kraft hinter der christlichen Missionstätigkeit, die seit Beginn des 8. Jahrhunderts in den Gebieten nördlich und östlich des Rheins vor allem durch Bonifatius, den »Apostel der Deutschen«, vorangetrieben wurde. Zudem wurden sie zu Orten der Kultur, Lehre und Disputation, an denen man über richtiges und falsches Handeln im Sinne des Christentums entschied. Gleichzeitig verbanden sich die Klöster immer stärker mit dem sozialen Alltagsleben der Menschen und entfernten sich zusehends von ihrem ursprünglich religiösen Grundanliegen: Sie verwalteten und bewirtschafteten Grund und Boden, wurden zu regionalen Zentren von Handwerk und Handel jeder Art. Laien, vor allem Adelige, hielten Einzug. Diese

Verweltlichung des Klosterlebens brachte regelmäßig Reformbewegungen hervor, die eine Umkehr zu den Wurzeln propagierten. Ausgehend von dem Benediktinerkloster Cluny kam es ab dem 10. Jahrhundert zu einer Reform in strengerer Auslegung der Benediktinerregeln und immer wieder zu Neugründungen – Bettelorden übernahmen vor allem soziale Fürsorgeaufgaben.

Die sozial wirksmächtigste Protestbewegung gegen die Kirche, die Reformation, machte aber auch vor den Klöstern nicht Halt. Die protestantische Idee von der individuellen Freiheit des Christen stellte offen die Existenz der Klostergemeinschaft infrage. Viele Klöster lösten sich auf oder verloren in der Folge ihre Bedeutung als gesamtgesellschaftliches (geistiges) Kraftzentrum. Auch das Motto »Bete und arbeite«, das sich ab der Reformation nun auch wortwörtlich in Schriften nachweisen lässt, verlor seinen vermuteten klösterlichen Hintergrund und wurde zunehmend zum Ausdruck eines angeblichen protestantischen Arbeitsethos, der die Arbeit zu einer frommen Pflicht macht. Entsprechend liest man zum Beispiel am Ende einer lutherischen Streitschrift von 1550: »Lieber Leser, lebe wohl, bete und arbeite«. Bis heute wird mit dem Zitat der von Max Weber am Übergang vom 19. in das 20. Jahrhundert popularisierte Zusammenhang verbunden, dass Protestanten den Erfolg im Arbeitsleben als Zeichen der Gunst Gottes deuten und deswegen besonders hart arbeiten.

BENEDIKT VON NURSIA

Drei Jahre soll Benedikt (um 480–547) der Legende nach als Eremit in einer verlassenen Höhle südöstlich von Rom verbracht und nur dank der Gaben eines Mönchs überlebt haben. Angewidert von der Zügellosigkeit, die er als Student in Rom erlebt hatte, entschied sich der Spross einer wohlhabenden Familie für ein Leben in Kontemplation und Weltabgewandtheit und wurde damit zum Begründer des abendländischen Mönchtums. Erst Spiritualität in brüderlicher Gemeinschaft und karitative Tätigkeit im Dienst notleidender Menschen lassen einen Christen Gott finden, davon war Benedikt überzeugt. Er gilt auch als Begründer der organisierten Krankenpflege.

»Der König, der Vater Europas«

aus dem AACHENER *KARLSEPOS*

Über die eigene Größe wollte Karl der Große nicht andere bestimmen lassen. Seine Lobpreisung organisierte er in großem Stil selbst. In bester antiker Tradition versammelte er Gelehrte an seinem Hof, die ihn nicht nur in allen Angelegenheiten berieten, sondern auch sein Wirken für die Nachwelt festhielten. Von keinem anderen frühmittelalterlichen Herrscher ist so viel überliefert worden, glauben wir so viel zu wissen. Kein anderer Regent ist so sehr als historische Größe ins moderne europäische Bewusstsein gedrungen wie der Frankenkönig Karl, der *pater Europeae* – »Vater Europas«, als der er bereits in einer zeitgenössischen Quelle gepriesen wurde. Er schuf in der zweiten Hälfte des 8. Jahrhunderts die Grundlagen eines gemeinsamen Kulturraums, der bis in die Gegenwart gerne »als christliches Abendland« bezeichnet wird. Dafür führte Karl praktisch sein ganzes Leben lang Kriege, rücksichtslose, brutale, aber vor allem erfolgreiche Eroberungskriege. Er unterwarf 774 die Langobarden in Italien und griff die Mauren in Nordspanien an; über zehn Jahre dauerte es zudem, bis die widerspenstigen Sachsen vollständig in das Frankenreich integriert waren.

Als Karl seine Herrschaft 788 auch auf Bayern ausdehnte und seine Grenzen im Norden und Osten sicherte, waren weite Teile West- und Südeuropas unter dem christlichen Zeichen geeint. Der zu dieser Zeit von Teilen der römischen Aristokratie bekämpfte Papst Leo III. begab sich in den Schutz des erstarkten Frankenkönigs, der ihn militärisch unterstützte. Ohne wirklich sagen zu können, wer die eigentliche treibende Kraft hinter der Entscheidung war, krönte der Papst am Weihnachtstag 800 in St. Peter Karl zum neuen römischen Kaiser, zum Herrn des christlichen Imperiums – für den Frankenkönig ein machtpolitischer Aufstieg, für den in Konstantinopel residierenden Kaiser Ostroms eine Provokation, galt er doch bis dato unbestritten als höchste weltliche Autorität der Christenheit. Im engen Bündnis mit der Kirche zeigte Karl auch im Inneren Durchsetzungsvermögen. Er zentralisierte im Reich so gut wie es damals möglich war die Verwaltung, er ließ prunkvolle Bauten errichten, förderte die Kenntnis antiker Werke und vereinheitlichte die Schrift; die sogenannte karolinigische Minuskel war über fast vier Jahrhunderte verbreitet und kann als Grundlage unserer heutigen Schrift gelten. Karls Palastschule wurde zum Vorbild der mittelalterlichen Klosterschulen.

Als Karl 814 starb, hatte auch Ostrom die neue Macht der lateinischen Christenheit anerkannt. Die wiederbelebte Idee eines universalen römischen Kaisertums wurde zum zentralen Erbe Karls, das die Geschichte von West- und Mitteleuropa bis in die Moderne ganz wesentlich mitprägte. Bis weit ins 20. Jahrhundert hinein stritten vor allem Deutschland und Frankreich um »ihren« Karl; beide wollten vor allem in den Hochzeiten des Nationalismus den Mythos immer wieder politisch vor den eigenen nationalen Karren spannen. Aber Karl war weder Franzose noch Deutscher, sondern ein Europäer, genauer gesagt: ein Franke, der zum Stammvater Europas wurde. Bis heute wird in Aachen, wo er begraben ist, mit seinem Namen jährlich an eine Person ein Preis verliehen, die sich um die europäische Einigung Verdienste erworben hat. Manche wollen in Karl sogar den Urvater des Euro erkennen. Tatsächlich hatte er auf einem Territorium, das sich fast vollständig mit dem der Gründungsstaaten der Europäischen Wirtschaftsgemeinschaft 1957 deckt, den Silberpfennig zur einzig gültigen Währungseinheit gemacht.

DAS AACHENER *KARLSEPOS*

Wer Karl den Großen (747/748–814) ursprünglich als Vater Europas bezeichnete, ist unklar. Zum ersten Mal zu finden ist die Phrase in dem sogenannten Aachener *Karlsepos* (auch als *Paderborner Epos* bezeichnet), das wohl kurz nach dem Tod Karls in der Aachener Hofschule verfasst wurde. Als mögliche Autoren gelten die Hofdichter Angilbert und Hibernicus exul. Auf poetisch-literarische Weise dargestellt wird das historisch belegte Treffen zwischen Karl dem Großen und Papst Leo III. aus dem Jahr 799 in Paderborn. Das Zitat entstammt der anfänglichen Lobpreisung Karls als gerechtem, friedlichem und vorbildlichem Herrscher.

»Lieber wollen wir im Kampfe ruhmvoll sterben als den Feinden unterthan in Knechtschaft leben«

OTTO I. zugeschrieben

Als der ostfränkische König Otto I. im August 955 diese dramatischen Worte auf dem Lechfeld südlich von Augsburg an seine Soldaten richtete, stand sowohl für ihn als auch für das Reich viel auf dem Spiel. Seit Jahrzehnten fielen ungarische Reiterkrieger – die Magyaren – regelmäßig in das Reichsgebiet ein und richteten schreckliche Verwüstungen an. Um die erneute Invasion nach Bayern zu stoppen und Augsburg, die älteste Stadt Bayerns, vor Zerstörung zu bewahren, hatte König Otto ein gut ausgerüstetes Heer zusammengestellt und sich von Sachsen aus auf den Weg nach Süden gemacht. Endlich sah er die Möglichkeit, den alten Konflikt zu lösen und die Grenzen dauerhaft zu sichern. In den Jahren zuvor war es ihm gelungen, die Autorität seiner Königsherrschaft zu stärken. Seit Otto die Aufstände seiner Brüder niedergeschlagen hatte, war er nicht nur unumstritten alleiniger König der Ostfranken, sondern hatte zudem durch die Heirat mit Adelheid, der Witwe König Lothars II. von Italien, seine Ambitionen unterstrichen, das kaiserliche Erbe von Karl dem Großen anzutreten. Im Kampf gegen die ungarischen Heiden verstand sich Otto auch als Schutzherr des Christentums. »Lieber wollen wir im Kampfe, wenn unser Ende bevorsteht, ruhmvoll sterben, meine Krieger, als den Feinden unterthan in Knechtschaft leben oder gar wie böse Tiere durch den Strick enden.« So lautet der überlieferte Appell. Entweder die oder wir, entweder wir töten sie oder wir werden getötet! Noch war mit diesem »Wir« nicht das Bewusstsein einer gemeinschaftlichen Nation verbunden; noch war der Kampf – und die Macht – an die konkrete Person des Herrschers beziehungsweise an den ihn stützenden Adelsstand gebunden – und somit nicht Ausdruck einer übergeordneten Idee. Doch Ottos Worte verfehlten ihr Wirkung nicht.

Der überraschende Ausgang der Schlacht sollte sich als identitätsstiftendes Gemeinschaftsereignis für das Ostfränkische Reich erweisen. Denn trotz zahlenmäßiger Unterlegenheit und anfänglicher Rückschläge gelang es tatsächlich, nicht nur die Stadt Augsburg zu verteidigen, sondern die Bedrohung des Reiches durch die Magyaren dauerhaft zu beenden. Der Sieg über den gefürchteten Feind verbreitete sich wie ein Lauffeuer im gesamten ostfränkischen Reichsgebiet. Berichten zufolge sollen die Soldaten noch auf dem Schlachtfeld König Otto zum römi-

OTTO I.

schen Kaiser ausgerufen haben. Sicher ist, dass nun der Weg nach Rom frei war: Otto wurde sieben Jahre später (962), nach seinem zweiten Italienzug, der ihn bis nach Rom führte, von Papst Johannes XII. gesalbt und trat damit die Nachfolge von Karl dem Großen an. Er führte nun auch den Titel »Stellvertreter Christi«, was den Beginn einer jahrhundertelangen Verbindung zwischen dem Papsttum und dem Königtum im Ostfränkischen Reich markierte. Aus dem Reich aber bildete sich von nun an langsam ein neues heterogenes Herrschaftsgebiet heraus: das römisch-deutsche Reich. Der Sieg über die Ungarn und das neu gewonnene Kaisertum förderten massiv das Gemeinschaftsgefühl der Stämme und Herzogtümer nördlich der Alpen. Immer stärker wuchsen Franken, Schwaben, Bayern, Thüringer und Sachsen zusammen. Zu diesem »teutschen« Kerngebiet gehörten bis zum 14. Jahrhundert auch die Königreiche Burgund und vor allem Oberitalien. Den Nachfolgern von Otto I. auf dem römisch-deutschen Kaiserthron oblag es, das Reich zusammenzuhalten. Ottos leidenschaftlicher Appell an einen Gemeinsinn legte aber den Grundstein für den Sieg auf dem Lechfeld, der als »Geburtsstunde der deutschen Nation« in die Geschichtsbücher eingegangen ist.

DER KAISER UND SEIN CHRONIST

Als römisch-deutscher Kaiser steht Otto I. (912–973) am Beginn jener langen Liste von Herrschern des römisch-deutschen Reiches, das erst erst 1806 enden sollte. Seine Vita und die Ansprache vor der Schlacht sind dokumentiert in der *Sachsengeschichte*, die 967/968 von dem Chronisten Widukind in der Benediktinerabtei Corvey verfasst wurde und die zentrale Quelle der Ottonenzeit darstellt. Der Wahrheitsgehalt der Überlieferung lässt sich kaum beurteilen. Möglicherweise war Widukind ein Nachfahre des gleichnamigen Herzogs von Sachsen, der zu Lebzeiten Karls des Großen den Widerstand gegen die Franken anführte. Erst nach blutigen Kämpfen war Sachsen Teil des Frankenreichs geworden. Dass mit Otto I. ausgerechnet ein Sachse Nachfolger Karls des Großen und Ahnherr des römisch-deutschen Reiches wurde, entbehrt nicht einer gewissen Ironie.

2

»Wo jede Mücke doch ihren König hat«

Das römisch-deutsche Reich im Mittelalter

Das römisch-deutsche Reich des Mittelalters, das 1157 erstmals »heilig« genannt wurde, war ein politisch komplexes und kulturell äußerst heterogenes Gebilde. Es lieferte den losen institutionellen Rahmen für die unterschiedlichen Fürstentümer und Herrschaften in Mitteleuropa. Mitte des 14. Jahrhunderts erstreckte sich das Reichsgebiet im Westen von der Provence bis an die Nordsee (einschließlich der heutigen Niederlande) und im Süden von Norditalien, Österreich und Böhmen bis zum Baltikum im Osten, darunter auch das spätere West- und Ostpreußen.

Der Konflikt zwischen Papst und König

An der Spitze des Reichs stand der deutsche König, der sich als Nachfolger der römischen Kaiser und als »Schutzherr des Christentums« verstand und damit oft in direkte Konkurrenz zum Papst trat. In der Vorstellungswelt jener Zeit waren Papst und König von Gott zwei unterschiedliche Aufgaben übertragen worden: Der Papst sollte das Christentum lehren und verbreiten, der König dagegen war für die Verteidigung des Glaubens sowie die Wahrung und Organisation des Reiches zuständig. Geistliche und weltliche Herrschaftsansprüche, Glaube und Politik, waren dabei nicht klar voneinander zu trennen, und so kam es immer wieder zu Auseinandersetzungen zwischen Papst und König über die Frage, wer die eigentliche politisch-geistige Führung des christlichen Europas innehabe. Sie wurde zu einem der zentralen Konflikte im Mittelalter.

Doch auch wenn sich die Könige auf der großen Weltbühne stets selbstbewusst gaben, war ihre Herrschaft im Inneren durchaus nicht immer strahlend und unumstritten. Ihre tatsächliche Macht hing wesentlich von der Unterstützung der regionalen Herrscher ab, die sie auf den Thron gebracht hatten. Anders als im westfränkischen Reich auf dem Gebiet des heutigen Frankreichs hatte sich im römisch-deutschen Reich nie eine Erbmonarchie durchsetzen können. Der König wurde stattdessen von weltlichen und geistlichen Fürsten gewählt. Bis zum Ausgang des 15. Jahrhunderts kam es daher immer wieder zu einem Wechsel der Herrschaftshäuser. In der »Goldene Bulle« von 1356 wurden der Kreis der wahlberechtigten Kurfürsten und die genauen Regeln der Königswahl erstmals schriftlich festgelegt.

Mit jeder neuen Königsdynastie war immer auch eine Verlagerung des Herrschaftszentrums verbunden, was dazu führte, dass sich anders als in Frankreich keine Hauptstadt ausbildete. Die ottonischen Könige des 9. und 10. Jahrhunderts residierten vor allem im Sachsen, die Salier im Rheinland, die Staufer im Südwesten (mit Ausnahme von Friedrich II, der sich vor allem in Italien aufhielt), und die luxemburgischen Könige regierten von Böhmen aus. Erst den in Wien residierenden österreichischen Habsburgern gelang es schließlich ab Mitte des 15. Jahrhunderts, sich über Jahrhunderte die Thronfolge zu sichern – allerdings geschah das zu einer Zeit, als die beiden zentralen mittelalterlichen Universalgewalten Kaiser und Papst bereits stark an sozialer Bindekraft verloren hatten und das Urvertrauen in die vermeintlich gottgerechte Ordnung durch verschiedene Umstände schwer erschüttert war.

Umbrüche an der Schwelle zur Neuzeit

Im 14. Jahrhundert hatte die Pestepidemie in Europa für ein damals unerklärliches Massensterben gesorgt. Dazu kamen der moralische Autoritätsverlust einer Kirche, die sich vielerorts in Luxus und reinem Machterhalt verlor, und eine schwere klimatisch bedingte Wirtschaftskrise, die für jahrelange Hungersnöte sorgte. Nicht zuletzt war durch das Aufblühen der Städte und des überregionalen Handels ab dem 12. Jahrhundert eine neue soziale Schicht entstanden, die nicht mehr richtig in die allein an Herkunft orientierte gesellschaftliche Ständeordnung Adel-Klerus-Volk passte: ein selbstbewusstes und eigenständiges Bürgertum.

An der Schwelle zur Neuzeit stieg der Reformbedarf auf allen Ebenen. Das Reich mit seinen unzähligen Territorien und Städten – höchst unterschiedlich in Größe, Reichtum und Selbstorganisation – war ohne eine übergreifende Institution kaum noch zu lenken. König Maximilian I. wollte 1495 durch eine Reichsreform die zentrale Reichsgewalt stärken, konnte sich aber nicht durchsetzen. Die alte römisch-deutsche Kaiserherrschaft – schon immer mehr Idee als Wirklichkeit – ging unwiderruflich zu Ende.

»Dass alle Fürsten nur des Papstes Füße küssen«

PAPST GREGOR VII.

Das Zitat entstammt einer internen Schrift, die Papst Gregor VII. im März 1075 seinen Kanzleischreibern diktierte (»Dictatus Papae«). Es ist nur einer der 27 prägnanten mit quod (»dass«) eingeleiteten Leitsätze, im rigiden Tonfall eines absoluten Wahrheitsanspruches notiert. Doch seine Wirkung war enorm, denn er hob die bis dato gültige Herrschaftsordnung von Kaiser und Papst im römisch-deutschen Reich aus den Angeln. Weder der römisch-deutsche König (und Kaiser) noch der Papst hatten sich bis dahin die Frage gestellt, wer wem die Füße küssen und damit die klassische symbolische Geste der Demut und Ehrerbietung vor einem Oberhaupt erbringen müsse. König- und Papsttum bildeten im Mittelalter eine ideelle Einheit und erfüllten beide in der christlichen Welt einander ergänzende Aufgaben. Die Könige übertrugen den Kirchen weltliche Besitztümer und boten militärischen Schutz – im Gegenzug hatten sie das letzte Wort in allen Machtfragen und erhielten göttlichen Beistand. Doch nun stellte Papst Gregor offen die Machtfrage – und beantwortete sie sogleich: Er wollte über dem König stehen. Nur er allein sei von Gott direkt eingesetzt und nur ihm allein obliege es, nicht nur Bischöfe ein- oder abzusetzen, sondern sogar Könige und Kaiser. Der Papst wollte also letztlich auch die diesseitige Welt beherrschen – und nicht der von ihm gesalbte König.

Eine offene, zu dieser Zeit umstürzlerische Kampfansage, die nicht nur intellektuelle Spielerei auf dem Papier blieb, sondern ab dem 11. Jahrhundert tatsächlich einen grundsätzlichen Machtkonflikt zwischen König und Papst mit enormer Langzeitwirkung im römisch-deutschen Reich provozierte. Zum symbolischen Hauptkampffeld wurde dabei die Frage, wer über die Vergabe von Rechten und Besitzungen an Kleriker sowie Laien verfügen und diese in ihr Amt einsetzen dürfe. Als sich König Heinrich IV. 1076 weigerte, von dem bisher geltenden Gewohnheitsrecht auf die Investitur der Bischöfe abzulassen, kam es zur ersten Eskalation: Gregor exkommunizierte ihn, sprach ihm kurzerhand das Herrschaftsrecht über sein Reich ab und untersagte allen Christen, diesem König künftig zu dienen. Die Fürstenopposition gegen Heinrich im Reich witterte ihre Chance und solidarisierte sich mit dem Papst. Um sein Königtum zu retten, sah sich der Salier genötigt, Gregor persönlich in seinem toskanischen Bergdomizil aufzusuchen und ihn reumütig um Vergebung zu bitten. Tatsächlich wurde Heinrich nach dem berühmten »Gang nach Canossa« kurzzeitig rehabilitiert, doch die wirklichen Auseinandersetzungen begannen erst jetzt und sie wurden immer verworrener: Es kam zu Bürgerkriegen, Papstentführungen, Doppelkönigen und Gegenpäpsten, bis 1122 mit dem Wormser Konkordat ein komplizierter Kompromiss in der Frage der Berufung von Bischöfen gefunden wurde, der langfristig vor allem eines verhinderte: die einseitige Ausübung der absoluten Macht im römisch-deutschen Reich.

In der Folge entwickelten sich Kirche und Monarchie durch Entflechtung von Zuständigkeiten zu Institutionen mit eigenen Rechtsordnungen, die miteinander konkurrierten, aber den jeweiligen Hoheitsbereich akzeptieren. In dieser mittelalterlichen Form der Gewaltenteilung musste weder der König noch der Papst im metaphorischen Sinn die Füße des anderen küssen. Dabei blieb der (tatsächliche) Fußkuss bis ins 20. Jahrhundert fester Bestandteil des päpstlichen Zeremoniells – ein Ritual der besonderen Demutsbezeugung, das in der heute oft ironisch verwendeten Redensart »jemandem die Füße küssen« weiterlebt.

PAPST GREGOR VII.

Auch wenn Gregor VII. während seines Pontifikats von 1073 bis 1085 politisch den Machtanspruch des Papsttums verfocht, blieb er weltanschaulich doch immer der Benediktinermönch Hildebrand aus der Toskana, der das »reine Christentum, frei von allen schädlichen weltlichen Einflüssen« vertreten wollte. Während König Heinrich III. 1054 seine Wahl zum Papst noch verhindern konnte, musste sein Sohn akzeptieren, dass sich Gregor 1073 entgegen der geltenden Statuten durch Akklamation des Volkes von Rom zum Papst inthronisieren ließ. In der Blütezeit der Gegenreformation wurde er als Kämpfer für ein starkes Papsttum 1606 von Papst Paul V. heiliggesprochen.

»Gott will es!«

Parole des Ersten Kreuzzugs

27. November 1095: Immer lauter erschallen die Rufe aus der aufgepeitschten Menge auf dem offenen Feld vor den Toren der französischen Stadt Clermont. *Deus lo vult!* – »Gott will es!« Immer wieder muss Urban II. seine Rede unterbrechen. Mit drastischen Worten hatte der Papst gerade die Missetaten der Muslime gegenüber den christlichen Glaubensbrüdern im Osten beschrieben. Wie der Chronist und Benediktinermönch Robert von Reims 1106 / 07 in seiner *Geschichte von Jerusalem* verherrlichend schildert, seien dem Redner Tränen in die Augen geschossen, als er erzählte, wie den Christen im Zuge der Einfälle der »Ungläubigen« ins Byzantinische Reich bei lebendigem Leib die Bäuche aufgeschlitzt wurden. Der rhetorisch begabte Papst ließ keinen demagogischen Trick aus, um sein Publikum davon zu überzeugen, dass der scheinbar unaufhaltsame Vormarsch der Muslime in Kleinasien die Existenz der Christenheit bedrohe und ein entschiedenes Eingreifen erfordere. Es sei die heilige Pflicht der lateinischen Christen, den bedrängten Byzantinern zu helfen und die heiligen Stätten in Palästina mit allen Mitteln zurückzuerobern. Als der Papst zudem den Ablass aller Sünden in Aussicht stellte, gab es kein Halten mehr. Nach der Rede erklärten sich spontan tausende anwesende Kleriker wie Laien bereit, sich – wie gefordert – Stoffkreuze auf das Überkleid zu heften und in den heiligen Krieg zu ziehen.

Unter der Parole »Gott will es!« begaben sich von nun an über die nächsten 200 Jahren hinweg regelmäßig kleinere und größere Kreuzritterverbände aus allen Teilen des Reichs auf »bewaffnete Pilgerfahrt« in Richtung östliches Mittelmeer. Mit keiner anderen Sentenz ließ sich das immense religiöse Sendungsbewusstsein der kampfbereiten Christen besser ausdrücken, das jedes Massaker, jede Eroberung mit dem Verweis auf göttliche Ziele zu rechtfertigen schien. Dabei spielte der ursprüngliche Auftrag, den christlich-byzantinischen Kaiser in Konstantinopel zu unterstützen, im Laufe der Jahre kaum noch eine Rolle. Es ging den christlichen Reichen im Westen zunehmend um die Erweiterung der eigenen Machtbastionen. Nach blutigen Eroberungen entstanden in und um Palästina mehrere selbstständige, oft nur kurzlebige Kreuzfahrerstaaten nach westlichem Muster, deren Sicherung bzw. Rückeroberung ab dem 12. Jahrhundert zum wichtigsten strategischen Ziel der Kreuzzüge wurden. Auch die römisch-deutschen Könige, die sich qua

Amt als Schirmherren der Christenheit verstanden, legten Kreuzzugsgelübde gegenüber dem Papst ab und stellten sich an die Spitze prestigeträchtiger Truppen – mit unterschiedlichem Erfolg. Friedrich I. Barbarossa kam 1190 während des Dritten Kreuzzugs in der heutigen Osttürkei ums Leben. Besser erging es knapp vierzig Jahre später dem anderen großen Stauferherrscher Friedrich II., der sich selbst 1129 kampflos zum König im Königreich Jerusalem krönen konnte. Doch das blieb Episode. Ende des 13. Jahrhunderts wurde Akkon, der letzte christliche Stützpunkt in Palästina, von den Mameluken zurückerobert und 200 Jahre später brach nach langem Siechtum auch das byzantinische Restreich zusammen. Die Kreuzzüge erwiesen sich langfristig als gravierender Misserfolg, der Ansehen und Einfluss des Papsttums nachhaltig schädigte. Ob das gottgewollt war?

Immer noch existieren geistliche Ritterorden wie die Malteser, die in der Zeit der Kreuzzüge entstanden, sich heute aber vor allem karitativen Aufgaben widmen. Der 1868 als päpstlicher Ritterorden neu gegründete Orden der Ritter vom Heiligen Grab zu Jerusalem, der Christen im Heiligen Land unterstützt, trägt erneut den Wahlspruch *Deus lo vult*. Von den historischen Kreuzzügen distanzieren sich heute die allermeisten Christen. Töten im Namen des rechten christlichen Glaubens – das will Gott nach heutigem Verständnis definitiv nicht.

PAPST URBAN II.

Das kurze, aber wirkmächtige Pontifikat Urbans II. (1088–1099), vormals Odo de Châtillon, stand im Zeichen wegweisender Reformen. Der aus einer französischen Adelsfamilie stammende Benediktinermönch wurde von seinen Zeitgenossen als geschickter Verhandler beschrieben, der stets sein Ziel im Auge hatte, nämlich im Sinne seines Lehrmeisters Gregor VII. den Papst als eigenständige geistige Führungsmacht in Europa zu etablieren. So setzte er sich auch für die Überwindung der Kirchenspaltung (in eine West- und Ostkirche), die im Jahr 1054 vollzogen wurde, ein. Daher kam er bereitwillig der Bitte der östlichen Christenheit um militärischen Beistand nach. Wie folgenschwer sein Kreuzzugsaufruf für die westliche Politik war, ahnte er wohl selbst nicht. Er starb kurz vor der Einnahme Jerusalems 1099.

»So lasset ... sie austilgen unter den Völkern, dass der Name Israel nicht mehr erwähnt werde«

Unbekannter Kreuzfahrer

Unerbittlich, kompromiss- und vor allem auch ausnahmslos – der martialische Aufruf zur Vernichtung der Juden findet sich in dem vom hebräischen Chronisten Salomo ben Simson um 1140 verfassten *Bericht über die jüdischen Gemeinden im deutschen Reich während des Ersten Kreuzzuges*. Er wird den Anführern des fanatischen Mobs zugeschrieben, der als sogenannter Volkskreuzzug 1096 zuerst die Rheinstädte Speyer, Worms und Mainz erreichte und die ersten Judenpogrome im Reich auslöste. Unzählige Juden wurden getötet oder vertrieben. In Mainz wurde fast die gesamte jüdische Gemeinde vernichtet.

Der Satz steht für den religiös motivierten Hass auf Juden im Mittelalter, der sich Ende des 11. Jahrhunderts im Reich durch systematische Verfolgungen Bahn brach und zur Grundlage des modernen Antisemitismus wurde. Nach dem Aufruf Papst Urbans II. 1095 zum Kreuzzug gegen die Feinde des Christentums im Byzantinischen Reich und im Heiligen Land nutzten Demagogen die Gunst der Stunde, um die Wut der einfachen Bevölkerung, insbesondere der Bauern, auf die Juden zu lenken, die als »Ungläubige« von den eigenen Territorien als erstes vertrieben werden müssten.

Zum ersten Mal eskalierten im Reich die tiefsitzenden hasserfüllten Ressentiments gegenüber der religiösen Minderheit, die seit jeher eine mal mehr, mal weniger tolerierte Randexistenz in der christlichen Gesellschaft führte. Juden durften nur in bestimmten Vierteln wohnen und waren von fast allen handwerklichen Berufen ausgeschlossen. Sie lebten vor allem vom Handel, zunächst mit Vieh, dann später auch mit Geld. Von den christlichen Predigern wurden die Juden als die schlimmsten Feinde Gottes, als Antichristen dargestellt. Sie seien schuld am Tod Jesu, des Messias, und müssten als Strafe dafür heimatlos in der Welt umherirren. Schauderhafte Gerüchte, etwa, dass sie bei ritualisierten Kulthandlungen Kinderblut tranken, wurden von Generation zu Generation weitererzählt und festigten ein Stereotyp, das die Juden in Krisenzeiten zu perfekten Sündenböcken machte. Als im 14. Jahrhundert die Pest im Reich wütete, wurden die Juden verdächtigt, die Brunnen vergiftet zu haben, und es kam zu einer zweiten großen Welle von jüdischer Verfolgung und Massenmord – den Pestpogromen.

»Kinderschänder«, »Wucherer«, »Ausbeuter«, »Weltverschwörer«, »Brunnenvergifter«: Der Judenhass des Mittelalters drang so tief in das historische Gedächtnis ein, dass er auch nicht vollends verschwand, als im Zuge des 19. Jahrhunderts nach und nach die rechtliche Gleichstellung der Juden durchgesetzt wurde. Die antijüdischen Vorurteile erhielten zunehmend auch eine biologistische Komponente. Hatten Juden bis dahin mit dem Übertritt zum Christentum »das Eintrittsbillet zur europäischen Kultur« (Heinrich Heine) lösen können, wurde das Jüdischsein in der Vorstellungswelt der Antisemiten nun eine genetische, durch nichts zu ändernde Eigenschaft. Die Theorie von der »natürlichen« Minderwertigkeit der »jüdischen Rasse« wurde zur Grundlage für die mörderische Ideologie der Nationalsozialisten, die im 20. Jahrhundert das vollenden wollten, was der unbekannte Kreuzfahrer mehr als 800 Jahren zuvor den Juden ankündigt hatte: »sie austilgen unter den Völkern« – unerbittlich, kompromiss- und unterschiedslos.

SCHUTZJUDEN IM MITTELALTER

So sehr die Juden im Mittelalter gesellschaftlich isoliert und von der christlichen Kirche geschmäht und geächtet wurden, so sehr wurden sie von weltlichen Würdenträgern als überregionale Händler oder Geldverleiher gebraucht. Oft standen sie unter dem direkten Schutz des Fürsten oder Königs, was die Vorbehalte in der christlichen Bevölkerung noch weiter verstärkte. Die Pogrome im Zuge der Kreuzzüge im 11. Jahrhundert verschlechterten auch rechtlich die Lage vieler Juden. Kaiser Heinrich IV. oder auch Friedrich II. ließen sich ihr Schutzversprechen immer teurer erkaufen. So verlangten sie etwa Sondersteuern oder Sonderabgaben von Juden, um die eigenen Einkünfte zu erhöhen.

»So weh dir, deutsche Zunge!«

WALTHER VON DER VOGELWEIDE

Mit diesem Vers von Walther von der Vogelweide aus dem Jahr 1198 klagen heute noch gerne besorgte Bildungsbürger und Sprachbewahrer über den vermeintlichen Verfall der deutschen Sprache. Das war aber mitnichten die Absicht des mittelhochdeutschen Lyrikers. *Sô wê dir, tiuschiu zunge*, heißt es im Original. Mit der »deutschen Zunge« war aber nicht die deutsche Sprache, sondern das deutschsprachige Reich gemeint. Walthers Klage bezog sich also nicht auf einen Sprachwandel, sondern auf das damalige politische Chaos im Reich, in dem ein heftiger Machtkampf um den Thron tobte und die einigende Kraft des römisch-deutschen Kaisertums spürbar nachließ.

»So weh dir, deutsche Zunge, wie steht es um deine Ordnung! Wo jede Mücke doch ihren König hat, dass deine Ehre zergeht derart!«, heißt es nämlich weiter in der zweiten Strophe seiner politischen *Reichssprüche*. Als Walther von der Vogelweide diese Verse schrieb, war er wohl gerade Gast am staufischen Königshof und erlebte hautnah mit, wie nach dem Tod des Stauferkönigs Heinrich VI. 1197 eine unerbittliche Auseinandersetzung um die Nachfolge entbrannte, in deren Folge sich das römisch-deutsche Reich zum ersten Mal offiziell spaltete. Weil Heinrichs Sohn Friedrich (der spätere Kaiser Friedrich II.) noch ein Kleinkind war, fiel die Wahl der Staufer auf Philipp von Schwaben als neuen König, der aber von vielen Reichsfürsten nicht akzeptiert wurde. In einer koordinierten Aktion wählten diese nur wenige Wochen später den Welfen Otto IV. in Köln zum Gegenkönig. Damit war der jahrzehntelange Konflikt zwischen den Welfen und Staufern auf offener Bühne eskaliert. Nach 1198 buhlten nun beide Königsparteien fast zwanzig Jahre nicht nur mit Gewalt, sondern auch mit Geschenken, Eheschließungen und dem Versprechen von Landgewinnen um die Gunst der weltlichen und geistlichen Fürsten – ein Menetekel für die Zukunft.

Im Frühmittelalter hatte der römisch-deutsche König als eine Art ideeller Weltkaiser die göttliche Ordnung repräsentiert. Davon war nun immer weniger zu spüren. Wer König werden und vor allem bleiben wollte, musste zwar einer Herrscherfamilie entstammen, aber vor allem im Reich und darüber hinaus Mehrheiten unter anderen Mächtigen suchen. Längst wurde nicht mehr jeder deutsche König vom Papst zum Kaiser gesalbt. Durch die Neubesiedlung von Gebieten vor allem im Norden und Osten und durch die Neugründung von Städten hatte bald »jede Mücke ihren König«. Im Reich entstanden eigenständige, oft kleinteilige Herrschaftsgebiete, die von einem schwerfälligen Reisekönigtum nicht mehr kontrolliert werden wollten – und letztlich auch nicht mehr konnten. Als Friedrich II. 1231 bzw. 1232 mit dem »Statut zugunsten der Fürsten« den Bischöfen und Reichsfürsten Hoheitsrechte, wie Gerichtsbarkeit, Bodenverfügung, Münzrechte etc., urkundlich zugestand, erkannte er also nur die Realität an. Ab 1298 war das römisch-deutsche Reich auch offiziell eine Wahlmonarchie. Während in Frankreich das Königtum erstarkte und damit ein Vorläufer des modernen Einheitsstaats entstand, entwickelte sich das Reich ab 1500 immer mehr zu einem Bund vieler weitgehend selbstständiger Staaten – ein Erbe, das bis in die Gegenwart in dem stark föderalen Staatsaufbau Deutschlands spürbar fortlebt. Was die Deutschen verband, waren weniger eine starke politische Organisation oder klare geografischen Grenzen als die »deutsche Zunge« im engeren Sinn, also die gemeinsame Sprache.

WALTHER VON DER VOGELWEIDE

Vom berühmtesten, bereits zu seinen Lebzeiten von Zeitgenossen hoch gelobten deutschen Dichter des Mittelalters sind nur seine etwa 90 mittelhochdeutschen Minnelieder und etwa 150 Sangsprüche überliefert, die er wohl zwischen 1190 und 1230 verfasste. Von der historischen Person Walther, der etwa von 1170 bis 1230 lebte, wissen wir nur das, was sich aus den Werken rekonstruieren lässt. Es wird angenommen, dass er als Berufsdichter im Reich umherreiste, um sich vor allem Fürstenhöfen anzudienen. Auch hinter seinen politischen *Reichssprüchen* kann man eine Auftragsarbeit vermuten, da sie eindeutig Partei für den Staufer Philipp von Schwaben nehmen.

Das »Staunen der Welt und deren wunderbarer Verwandler«

MATTHÄUS VON PARIS

Stupor quoque mundi et immutator mirabilis: Mit dieser prägnanten Formel pries der englische Chronist Matthäus von Paris den Stauferkaiser Friedrich II., der in der ersten Hälfte des 13. Jahrhunderts über das römisch-deutsche Reich einschließlich Sizilien und Jerusalem herrschte, kurz nach dessen Tod. Auch andere Könige wie der englische Richard Löwenherz wurden von mittelalterlichen Autoren immer mal wieder so bezeichnet. Doch inzwischen ist die Formel fest mit dem legendären letzten Stauferkönig verbunden, über den schon die Zeitgenossen staunten, weil er teilweise ganz anders auf die Welt zu blicken schien als sie selbst – und begann, sie zu verwandeln.

Heute gilt Friedrich als faszinierende historische Übergangsfigur: als Herrscher, der das Spätmittelalter einleitete, in dem die Umrisse der Neuzeit bereits erkennbar wurden. Er war einerseits ein durchaus traditionsbewusster deutscher Kaiser, der weite Teile Italiens beherrschte und die mittelalterliche Idee vom römischen Weltkaisertum politisch verfolgte, andererseits aber ein nüchterner Reformer, der im deutschen Stammland den Fürsten umfassende Privilegien zugestand, mit wegweisenden Maßnahmen die innere Sicherheit im Reich erhöhte und vor allem in Süditalien eine effiziente Verwaltung aufbaute, die Formen des modernen Staatswesens vorwegnahm. Er war ein christlicher Kreuzfahrer, der sich in Palästina zum König von Jerusalem krönen ließ, aber gleichzeitig eine für damalige Zeiten ungewohnte religiöse Toleranz in Sizilien zeigte, als er Muslimen die Ausübung ihres Glaubens erlaubte.

Für Jacob Burckhardt war Friedrich II. ein Wegbereiter der Renaissance, der erste moderne Mensch auf dem Thron, ein Schöngeist, der neun Sprachen beherrschte, dichtete, großartige Bauwerke errichten ließ, ein Forscher, der über Natur und Umwelt staunte und sie zu verstehen versuchte, der um sich Mathematiker und Astronomen scharte und in Neapel eine Hochschule gründete. Der begeisterte Falkenjäger schrieb selbst ein wegweisendes Werk über die Falkenjagd, das ihn als systematisch arbeitenden, rationalen Naturkundler auswies.

In der Politik verfolgte der König ähnlich kühl, zumindest ohne große Rücksicht auf familiäre oder traditionelle Bindungen zu nehmen, seine eigenen Machtinteressen. Nicht nur das »Staunen der Welt« war groß, sondern gerade bei seinen Gegnern auch die Furcht – der lateinische Begriff *stupor* trägt im mittelalterlichen Verständnis beide Aspekte in sich. Wer immer sich seinem imperialen Herrschaftsanspruch entgegensetzte, war sein Feind, den es zu bekämpfen galt.

Zum größten Konkurrenten wurde das Papsttum, das stets selbst das Königreich Sizilien und die Macht in Italien für sich beanspruchte. Als Friedrich 1239 als Vorläufer des »Antichrist« von Papst Gregor IX. exkommuniziert wurde, kam es zu einem erbitterten Kampf um die Vormacht in Italien, den der Regent letztlich verlor. Er wurde 1245 von Papst Innozenz IV. für abgesetzt erklärt. »Die Erde frohlockt«, soll dieser gesagt haben, als er 1250 die Nachricht vom Tod Friedrichs erhielt. Doch je länger er tot war und je komplizierter die Herrschaftsverhältnisse wurden, desto stärker war die Sehnsucht nach der vermeintlich guten alten Ordnung unter dem letzten Staufenkaiser. Dabei war er im Grunde in vielerlei Hinsicht ein »wunderbarer Verwandler« – ein Mann des Morgen.

MATTHÄUS VON PARIS UND DIE *CHRONICA MAIORA*

Das Zitat findet sich in der zwischen 1200 und 1250 entstandenen lateinischen Bilderhandschrift *Chronica Maiora* des englischen Benediktinermönchs, Chronisten und Illuminators Matthäus (um 1200–1259). Die dreitausendseitige Weltchronik reicht von der Schöpfung bis zur damaligen Gegenwart in christlich-heilsgeschichtlicher Deutung. In der Darstellung des Konflikts zwischen Friedrich und dem Papst stellt der Autor sich eindeutig gegen den Papst und feiert Friedrich als den »größte(n) unter den Fürsten der Erde«. Bei Matthäus findet sich auch eine der ersten Fassungen der Legende vom »Ewigen Juden«, die literarisch bis in die Gegenwart immer wieder verarbeitet wurde.

»*Wir wollen seyn ein einziges Volk von Brüdern*«

FRIEDRICH SCHILLER

Friedrich Schiller wusste den historischen Moment dramatisch zu inszenieren. In der zweiten Szene des zweiten Akts seines *Wilhelm Tell* lässt er über der großen Wiese am idyllischen Vierwaldstättersee, im Volksmund »Rütli« genannt, gerade die Sonne aufgehen, als die Vertreter aus den Bergtälern Uri, Schwyz und Unterwalden ihre drei Finger in die Luft recken und sich mit diesen Worten zum »Ewigen Bund« zusammenschließen. In keiner Not oder Gefahr wollen sie sich trennen, nie werden sie sich furchtsam unterwerfen, lieber den Tod wählen als die gemeinsame Freiheit aufgeben, schwören sie feierlich. Schiller verarbeitet in seinem Schauspiel von 1804 eine Erzählung aus dem 16. Jahrhundert über die Anfänge der Schweiz und schuf damit den wohl wirkmächtigsten Eid der Literaturgeschichte.

Auch wenn es diesen »Rütli-Schwur« (der mittlerweile offiziell in das Jahr des Bundesbriefes 1291 datiert wird) in Wirklichkeit nie gab, gehört er zentral zum Gründungsmythos der Schweizerischen Eidgenossenschaft, wie die Schweiz seit 1803 offiziell heißt. Immer noch werden bei den jährlichen Feierlichkeiten am Schweizer Bundesfeiertag, dem 1. August, Schillers Verse zitiert oder gesungen. Gerade in der ersten Zeile bündelt sich bis heute das Selbstverständnis einer Nation, die keine gemeinsame Sprache, sondern vor allem ein gemeinsamer politischer Willen eint: in strikter politischer Abgrenzung gegenüber den Großmächten in Europa die Eigenständigkeit und Selbstbestimmung zu bewahren. Ein Anliegen, das sich in bemerkenswerter Kontinuität durch die schweizerische Geschichte zieht, von den Anfängen an, die im 14. Jahrhundert liegen.

Damals wurde in den Alpenregionen die königliche Zentralgewalt im deutsch-römischen Reich schwächer, und überall entstanden neue regional mächtige Herrschaften. Zu dieser Zeit (1307) verbündeten sich im Raum der heutigen Mittelschweiz tatsächlich die genannten drei Urkantone, um nach innen den Frieden zu sichern und jede Einmischung von außen zu verhindern. Als das kleine Bündnis überraschend militärische Stärke zeigte und sich gegen Ansprüche von Habsburgern und Burgundern behauptete, schlossen sich ihm immer mehr benachbarte regionale Gemeinwesen an: ganz unterschiedlich verfasste Stadtrepubliken wie Zürich, Bauerngemeinden wie Appenzell oder Bistümer wie Basel. Während sie nach außen »ein einzig Volk von Brüdern« waren, gewährten die Eidgenossen einander im Innern größtmögliche Freiheit zur Selbstorganisation. Durch eine enorme Anpassungsfähigkeit an die wechselnden politischen Verhältnisse gelang es der Schweiz, die sich nach dem Dreißigjährigen Krieg auch offiziell vom römisch-deutschen Reich löste, über Jahrhunderte zumindest formal immer ihre Eigenständigkeit zu bewahren. Weitgehend verschont von radikalen Umbrüchen, entwickelte sich aus dem Prinzip der Selbstbestimmung im 19. Jahrhundert die erste Demokratie auf dem Kontinent heraus, die konsequent auf der direkten Beteiligung der Bürger und seit 1971 auch der Bürgerinnen in vielen politischen Fragen aufbaut und auf den eigenen Sonderstatus in Europa beharrt. Bis heute ist das Land kein Mitglied der Europäischen Union.

FRIEDRICH SCHILLER

Nicht nur *Wilhelm Tell*, sondern auch *Die Räuber*, *Don Karlos* oder *Maria Stuart* – fast alle Dramen Friedrich Schillers (1759–1805) sind Auseinandersetzungen mit historischen Stoffen, die deutlich als Analogien zu zeitgenössischen gesellschaftlichen Verhältnissen angelegt sind. Der neben Johann Wolfgang von Goethe bedeutendste Dramatiker der Weimarer Klassik und Zeitzeuge der Französischen Revolution fühlte sich den idealistischen Ideen der Aufklärung verpflichtet und glaubte daran, die Menschheit durch Sprache und Kultur zu mehr Freiheit erziehen zu können. Der »Rütli-Schwur« aus *Wilhelm Tell* gilt als beispielhafte literarische Ausdrucksform für Schillers Auseinandersetzung mit dem Spannungsverhältnis von individueller Freiheit und mitmenschlicher Solidarität sowie dem Recht auf Widerstand.

»Stadtluft macht frei«

Rechtssprichwort des Mittelalters

Der bis heute gern zitierte Satz wurde im 19. Jahrhundert von Rechtshistorikern geprägt und bezog sich auf die besonderen Freiheitsrechte der Städte im Mittelalter, die sie von ihrem ländlichen Umfeld abhoben. »Luft« meinte dabei im übertragenen Sinn den Ort, an dem sich jemand niederließ. Für ihn galt das Recht, das an diesem Ort herrschte. Insbesondere ambitionierte Bauern, die im Mittelalter in der Regel als »Unfreie« bzw. Leibeigene an ihre Grundherren gebunden waren, verknüpften mit dem Stadtleben immer auch die Vorstellung von Wohlstand, persönlicher Freiheit und sozialem Aufstieg. Bis zum »Statut zugunsten der Fürsten« 1231 bzw. 1232 galt vielerorts der rechtliche Grundsatz, dass Unfreie von ihren Dienstpflichten befreit werden konnten, wenn es ihnen gelang, sich ein Jahr und einen Tag unentdeckt in der Stadt durchzuschlagen. Ein vormals Leibeigener konnte dann Mitglied der Stadtgemeinde und damit offiziell freier Stadtbewohner werden, also über sich bestimmen und über das verfügen, was er wirtschaftlich erarbeitete.

Besonders durch den Zuzug vom Land wurden die Städte ab 1100 immer größer und vor allem auch immer zahlreicher. Sie lösten die Klöster zunehmend als Wirtschafts- und Wissenszentren ab. Stadtneugründungen wurden auch bewusst von Königen und Landesfürsten gefördert, da auch sie von dem rasanten Wirtschaftswandel profitieren wollten, der im Hochmittelalter in ganz Europa einsetzte. Von Italien aus entwickelten sich erste Ansätze einer Geld- und Finanzwirtschaft, was zu einer starken Zunahme des überregionalen Handels und auch des Fernhandels führte. Die Stadtherren statteten ihre Städte mit spezifischen Markt-, Münz- und Zollrechten aus, und insbesondere Großstädte stiegen zu überregional bedeutenden Warenumschlagplätzen auf. Während zunächst vor allem ehemalige Römerstädte und Bischofssitze wie Köln, Mainz und Regensburg wirtschaftlich führend waren, rückten ab dem 15. Jahrhundert reichszugehörende Städte wie Nürnberg oder Augsburg in den Vordergrund, also Städte, die direkt dem Kaiser unterstanden.

Politisch entwickelten sich die Städte in Auseinandersetzung mit dem jeweiligen Stadtherrn zu weitgehend autonom regierten Gemeinwesen mit eigener Rechtsordnung. Dabei machte die Stadtluft die Bürger zwar wirtschaftlich frei, aber bei Weitem nicht gleich, denn auch hier gab es eine Ständehierachie. So wurden die Ratsherren oder Stadträte vor allem anfangs fast ausschließlich von den örtlichen reichen Kaufmannsfamilien (»Patriziern«) gestellt. Ab dem 14. Jahrhundert schlossen sich jedoch vermehrt Händler und Handwerker in Gilden oder Zünften zur gegenseitigen Interessenvertretung zusammen und konnten immer mehr politische Mitspracherechte erwirken. Die Städte wurden so zu Keimzellen der kommunalen Demokratie. Auch später erwiesen sie sich als Zentren wirtschaftlicher und politischer Neuerungen, als Orte, wo auf verdichtetem Raum Menschen aus unterschiedlichen Schichten mit unterschiedlichsten Kompetenzen zusammenkamen und neue Ideen und Unternehmungen ausprobierten.

Noch heute wird das Leben in der Stadt von vielen als freier empfunden als das Leben auf dem Land, wohl, weil es anonymer ist und die Möglichkeiten sich zu entfalten größer sind. Dabei ist seit Anfang des 21. Jahrhunderts auch ein gegenteiliger Trend zu beobachten. Gestresste Großstädter zieht es vermehrt aufs Land, um sich neu zu erden und im erhofften Einklang mit der Natur ein ruhiges, einfaches Leben zu führen. Für sie macht gerade die Landluft frei.

ZUR HERKUNFT

Die genaue Herkunft des einprägsamen Satzes ist unklar. Zwar bildet das Mittelalter den ursprünglichen historische Kontext, doch die Formulierung selbst entstand erst sehr viel später in der Moderne – um den Gegensatz zu dem älteren Sprichwort »Luft macht leibeigen« hervorzuheben. Es war wohl der deutsche Rechtshistoriker Ernst Theodor Gaupp, der 1851 erstmals die Wendung benutzte, um die besonderen Freiheitsrechte der Städte im Mittelalter auszudrücken. Er sprach von dem »in den Städten schon ziemlich früh und ziemlich allgemein herrschend werdenden Grundsatz: die Luft macht frei«. Auch in Jacob Grimms *Deutschen Rechtsalterthümern* von 1899 findet sich das Sprichwort im Wortlaut »Luft macht frei«.

»Eintracht innen, draußen Frieden«

Hanse-Wahlspruch

Concordia domi foris pax: In goldenen Lettern prangt heute noch der lateinische Schriftzug über dem Eingangsbogen des Holstentors in Lübeck, des letzten sichtbaren Symbols der großen Vergangenheit der Stadt und Fotomotiv für Touristen aus aller Welt.

Anfang des 13. Jahrhunderts war Lübeck als heimliche Hauptstadt der Hanse zur führenden Handelsmetropole im Ostseeraum aufgestiegen und gelangte dadurch in den folgenden Jahrhunderten zu Wohlstand und Macht. Der Wahlspruch, der seit dem 16. Jahrhundert das Wahrzeichen der Stadt zierte, brachte das weltoffene Selbstverständnis der Bürger und Kaufleute nicht nur von Lübeck, sondern von allen großen Hansestädten zum Ausdruck. Bis zu zweihundert Städte gehörten dem Bündnis im Mittelalter an: Hafenstädte an der Küste und den großen Flüssen, wie Bremen, Rostock, Greifswald oder Hamburg. Gemeinsames Ziel war es, einträchtig die bürgerlichen Freiheiten zu verteidigen, die einen intensiven Freihandel mit der Welt ermöglichten, und dadurch die friedliche Verständigung zwischen den Völkern zu fördern. Friede als Voraussetzung wie Folge intensiver Handelsbeziehungen – ein liberales Ideal, das der Praxis nicht immer standhielt.

Die Hanse, die ab Mitte des 14. Jahrhunderts zu einem engen Bündnis nord- und mitteleuropäischer Städte zusammenwuchs, führte im Zweifel für die eigenen Vorrechte auch Krieg. Wer gegen ein nicht unerhebliches Entgelt in die Gemeinschaft aufgenommen wurde, gehörte zur exklusiven wirtschaftlichen Elite des mittelalterlichen deutsch-römischen Reichs, die mit der Zeit auch enorme machtpolitische Bedeutung gewann. Zeitweise beherrschte die Hanse mit ihren modernen Handelsschiffen den gesamten Nord- und Ostseehandel fast monopolartig – von Köln und Hamburg bis nach Riga im Baltikum. Von Mitte des 14. bis Mitte des 17. Jahrhunderts trafen sich fast jedes Jahr Vertreter der Hansestädte auf dem Hansetag, und das nicht nur, um gemeinsame Interessen verbindlich zu formulieren, Vertragsentwürfe zu beraten, Streitereien auszuräumen oder diplomatische Verhandlungen zu koordinieren, sondern manchmal auch, um über Krieg und Frieden zu entscheiden. So führte das Bündnis etwa in den 1360er-Jahren erfolgreich Krieg gegen das Königreich Dänemark, das ihm im Frieden von Stralsund 1370

HANSEAT

umfangreiche Handelsprivilegien zugestehen musste. Mit dem Aufstieg der neuen Seemächte England und Holland im nordeuropäischen Raum infolge ihrer erfolgreichen Expansion über den Atlantik schwand der Einfluss der Hanse ab dem 16. Jahrhundert. Zahlreiche Privilegien gingen verloren; Sonderrechte blieben den Hansestädten aber bis weit in die Neuzeit erhalten.

Lübeck war bis 1937 eine freie Stadt mit Souveränitätsrechten; Hamburg und Bremen sind bis heute eigenständige Stadtstaaten. Das hanseatische Ideal der bürgerlichen Solidarität und des friedlichen Handels wird in der Gegenwart von Politikern und Politikerinnen gerne als Mahnung zu mehr innerem Zusammenhalt und mehr Offenheit gegenüber Neuem interpretiert.

DIE BOTSCHAFT AM HOLSTENTOR

Inschriften auf öffentlichen Gebäuden wurden im Laufe der Zeit häufig geändert und dem Zeitgeist angepasst. Der Satz am Lübecker Holstentor wurde in der heutigen Form anlässlich der Gründung des ersten deutschen Nationalstaats 1871 dort angebracht. Er ist die Verkürzung einer Botschaft, die von 1585 bis 1853 das heute nicht mehr existente äußere Stadttor zierte und mehr ein Ideal als einen Zustand formulierte: »PULCHA RES EST PAX FORIS ET DOMI CONCORDIA – AN MDLXXXV« (Es ist eine schöne Sache, wenn draußen Frieden und drinnen Eintracht herrscht – im Jahre 1585). Sie wurde im Zuge einer Restaurierung verändert in: »Eintracht zu Hause und draußen Frieden ist das beste für alle.«

»Kriege führen mögen andere, du, glückliches Österreich, heirate!«

Motto der Habsburger

Nie war das Motto einer großen Dynastie poetischer: *Bella gerant alii, tu, felix Austria nube!* bildet zusammen mit der zweiten Textzeile *Nam quae Mars aliis, dat tibi diva Venus* (»Denn was Mars den anderen, gibt dir die göttliche Venus«), ein Distichon, eine antike zweizeilige Strophenform, bestehend aus zwei Hexametern. Vor allem die erste Zeile wurde spätestens ab dem 18. Jahrhundert auf jeder Habsburger-Hochzeit feierlich rezitiert. Sie war zentraler Teil des Mythos, dass das österreichische Herrschergeschlecht seinen Aufstieg zur führenden Dynastie im Reich vor allem seiner erfolgreichen Heiratspolitik verdankte. Im Laufe der Jahre erfanden habsburgische Hofdichter immer neue Varianten des Mottos. Manchmal klingt es so, als wäre die mächtigste Familie Europas eine Art vormoderne Hippie-Kommune gewesen, die den Krieg verachtete und die Welt mit Liebe eroberte. »Krieg führe, wer da will. Es mögen Potentaten mit Degen mit der Faust ausüben grosse Thaten, erwählet das holde Österreich Liebes=Band«, hieß es etwa 1760 in einem Gedicht zur Hochzeit von Joseph II. mit Isabella von Bourbon-Parma, die dem außenpolitischen Ziel einer engeren Verbindung mit dem »Erzfeind Frankreich« diente.

So friedlich waren die Habsburger aber gar nicht. Auch Kriege waren Bestandteil ihrer Machtpolitik – und Betrug. Dass das Haus Habsburg trotz seiner Hausmacht im Südwesten und seiner kaiserlichen Vergangenheit nicht zu den Fürstentümern im Reich gehörte, die den deutschen König wählen durften, wollte Herzog Rudolf IV. schlicht nicht hinnehmen. Er ließ eine Reihe königlicher Urkunden fälschen, die dem Herzogtum Österreich weitreichende Souveränitätsrechte zusicherten und auch den Herrscher zu einem »Erzherzog« erhöhte. »Felix Austria – Glückliches Österreich«: Die kokette Selbstbeschreibung, mit der bis heute gern die Lebensart der Österreicher verkürzt charakterisiert oder auch karikiert wird, findet sich erstmals auf den Siegeln von Herzog Rudolf. Jahrzehnte später wurde der erfundene Titel »Erzherzog« von Kaiser Friedrich III. (selbst ein Habsburger) anerkannt.

Treibende Kraft hinter dem großen dynastischen Ehrgeiz war nicht zuletzt der Glaube an die eigene Auserwähltheit. Der stetige Machtzuwachs der Habsburger ab der zweiten Hälfte des 15. Jahrhunderts war dabei tatsächlich das Ergebnis von strategischem Geschick: Es gelang, durch Vermählungen (zum Teil im Kindesalter) mit Mitgliedern anderer Dynastien oder auch Angehörigen der eigenen Familie den politischen Einfluss europaweit zu maximieren. Auf diese Weise fielen bis Ende des 16. Jahrhunderts unter anderem Burgund, Spanien, Böhmen und Ungarn an die habsburgische Krone. Die genetischen Folgen der zahlreichen Verwandtenehen waren einigen Habsburger-Herrschern deutlich anzusehen. Charakteristisch war die sogenannte Habsburger Lippe, ein ausgeprägter Unterkiefer mit stark vorstehender Unterlippe.

Bis zum Ende des römisch-deutschen Reichs hatten die Habsburger fast durchgehend die Kaiserwürde inne, die aber ab dem 18. Jahrhundert zunehmend nur noch symbolische Bedeutung hatte. Der schöne Schein der prunkvollen Kaiserstadt Wien verdeckte den realpolitischen Machtverlust der Habsburger gegenüber dem aufstrebenden modernen Militärstaat Preußen. Im Kampf um die Vorherrschaft im deutschen Reich zog Österreich auf dem Schlachtfeld regelmäßig den Kürzeren, was dazu führte, dass Ende des 19. Jahrhunderts der deutsche Nationalstaat ohne das traditionelle (römisch-deutsche) Kaiserhaus gegründet wurde. »Kriege mögen andere führen!« – der Wahlspruch, der einst so selbstbewusst klang, bekam nun eine neue ironische, im besten Fall trotzige Bedeutungskomponente.

FREI NACH OVID

Über einen konkreten Urheber des Distichons ist nichts bekannt. Vorbild war wohl der Ausruf einer Liebenden in den *Heroides* von Ovid: »Kriege mögen andere führen, Protesilaus soll lieben!«. Die Habsburger übernahmen die erste Zeile und den Gegensatz von Krieg und Liebe, erhoben jedoch souverän die Heirat zum höchsten Ausdruck der Liebe. Dass die Dynastie weniger dem Krieg als der Liebe bzw. dem Heiraten zugeneigt war, bekräftigt auch ein 1718 abgedrucktes Hochzeits-Distichon, in dem die römischen Gottheiten für Krieg und Liebe bemüht werden: »Laß andere ziehn ins Feld, heurathe Oestreich du, Denn was Mars anderen gibt, legt Dir die Venus zu.«

»Oh heilige Einfalt!«

JAN HUS zugeschrieben

Für die Reformatoren des 16. Jahrhunderts war Jan Hus ein Bruder im Geiste – einer, der Jahrzehnte vor ihnen für die gleichen Ziele auf dem Scheiterhaufen sterben musste. Auch der böhmische Theologe hatte gegen die absolute Autorität des Papstes qua Amt und für die Gewissensfreiheit des einzelnen Christen gekämpft. Im 15. Jahrhundert verlor die Kirche zusehends an moralischer Glaubwürdigkeit: Päpste führten ein Lotterleben, Kirchenfürsten verhökerten Ämter an Meistbietende, die Klöster häuften Reichtümer an, ohne sie mit den Armen teilen zu wollen, und der Ablasshandel blühte. Gegen diese Missstände und für ein tugendhaftes Leben predigte Hus erfolgreich in seiner Landessprache. Noch aber glaubten die herrschenden Stände, durch brutale Machtdemonstrationen die Kritiker einschüchtern zu können. So ließ die Kirche am Rande des Konzils von Konstanz am 6. Juli 1415 deren prominentesten Kopf, Jan Hus, als »unbelehrbaren Ketzer« vor der Stadt und vor einer großen Menschenmenge verbrennen. Doch sie irrte schwer: Der Tod des »Häretikers« schwächte die Kirchenopposition nicht, sondern stärkte sie vielmehr. Es folgten Jahrzehnte andauernder schwerer Unruhen in Böhmen, bei denen die Anhänger von Jan Hus, die Hussiten, sogar gegen die ihnen vom Papst gesandten Kreuzzügler gewannen. Und im ganzen Reich entstand in der Folge ein gesellschaftliches Klima, in dem die Reformation Anfang des 16. Jahrhunderts so schnell großen Zuspruch erhielt.

So sahen die kirchenkritischen Geschichtsschreiber späterer Generationen Hus zumeist als überlegenen Geist, der seinen autoritätsgläubigen christlichen Zeitgenossen weit voraus war – ein Vorurteil, aus dem sich die Legende um seine letzten Worte speiste. »Oh heilige Einfalt!«: In den Augenzeugenberichten über die Hinrichtung von Hus findet man den bis heute gern zitierten Seufzer nicht, sie erzählen vielmehr realistisch von einem entsetzlichen und qualvollen Tod. In einer Konzilsgeschichte von 1541 heißt es erstmals, dass Hus – bereits auf dem Scheiterhaufen stehend – über eine einfache Bäuerin staunte, die immer wieder aufs Neue Holzstücke ins Feuer warf. Lächelnd soll er deren Tun mit den Worten kommentiert haben: »O sancta simplicitas«. Noch im Angesicht des Todes zeigte Hus Milde gegenüber den Menschen aus dem Volk, deren Einfalt die Mächtigen zu ihren Zwecken schamlos ausnutzen.

»Heilige Einfalt« war ursprünglich durchaus positiv konnotiert und galt als Tugend. (Für den Kirchenvater Hieronymus, der diese Wendung bereits in der Spätantike gebrauchte, stand sie für die Fähigkeit, Sachverhalte klar und einfach auszudrücken.) Erst seit der Aufklärung wird Einfalt in erster Linie mit Dummheit inhaltlich gleichgesetzt, was sich auch an den später entstandenen Varianten der Legende um Hus ablesen lässt, die weniger von Milde des Reformators zeugen als von dessen Entsetzen über den blinden Glaubenseifer des Kirchenvolks. Entsprechend verachtend lässt Goethe seinen Mephistopheles in *Faust I* über den naiven Wahrheitseifer des Protagonisten ausrufen: »*Sancta Simplicitas!* darum ist's nicht zu tun; Bezeugt nur, ohne viel zu wissen.« In dem abwertenden Sinn ist der vermeintliche Ausruf von Hus bis heute ein geflügeltes Wort – als eine elegante Möglichkeit, das eigene Erstaunen über jemandes Naivität oder Unbedarftheit mit einem Schuss Ironie auszudrücken. Aus Höflichkeit sagt man es wohl häufiger in Gedanken als es laut auszusprechen.

JAN HUS

Noch auf seiner Reise zum verhängnisvollen Konzil von Konstanz 1414 war Jan Hus (um 1370–1415) für jede Diskussion über seine umstrittenen reformerischen Thesen bereit. Der streitbare Böhme verstand sich in erster Linie als Wissenschaftler und nicht als politischer Akteur. Er hatte an der Prager Universität Karriere gemacht und war 1409 sogar zum Rektor ernannt worden. Seine auf Tschechisch gehaltenen kirchenkritischen Predigten in der örtlichen Bethlehemskapelle ab 1402 waren sehr beliebt. Auch als Papst Alexander 1410 den Kirchenbann über ihn aussprach, konnte er zunächst in Prag weiterpredigen. Erst 1412 musste er die Stadt verlassen. Neben der ersten tschechischen Bibelübersetzung verfasste der Kirchenrebell 1413 sein Hauptwerk *De ecclesia* (»Über die Kirche«), dessen Thesen Gegenstand des Konstanzer Konzils werden sollten. Noch heute gilt Hus in Tschechien als Nationalheld.

»*Er kann mich im Arsche lecken*«

JOHANN WOLFGANG VON GOETHE

Ja, es heißt wirklich »im« und nicht »am«. Bis ins 18. Jahrhundert war diese Variante durchweg üblich. Bei Luther etwa heißt es: »... dasz uns der Papst und Legat im Ars wollten lecken.« Goethe erfand die Wendung also nicht, trug aber bedeutend zu ihrer Popularität bei. Sie stammt aus dem 1774 uraufgeführten Drama *Götz von Berlichingen mit der eisernen Hand* und machte nicht nur den Autor quasi über Nacht zu einer Berühmtheit im Reich. Genauso wie damals der 24-jährige Frankfurter Jurist Johann Wolfgang von Goethe war auch der historische Titelheld, der schwäbische Reichsritter Götz von Berlichingen, den Zeitgenossen des Dichters kaum bekannt. Er war in der ersten Hälfte des 16. Jahrhunderts in zahlreiche Kriege und Privatfehden involviert, überwarf sich regelmäßig mit dem Kaiser und allen möglichen Fürsten und soll auch nichts von seiner Rauflust eingebüßt haben, als er nach dem Verlust seiner rechten Hand eine metallene Handprothese tragen musste.

Goethe stilisierte den umtriebigen Raubritter in seinem Theaterstück zum Repräsentanten eines stolzen Rittertums, das an der Schwelle zur Neuzeit zunehmend seine gesellschaftliche Rolle verlor. Götz von Berlichingen rebelliert verzweifelt gegen die neue Ordnung, die seine ritterliche Werte von Treue, Freiheit und Selbstbestimmung nicht mehr akzeptiert. Das Rittertum als traditionelle Schutzmacht der Adelshöfe hatte durch die Abschaffung des Fehderechts 1495 im »Ewigen Landfrieden« Maximilians I. tatsächlich seine einstige Machtstellung verloren. Die Regionalfürsten durften jetzt nicht mehr Ritter einsetzen, um in einem Rechtsstreit ihre Ansprüche durchzusetzen, sondern mussten sich auf einem geordneten Rechtsweg an das neu geschaffene Reichskammergericht wenden. Zwar dauerte es noch Jahrzehnte, bis das Fehdewesen eingedämmt war, doch immerhin war im 16. Jahrhundert der Weg zu einem frühmodernen Staatswesen eingeschlagen worden, das Selbstjustiz verbot und das Gewaltmonopol an sich zog, um Konflikte zu zivilisieren.

Was die Gemüter der Goethezeit vor allem bewegte, war weniger der im Schauspiel thematisierte historische Niedergang des Rittertums als vielmehr die unkonventionelle Form der Darstellung. Eine bewusst volksnahe, oft drastische Sprache der Figuren erzeugte eine ungewöhnlich authentische Atmosphäre der Vergangenheit, was vor allem die Jugend begeisterte. Das kunstaffine höfische Publikum war entsetzt, der preußische König Friedrich II. echauffierte sich höchstpersönlich über das »ekelhafte Gewäsch«. Insbesondere Götzens derbe Respektlosigkeit gegenüber der Obrigkeit im dritten Akt des Stücks war ein handfester gesellschaftlicher Skandal – dabei konnte sich Goethe darauf berufen, nur das poetisch veredelt zu haben, was sein Vorbild, der historische Götz von Berlichingen, der Nachwelt überliefert hatte. Dessen Autobiografie von 1557 bildete die wichtigste Quelle für sein Stück. »Leck mich doch hinten«, warf Götz nach eigenen Angaben 1519 einem kaiserlichen Unterhändler entrüstet an den Kopf, als er in einem Fehdestreit wieder einmal zum Aufgeben gedrängt wurde. Die anstößige Stelle in Goethes Text wurde in späteren Druckfassungen durch Auslassungszeichen (– – –) ersetzt.

Ursprünglich war das »Im-Arsch-Lecken« eine Demutsgeste, die durch das »In-den-Arsch-Kriechen« eine weitere Steigerung erfuhr. Einem alten Aberglauben nach zeigte man Dämonen oder dem Teufel den nackten Hintern, um sie abzuwehren. Beides spielt bei der Bedeutung der Wendung eine Rolle: Sie drückt vor allem Verachtung aus. Bis heute werden die Varianten »Ach, leck mich!« oder »Du kannst mich mal …!« als Schimpfwort verwendet, um jemanden abzuwerten oder mangelnden Respekt auszudrücken. Das Götz-Zitat kann inzwischen höchstrichterlich als Beleidigung gewertet werden. Es ist wohl der einzige klassische Literatursatz, den zu zitieren eine Geldbuße nach sich ziehen kann.

DER JUNGE GOETHE

Begeistert von seinem englischen Vorbild William Shakespeare und angetrieben von seinem Freund und Mentor Johann Gottfried Herder in Straßburg, wurde der junge Goethe (1749–1832) ab 1770 zum Mitbegründer der Sturm-und-Drang-Bewegung, die die Literatur von seinen starren Normen und Regeln lösen würde. Alles sollte dem Künstler erlaubt sein, um seinen individuellen Gefühlen Ausdruck zu verleihen. Aus Protest gegen die stilisierte Sprache des Barocks und der Aufklärung wurde die einfache, affektbetonte Sprache des Volkes zum Ideal erhoben. Derbe Kraftausdrücke, volkstümliche Redewendungen fanden plötzlich Eingang in die Literatur.

3

»O Jahrhundert! O Wissenschaften!«

Deutschlands Weg in die Neuzeit

Die von Italien ausgehende Bildungsbewegung des Humanismus, technische Neuerungen wie der Buchdruck, die Entdeckung der »Neuen Welt« und wegweisende naturwissenschaftliche Erkenntnisse machten die Jahrzehnte zwischen 1450 und 1550 zu einer Epopche des Aufbruchs. Alte Gewissheiten wurden infrage gestellt, neue Weltbilder entstanden und führten zu tiefgreifenden sozialen Umbrüchen.

Die Reformation und ihre Folgen

Doch nichts veränderte im 16. Jahrhundert die Ordnung im römisch-deutschen Reich so grundlegend wie die vom Wittenberger Theologieprofessor Martin Luther ausgelöste Reformation der Kirche. Er schuf die Grundlagen für eine neue christliche Konfession, obwohl er eigentlich nur die eine Kirche hatte erneuern wollen. Befeuert von den damals neuen Medien – Bücher, Flugschriften und Einblattdrucke – entwickelte seine Lehre eine ungeahnte soziale Dynamik: Es kam zu den ersten Rebellionen der Bürger und Bauern im Reich; auch viele Kurfürsten nutzten die Gelegenheit, die Rechte von König und Papst zu begrenzen und ihre eigene Hausmacht zu stärken, indem sie auf ihren Territorien das protestantische Bekenntnis zum herrschenden machten. Im »Augsburger Religionsfrieden« wurde 1555 erstmals die religionspolitische Realität anerkannt, die friedliche Koexistenz von Luthertum und Katholizismus offiziell garantiert und den Landesherrn die freie Konfessionswahl gewährt. Dennoch nahmen die Spannungen weiter zu, bis sie sich ab 1618 im Dreißigjährigen Krieg entluden. Im »Westfälischen Frieden« 1648 wurde die konfessionelle Aufteilung des Reiches auf Dauer festgeschrieben. Deutschland teilte sich von nun an immer deutlicher in eine nord- und mitteldeutsche protestantische und eine süd- und westdeutsche katholische Sphäre – mit bis heute spürbaren kulturellen und sogar sprachlichen Unterschieden.

Das Reich nach dem Dreißigjährigen Krieg

Der Krieg, der viele Territorien fast entvölkerte und langfristig wirtschaftlich und sozial schwächte, hatte auch Auswirkung auf die politische Stabilität des Reichs. Als im 16. Jahrhundert die Habsburger die spanische Krone erbten, lebten kurzzeitig die universalmonarchistischen Träume des römisch-deutschen Kaisertums wieder auf. Doch der »Westfälische Frieden« bedeutete das faktische Ende der Sonderstellung des deutschen Reichs in Europa. Um die nun selbstständigen Staaten Niederlande und Schweiz reduziert, bildete es aber weiter das einigende Band für Hunderte Fürstentümer, Städte, Kleinstaaten etc. Waren die Außengrenzen gefährdet wie im Fall der Türkenkriege oder Auseinandersetzungen mit Frankreich, erwies sich der deutsche König weiterhin als handlungsfähig für das gesamte Reich.

Allerdings war der Regent in fast allen Bereichen von der Zustimmung der Reichsfürsten abhängig. Die großen Herzog- und Fürstentümer entwickelten sich durch zunehmende Machtkonzentration, aktive Wirtschaftspolitik und vor allem den Aufbau eigener stehender Heere zu frühmodernen Staatswesen, die eigenständig Steuern oder auch Gesetze erlassen konnten. Nach dem Vorbild des Versailler Königshofs entstanden ab dem 17. Jahrhundert nicht nur in Wien, sondern unter anderem auch in Dresden und Berlin repräsentative landesherrliche Großschlösser, die zu Zentren des kulturellen Lebens wurden.

Der Aufstieg Preußens

Durch eine besonders ehrgeizige Expansionspolitik stieg das protestantische Kurfürstentum Brandenburg-Preußen, das sich eigenmächtig 1701 zum Königtum erhöhte, im Laufe des 18. Jahrhunderts zu einem Machtzentrum in Norddeutschland auf, das die Vorrangstellung der habsburgischen Erblande im katholischen Österreich immer offensiver herausforderte. Zudem blühten gerade in Preußen die Ideen der Aufklärung, die die Verbesserung des Menschen sowie der Gesellschaft durch vernünftiges Handeln postulierte. Indem sie aber auch soziale Ungleichheit anprangerte und die monarchische Autorität infrage stellte, enthielt sie enormen gesellschaftlichen Sprengstoff, der Ende des 18. Jahrhunderts in Frankreich einen großen politischen Umsturz auslöste, dessen Folgen auch die staatlich-gesellschaftliche Ordnung Deutschlands auseinanderbrechen ließ. Das Volk wurde zu einem stärkeren Akteur der Politik auch im Deutschen Reich.

»*Lügen wie gedruckt*«

Redewendung

Eine neue Druckpresse, der Bleisatz mit beweglichen Lettern und verbesserte Druckerfarbe – es waren eigentlich »nur« technische Neuerungen, die Johannes Gensfleisch, genannt Gutenberg, um 1450 in seiner Mainzer Druckwerkstatt einführte. Doch sie bedeuteten eine technische Revolution in der Art, wie Menschen zukünftig miteinander kommunizieren konnten. Mit dem neuen Vervielfältigungsverfahren wurde die Möglichkeit, Informationen zu verbreiten, radikal vereinfacht. Mussten Texte bis dato mühsam Wort für Wort abgeschrieben oder in Holz geschnitten werden, konnte man nun preiswert und vor allem massenhaft Schriften, aber auch Illustrationen auf Papier unters Volk bringen. Bislang waren die Menschen auf mündliche Überlieferung angewiesen gewesen, wenn sie von Ereignissen erfahren wollten, die außerhalb ihrer persönlichen Wahrnehmung stattgefunden hatten. Von nun an versorgten Druckpresserzeugnisse, bald in Kurzform »Presse« genannt, also Bücher, Flugschriften, Einblattdrucke oder auch erste Zeitungen, alle Lesekundigen mit Nachrichten, Meinungen und Ideen aus Nah und Fern. Menschen konnten plötzlich erfahren, was um sie herum in der Welt passierte – oder was passieren sollte. Das Zeitalter des gedruckten Worts hatte begonnen.

Immer mehr Menschen teilten dasselbe Wissen, das aufbewahrt, überprüft und weitergegeben werden konnte. Was schriftlich fixiert war, galt in einer von der christlichen Schriftkultur geprägten Gesellschaft als besonders glaubwürdig. Auch heute noch will man einen Sachverhalt vornehmlich »schwarz auf weiß« sehen, also schriftlich haben, bevor man ihm traut. Doch neben dem durch den protestantischen Grundsatz *sola scriptura* (»allein durch die Schrift«) befeuerten Glauben an die Wahrheit des gedruckten Worts gab es ab dem 16. Jahrhundert ein wachsendes Misstrauen in der Bevölkerung gegenüber den florierenden »neuen« Presserzeugnissen. Sie boten politischen Kontrahenten ganz neue Möglichkeiten, das Volk mit Text und Bild in ihrem Sinn zu beeinflussen – Weltbilder konnten verbreitet, geformt, Herrschaften gestürzt oder infrage gestellt werden. Während der Reformation wurde nicht nur die Gutenberg-Bibel, sondern auch Propagandamaterial massenhaft gedruckt. Luther-Gegner und Luther-Anhänger brachten unzählige Flugschriften oder -blätter, zum Teil mit Karikaturen, in Umlauf, die die jeweils andere Seite zu diskreditieren versuchten. Doch wenn ein Flugblatt den Papst als Antichristen bezeichnete, das andere aber Luther – was stimmte denn dann? Solange Nachrichten vor allem mündlich übertragen wurden, war es üblich, über die Glaubwürdigkeit des Erzählers oder über Nachfragen den Wahrheitsgehalt beurteilen zu können. Gedruckt ließ sich eine Lüge nur mühsam entlarven, und ein Text erschien unpersönlich und austauschbar – ideal, um schamlos Falsches zu behaupten. Der Schreiber konnte ja »lügen wie gedruckt«, hieß es von nun an, wenn man ausdrücken wollte, dass jemand bewusst eine Unwahrheit verbreitete.

Die Redewendung wird bis heute in diesem Sinn genutzt, wenn auch nur die wenigsten dabei bedrucktes Papier im Kopf haben dürften. Wie sehr sich aber die Vorbehalte, gar Misstrauen gegenüber Presseerzeugnissen auch im digitalen Medienzeitalter sprachlich gehalten haben, zeigt sich in der zweifelhaften Karriere des Begriffs »Lügenpresse«, der seit einigen Jahren insbesondere von rechten Gruppen und ihren Wortführern zur Denunzierung politischer Gegner eingesetzt wird – ein Begriff, der im Zuge der Demokratisierung ab dem 19. Jahrhundert aufkam, als der Einfluss von Zeitungen als Meinungsmacher zunahm.

LÜGENGESCHICHTEN

Wann wer zum ersten Mal die Redewendung in den Mund nahm, lässt sich nicht sagen. Es liegt fast in der Natur der Sache, dass sie zunächst wohl vor allem mündlich und weniger im Schriftverkehr verwendet wurde. Erstmals schriftlich findet man eine Variante in der Satire *Aller Praktik Großmutter* von Johann Fischart aus dem Jahr 1572: »Die Lügen ist getruckt, darumb ist sie geschmuckt«, heißt es dort . In der heute üblichen Form »Lügen, als wanns gedruckt wär« steht die Redewendung bezeichnenderweise in einer »Lügengeschichte« aus dem 17. Jahrhundert, nämlich in der deutschen Fassung der Erzählung vom Schlaraffenland. Das Motiv geht zurück auf die dystopische Novelle des englischen Satirikers Joseph Hall *Mundus alter et idem* (um 1650), die die fiktive Reise eines Seefahrers zu imaginierten Ländern erzählt.

»O Jahrhundert! O Wissenschaften!«

ULRICH VON HUTTEN

Mainz, 25. Oktober 1518: Der junge, dreißigjährige Reichsritter und örtliche Hofrat Ulrich von Hutten schreibt einen Brief an seinen älteren Patrizierfreund aus Nürnberg, Willibald Pirckheimer, mit dem er sich regelmäßig über seine lateinischen Studien austauscht. Als er auf das intellektuelle Niveau an den Höfen zu sprechen kommt, gerät er in Rage und lässt Dampf ab gegen das rückständige, ängstlich-kleinmütige Denken, das auf Folgen statt Forschen, auf Glauben statt auf Wissen aufbaut: Antike Autoren zitierend ätzt er gegen das »Unkraut« der herrschenden Scholastiker, deren Lehre allein um die religiösen Dogmen kreisen, um schließlich verzückt von der wahren Gelehrsamkeit zu schwärmen: »O Jahrhundert! O Wissenschaften! Es ist eine Lust zu leben ... Die Studien blühen, die Geister regen sich!«.

Pointierter als Hutten kann man kaum den Optimismus ausdrücken, die schwärmerische Aufbruchseuphorie, die an der Epochenschwelle um 1500 die Humanisten – ein kleiner, über ganz Europa verstreuter Kreis von Literaten, Künstlern und Gelehrten – miteinander teilten. So wie Hutten waren sie alle vom Stolz beseelt, einer intellektuellen Avantgardebewegung anzugehören, die ein humanistisches Bildungsprogramm lebten und propagierten. Klassische Texte sollten Vorbild und Ausgangspunkt werden für neue Ideen und Wege in Lehre, Kunst und Kultur jenseits der starren Denkschemata der Kirche und der Klöster. Altsprachliche Gelehrte wie Hutten, Johannes Reuchlin, Erasmus von Rotterdam oder Philipp Melanchton durchforsteten die Bibliotheken nach antiken Schriften, übersetzten, sammelten, veröffentlichten sie und sorgten für ihre Verbreitung an den Orten, an denen sie als Erzieher, Lehrer oder Dozenten wirkten: an Höfen interessierter Fürsten oder an den Universitäten, die ab dem 14. Jahrhundert in allen Teilen des Reichs gegründet wurden, in Prag, Wien, Heidelberg, Tübingen oder Köln.

»O Jahrhundert! O Wissenschaften!« – Huttens Ausruf hat sich im Nachhinein als wahre Prophezeiung erwiesen. Der Humanismus der Renaissance gilt heute tatsächlich als Meilenstein der Frühen Neuzeit, weil er die intellektuelle Basis für die folgenden bahnbrechenden wissenschaftlichen Entdeckungen und letztlich auch für den modernen Individualismus legte. Die Rückbesinnung auf die Werte der griechisch-römischen Antike stärkte neu den Glauben an die prinzipiell grenzenlosen Entfaltungsmöglichkeiten des einzelnen Menschen, eines gottgleichen Geschöpfs, das selbstständig denken und handeln kann, seine Umwelt nach eigenen Vorstellungen gestalten und Verantwortung für sein eigenes Tun übernehmen kann. Die Humanisten ebneten einem neuen Selbstbewusstsein des Einzelnen den Weg, das sich ab dem 16. Jahrhundert unterschiedlich artikulierte: etwa in der Kunst in der florierenden Porträtmalerei, in der Architektur in spektakulären Renaissance-Bauten und auf politisch-gesellschaftlicher Ebene in dem Menschenbild der Reformation. Der Mensch wurde zum Maß aller Dinge. Eine neue Epoche kündigte sich an.

ULRICH VON HUTTEN

Der aus einer hessischen Adelsfamilie stammende Reichsritter Ulrich von Hutten (1488–1523) entsprach so gar nicht dem Klischee des weltfremden Gelehrten. Ursprünglich für ein Leben als Mönch vorgesehen, studierte er an allen namhaften Universitäten des Reichs und verfasste schon in jungen Jahren erste literarische Werke. Er galt als leicht erregbar und suchte stets die Auseinandersetzung mit Andersdenkenden, was auch viele Humanisten-Kollegen einschloss. Hutten sah sich als Kämpfer »mit Feder und Schwert« – gerade in der Auseinandersetzung mit den Vertretern der römischen Kirche, die er in seinen Schriften massiv angriff. Dennoch erhielt der Wegbereiter einer neuen Gelehrsamkeit 1517 von Maximilian I. die »Dichterkrone«, die ihn zur Lehre an allen Universitäten des Reichs befugte. 1520 rief er zum »Pfaffenkrieg« auf und unterstützte seinen Freund, den Raubritter Franz von Sickingen, tatkräftig bei dessen Angriff auf das Erzbistum Trier 1522/23, der aber schnell scheiterte. Hutten musste in die Schweiz fliehen, wo er 1523 starb.

»*Hier stehe ich. Ich kann nicht anders*«

MARTIN LUTHER

Als Martin Luther am 18. April 1521 mit diesem legendären Zitat seine Rede auf dem Reichstag zu Worms beendete, gab es Tumulte. Empört verließ Kaiser Karl V. den Saal. Unerschrocken hatte der Wittenberger Theologieprofessor noch einmal seine Thesen verteidigt, die Anfang des 16. Jahrhunderts die bisherigen politisch-religiösen Grundfesten des römisch-deutschen Reichs erschütterten und zur Grundlage einer neuen christlichen Konfession – des Protestantismus – werden sollten. Zwischen 1517 und 1520 waren mehrere aufsehenerregende Schriften von ihm erschienen, die mit Verweis auf die Heilige Schrift den weltlichen und geistlichen Führungsanspruch der römischen Kurie bestritten: Jeder Christ ist vor Gott gleich und in der Lage, frei über Glaubensfragen zu urteilen. Es muss kein Auslegungsmonopol durch den Papst und ihm untergeordnete Bischöfe geben.

In den beiden Schlusssätzen seiner Rede bündelte sich das ganze neue pathosgeladene christliche Ich-Bewusstsein des Protestantismus: die kompromisslose Überzeugung, dass die freie Gewissensentscheidung des einzelnen Christen über allen kirchlichen Instanzen und Autoritäten steht. Selbst gegenüber der damals höchsten weltlichen Autorität der Christenheit, Kaiser Karl V., weigerte sich der Gelehrte, seine als ketzerisch bezeichneten Lehren zu widerrufen. Stattdessen berief er sich in seiner Rede erneut auf die Bibel, die ihn mehr überzeugt habe als der Papst und die Konzilien. So folgerte er, nicht gegen die Schrift und sein Gewissen handeln zu können, und sagte: »Hier stehe ich. Ich kann nicht anders.«

Die Erklärung ist insbesondere durch Leopold von Rankes Reformationsgeschichte aus dem 19. Jahrhundert zum geflügelten Wort geworden, sowohl als Ausdruck der neuen protestantischen Gewissensfreiheit als auch als Bekenntnisformel für einen in seinen Überzeugungen Unbeirrbaren. Noch heute lässt sich kaum besser eine Haltung unterstreichen, die einer festen inneren Überzeugung verpflichtet ist, als mit Luthers überlieferten Worten. Insbesondere für kritische Zeitgeister und Andersdenkende avancierte Luther durch sie über die Jahrhunderte hinweg zu einem heroischen Vorbild und zu einer Identifikationsfigur.

Dabei ist ungesichert, ob Luther die Worte am Ort des historischen Geschehens wirklich so gesagt hat oder ob sie im Nachhinein erst in die Rede hineinredigiert wurden – vielleicht sogar von Luther selbst, der bekanntermaßen durchaus

Sinn für prägnante Formulierungen hatte und interessiert daran war, seine Ideen möglichst schnell unters Volk zu bringen und populär zu machen. Nur durch die Breitenwirkung in der Gesellschaft konnten Luther und seine Mitstreiter die notwendige politische Unterstützung der Kurfürsten gewinnen. Sie sorgten dafür, dass der Reformator nicht das Schicksal etlicher anderer Ketzer teilte und auf dem Scheiterhaufen endete. Unzählige Mitschriften von der historischen Zusammenkunft Luthers mit dem Kaiser wurden bereits unmittelbar danach gedruckt. In den meisten endet die Rede recht unspektakulär mit »Gott helff mir, Amen«. Erstmals in einer Druckschrift aus Luthers Heimatort Wittenberg finden sich die Worte vor der Demutsfloskel: »Ich kann nicht anders, hie stehe ich, Got helff mir, Amen.« Erst nach Luthers Tod 1546 tauchte die Formulierung in der heute üblichen Variante auf. In diesem Moment setzte die steile Karriere eines Zitats ein, das die Welt des Christentums längst verlassen hat.

LUTHER UND DIE DEUTSCHE SPRACHE

Martin Luther (1483–1546) war nicht nur Theologe und politischer Revolutionär wider Willen, sondern durch seine Übersetzung der Bibel ins Deutsche auch Schöpfer einer deutschen Standardsprache. Er wollte die Heilige Schrift allen Menschen zugänglich machen. Zwar gab es schon vor ihm Übersetzungen, doch deren Deutsch war schwer verständlich und altertümlich. Zudem gingen sie nicht auf den griechischen bzw. hebräischen Urtext zurück, sondern auf die lateinische Vulgata. Luther nun schaute »dem Volk aufs Maul« – so sein Konzept für sein Übersetzungswerk – und verfasste einen Text, der sich an Wortschatz und Syntax der tatsächlich gesprochenen Sprache orientierte. Auf seine Übersetzung gehen auch ungezählte Redensarten zurück, die wir bis heute verwenden: von »mit Engelszungen reden« bis »Zeichen und Wunder«.

»Als Adam grub und Eva spann, wo war denn da der Edelmann?«

Parole der Bauernkriege

Die meisten Bauern im 16. Jahrhundert führten ein hartes, abhängiges Leben, denn der Grund und Boden, den sie bewirtschafteten, gehörte in der Regel Adeligen und Geistlichen. Der Adel hatte zu herrschen und zu verteidigen, der Klerus zu beten und predigen und die Bauern für beide den Lebensunterhalt zu erarbeiten. So predigte es die Kirche – und so sah es das im römisch-deutschen Reich gängige Lehnsrecht mit Frondienst und Abgaben vor. Die christliche Ständeordnung wies jedem Menschen eine Aufgabe, einen festen gesellschaftlichen Platz zu: Doch war diese soziale Hierarchie wirklich gottgewollt? Lebten die ersten Menschen im Alten Testament nicht ohne Standesunterschiede zusammen? Adam und Eva hatten nachweislich keine Herren außer Gott über sich – weder im Paradies noch nachdem sie aus diesem vertrieben worden waren. Die Menschen waren also eigentlich von Natur aus gleich und frei. Da sie sich nach göttlichem Recht nicht voneinander unterschieden, hatte im Verständnis der Bauern auch niemand einem anderen »untertan« zu sein.

»Als Adam grub und Eva spann, wo war denn da der Edelmann?«, riefen so auch die Bauern, die sich 1524/25 im Bodenseegebiet gegen ihre Grundherren erhoben. Die eingängigen Verse hatte knapp 150 Jahre zuvor der englische Priester John Ball während eines Bauernaufstands geprägt *(»Whanne Adam dalfe, and Eve span, Who was Panne a gentil man?«)*. Sie wurden zur revolutionären Parole der deutschen Bauernkriege, die sich im Windschatten der Reformation rasend schnell auf weite Teile von Süd- und Mitteldeutschland ausweiteten. Was Luther theologisch postulierte, forderte jetzt das einfache Volk ganz real ein: die Freiheit des Christenmenschen. Die im März 1525 von oberschwäbischen Bauern in der Reichsstadt Memmingen abgefassten und im Folgenden in gedruckter Form im ganzen Reich verbreiteten *Zwölf Artikel der Bauernschaft* gelten heute als erste Erklärung von Menschenrechten in Europa. In ihnen forderten sie konkret nicht nur die Aufhebung der Leibeigenschaft und die Senkung der Abgabenlast, sondern auch die Einrichtung von unabhängigen Gerichten und das Recht, ihre Priester selbst zu wählen. Als die Grundherren keinerlei Kompromissbereitschaft zeigten, eskalierte die Situation an vielen Orten. Radikale Prediger wie Thomas Müntzer, der ein göttliches Reich der Gleichen und Freien auf Erden anstrebte, erhielten verstärkt Zulauf. Burgen wurden gestürmt, Schreibstuben geplündert, Menschen getötet. Luther verurteilte die Gewalttaten aufs Schärfste und rief die Obrigkeit zum Handeln auf. Mit äußerster Brutalität wurden die Aufstände bis 1526 niedergeschlagen, nahezu 100 000 Menschen starben. Die Bauern fügten sich wieder in die alte Ordnung. Die Frage um die lutherische »Freiheit des Christentums« wurde wieder zu einer theologischen Auseinandersetzung und ihre Beantwortung Teil der herrschaftlichen Machtpolitik.

Der Zweizeiler lebte als Sprichwort weiter, verlor aber teilweise seine sozialkritische Bedeutung und revolutionäre Sprengkraft. Er wurde später auch in Predigten immer wieder gern zitiert und fand Eingang in einige Volkslieder. So etwa inhaltlich entfremdet als Beleg frommer Strebsamkeit im Handwerkerlied *Spinn Mägdlein spinn* (um 1810, »Ehr, Mägdlein, ehr die alte Spinnkunst sehr, Adam hackt und Eva spann, zeigen uns die Tugendbahn«), aber durchaus auch wortwörtlich kämpferisch, etwa in dem um 1920 entstandenen, antiklerikalen Lied der Jugendbewegung Wandervogel *Wir sind des Geyers schwarzer Haufen*. Zu dieser Zeit war das ursprünglich mit dem Zweizeiler verbundene politische Ziel längst erreicht. In den meisten Ländern des Reichs war Anfang des 19. Jahrhunderts die Leibeigenschaft der Bauern abgeschafft worden.

JOHN BALL

Der Priester und Wanderprediger John Ball (1335–1382) gilt als Urheber der Verse. Mit ihnen popularisierte er seinen Kampf gegen Leibeigenschaft und Standeshierarchien von der Kanzel aus. Vom Erzbischof von Canterbury exkommuniziert, saß er mehrfach im Gefängnis. Zusammen mit dem Philosophen und Theologen John Wyclif, der eine Reform der Kirche anstrebte, stand er an vorderster Front im englischen Bauernaufstand von 1381, der die Rebellen vom Südwesten bis nach London führte. Nach seiner Festnahme wurde er im Beisein des Königs in Coventry öffentlich als Hochverräter hingerichtet (bei lebendigem Leib aufgeschlitzt).

»In meinem Reich geht die Sonne nicht unter«

KARL V. zugeschrieben

In der Tradition Karls des Großen an der Spitze einer unter dem Christentum geeinten Welt zu stehen, war im Mittelalter die zentrale Reichsidee des römisch-deutschen Kaisertums. Sie machte seine besondere Aura aus. Kein Kaiser kam dieser Vorstellung in der Realität so nahe wie im 16. Jahrhundert Karl V., als die europäischen Staaten begannen, ihren Machtanspruch auf andere Kontinente auszudehnen. Bereits mit zwanzig Jahren war Karl mächtiger, als Karl der Große es jemals gewesen war. Der Habsburger erntete, was seine Familie durch eine strategische Heiratspolitik jahrzehntelang gesät hatte. Weil er zahlreiche verwandte Könige und Königinnen beerbte, beherrschte er nach Antritt des spanischen Erbes 1516 und nach Königswahl und -krönung 1519/20 mit Ausnahme von Frankreich fast ganz Europa: Spanien, die Niederlande, Burgund, Sizilien, Neapel, Österreich, Ungarn. Vor allem aber war er als Carlos I. von Spanien auch Herr über die meisten Überseegebiete in Mittel- und Südamerika, die nach und nach von Eroberern brutal kolonialisiert wurden. In Asien und Afrika wurden ebenfalls zahlreiche Stützpunkte unterhalten, und 1529 fielen sogar die Philippinen vertraglich an Spanien. Karl profitierte also beträchtlich vom ersten Globalisierungsschub der Geschichte. Seine Herrschaft erstreckte sich tatsächlich über alle Kontinente. Wenn die Sonne in Asien untergegangen war, war sie in Amerika schon längst wieder aufgegangen.

Den zum geflügelten Wort gewordenen Satz hat Karl wohl niemals gesagt, auch wenn er die historische Realität richtig wiedergibt und in dessen Weltreich tatsächlich immer irgendwo Tag war. Die Sonnenmetaphorik als Ausdruck für einen weltumspannenden Herrschaftsbereich findet sich bereits in der Antike, etwa bei Herodot, der dem Perserkönig Xerxes vor dem Krieg gegen Athen ankündigen lässt, dass bald »die Sonne auf kein Land mehr herabblicken« wird, »das an das unsrige grenzt«. Im 16. Jahrhundert war sie eine gängige Huldigungsformel gegenüber dem Kaiser. »Was die Sonne am Himmel, ist der Kaiser auf Erden«, stand etwa 1548 auf einer Karl gewidmeten Gedenkmünze.

Doch das Weltreich dauerhaft zu sichern, erwies sich für Karl schnell als unmöglich. Obwohl er ständig durch Europa reiste und seine vielen Länder zu regieren versuchte – die Konfliktfelder auf dem europäischen Kontinent, der eigentlichen Machtbasis für seinen universalen Herrschaftsanspruch, waren zu komplex geworden, um sie wirklich noch beherrschen zu können. Außenpolitisch banden die ständigen Kämpfe mit Frankreich und dem Kirchenstaat sowie die dauernde Bedrohung durch die Osmanen militärische Kräfte. Vor allem aber schaffte er es nicht, im Reich die durch die Reformation entstandenen konfessionellen Gegensätze zu überwinden. Er besaß nicht mehr die Autorität als Schutzherr des einen Glaubens gegenüber den selbstbewussten Reichsfürsten, deren Unterstützung er gegen die Osmanen brauchte. Resigniert dankte Karl 1556 als Kaiser zugunsten seines Bruders Ferdinand ab – ein erstaunliches Novum, mit dem er vor aller Welt sein Scheitern bekundete. Der Traum vom Reich, in dem die Sonne nicht untergeht, war politisch ausgeträumt. Rhetorisch hat der bildhafte Ausdruck überlebt. Er wird bis heute verwendet, um auf den weltweiten Einfluss einer Person oder die globale Verbreitung einer Sache hinzuweisen. Den Satz in seiner heute gängigen Form hat Friedrich Schiller 1787 formuliert. In seinem historischen Schauspiel *Don Karlos* legte er ihn allerdings nicht Karl, sondern dessen Sohn Philipp in den Mund.

KARL V.

Plus ultra (»darüber hinaus«) lautete der persönliche Wahlspruch von Karl V. (1500–1558), der bis heute das spanische Wappen ziert. Der als unnahbar und ernst geltende Regent aus dem belgischen Gent war nicht nur maßlos ehrgeizig, sondern auch sehr fromm. Verbittert über sein Scheitern als »erster Fürst der Christenheit« und voller Groll über die »Ketzer«, die er am Ende seines Lebens »ohne Barmherzigkeit vernichtet« sehen wollte, verbrachte er seine letzten Lebensjahre in einem Kloster. Mit ihm endete die mittelalterliche Vorstellung der Einheit von Reich und Christentum. Er war der letzte römisch-deutsche König, der vom Papst zum Kaiser gekrönt wurde. Nach seinem Tod teilte sich das Haus Habsburg in eine österreichische und spanische Linie. Österreich-Ungarn und Spanien waren am Entstehen. Die Zukunft Europas gehörte vielen nationalen Mächten, nicht einer Universalmonarchie.

»Türken vor Wien!«

politisches Schlagwort der »Türkenkriege«

Am 21. September 1529 herrschte in Wien die nackte Angst. Die gefürchtete Vorhut der osmanischen Streitheere erreichte die Umgebung der Stadt und begann, die Bevölkerung zu terrorisieren. Nach dem Fall Konstantinopels hatten die Osmanen unter Sultan Süleyman I. durch erfolgreiche Eroberungszüge im Balkanraum ihren Herrschaftsbereich in Richtung Westen kontinuierlich erweitert. Nun standen sie am südöstlichen Eingangstor des römisch-deutschen Reichs. Wenn Wien fällt, ist auch der Rest Europas nicht mehr sicher, so war das vorherrschende Gefühl. Wer konnte, floh aus der Stadt. Erst in letzter Minute erreichten von Kaiser Karl V. geschickte Landsknechte die Metropole und konnten die fremden Truppen zurückschlagen. Die Bedrohung des Reichs war damit noch lange nicht ausgestanden. 1532 und vor allem 1683 drangen die Osmanen erneut bis nach Wien vor, ohne dass die Stadt jemals eingenommen worden wäre. Wien, der Stammsitz der Habsburger und seit 1558 offizieller Sitz des Kaisers des römisch-deutschen Reichs, avancierte zu einem Symbol des Christentums, zum Ort, an dem die endzeitliche Auseinandersetzung mit dem Islam entschieden würde. Hier galt es, die Standhaftigkeit der lateinischen Christenheit zu beweisen und die heidnischen Invasoren endgültig zu besiegen.

Befeuert von den Propagandisten am Hof und in der Kirche kam es im 16. und 17. Jahrhundert zu einer wahren Flut von sogenannter Turcica-Literatur (Türkendrucke): In Flugblättern, Flugschriften, »Türkenpredigten« und »Türkenreden« wurden die Osmanen in Bild und Text mit negativen Klischees als grausam, blutdürstig, tyrannisch oder teuflisch dargestellt. Allerorts setzte sich das Schlagwort »Türken vor Wien« als angstbesetzte Kurzformel für die allgemeine »Türkengefahr« durch, die bis Ende des 17. Jahrhunderts ganz maßgeblich die Außenpolitik des Reiches bestimmte und auch dafür sorgte, dass es trotz der konfessionellen Spaltung nicht auseinanderbrach. Hinter dem gemeinsamen Feindbild Islam ließen sich nämlich alle Christen vereinen, Katholiken und Protestanten. So sehr etwa protestantische Fürsten gegen den Machtanspruch des Kaisers ankämpften, finanzierten sie doch großzügig die Aufstellung des kaiserlichen Heers, das die »türkische Bedrohung« bannen sollte. Die im 16. Jahrhundert reichsweit erhobene »Türkensteuer« wurde mit erstaunlich hoher Zahlungsmoral geleistet. Auch

Luther erkannte in mehreren Schriften die Notwendigkeit der Abwehr der Osmanen durch den Kaiser an, die er als Strafe Gottes begriff.

Nachdem mit der Rückeroberung Ungarns durch das Habsburgerreich im späten 17. Jahrhundert die Osmanen dauerhaft zurückgedrängt wurden, verlor die Parole »Türken vor Wien!« immer mehr ihren historischen Bezug. Sie spielte in den künftigen politischen Auseinandersetzungen kaum mehr eine Rolle, zumal das Osmanische Reich von vielen deutschen Staaten nicht mehr primär als ideologischer Feind, sondern als potenzieller Bündnispartner im europäischen Mächtekampf wahrgenommen wurde. Dennoch tauchte das Schlagwort aus den »Türkenkriegen« als Chiffre für die Angst vor muslimischer Überfremdung im ausgehenden 20. Jahrhundert wieder aus unserem kollektiven Gedächtnis auf. Vermehrt setzen rechtsnationalistische Autoren die Phrase bzw. direkte oder indirekte Anspielungen oder Abwandlungen von ihr gezielt ein, um antiislamische Ressentiments zu wecken.

POLITISCHE PAROLEN

Die Habsburger-Dynastie war eines der ersten großen Herrscherhäuser, das systematisch Propaganda verbreiten ließ, um die eigene Sicht der Dinge politisch durchzusetzen. »Türken vor Wien« ist ein klassisches politisches Schlagwort, mit dem ein politischer Konflikt plakativ und vor allem emotionalisierend in ideologischer Absicht gebündelt wird. Ängste bzw. Befürchtungen vor einem Verlust der Kultur und der gewohnten sozialen Standards sollen hervorgerufen werden, die nur durch Solidarität mit der eigenen Position verhindert werden können. Dieser rhetorische Emotionsappell *(argumentum ad metum)* ist bis heute in Wahlkämpfen moderner Mediendemokratien zu beobachten.

»*Cuius regio, eius religio*«

JOACHIM STEPHANI

Wird ein neues Gesetz erlassen, sind diesem in der Regel langwierige Debatten vorausgegangen, und oft ist es am Ende in einer für Laien schwer verständlichen juristischen Fachsprache verfasst. Dies gilt auch für das wegweisende Reichsgesetz von 1555, das als »Augsburger Religionsfrieden« in die Geschichte eingegangen ist und die durch die Reformation ausgelösten Machtkämpfe zwischen Katholiken und Protestanten beenden sollte. Dass aber auch Juristen Sachverhalte durchaus pointiert formulieren können, bewies der Greifswalder Rechtsprofessor Joachim Stephani knapp fünzig Jahre später, als er den Grundgedanken der 23 Paragrafen des komplexen Vertragswerks in einem Rechtskommentar auf die einprägsame lateinische Formel brachte, die in den bildungsbürgerlichen Wortschatz eingegangen ist: *Cuius regio, eius religio* – »Wessen Herrschaft, dessen Glaube«, die auch in den Varianten »wo ich leb, so ich bet« oder »wes des Fürst, des der Glauben« überliefert ist. Dies bedeutet konkret: Wer die Macht auf einem Territorium ausübt, der darf auch über die Religion derjenigen bestimmen, die dort wohnen. Religion sollte nicht mehr Reichs-, sondern offiziell Fürstensache sein, war die Quintessenz des Vertrags zwischen Kaiser und den protestantischen und katholischen Landesherren, der im römisch-deutschen Reich den Frieden wiederherstellen sollte.

Die Reformation hatte das Reich tief gespalten. Militärisch konnte der Kaiser die Einheit nicht erkämpfen. Das war Anfang der 1550er-Jahre nach mehreren regionalen Kriegen – unter anderem mit dem Schmalkaldischen Bund der protestantischen Fürsten und Städte – klar geworden. Um die Auflösung des Reichs zu verhindern und den Frieden zu wahren, hatte er keine andere Möglichkeit mehr, als die Existenz von zwei christlichen Konfessionen anzuerkennen. Auf dem Reichstag in Augsburg 1555 wurde das Verhältnis zwischen dem Kaiser und den Reichsfürsten in Glaubensfragen neu austariert und vor allem der Protestantismus nach der Lehre Luthers dem Katholizismus rechtlich gleichgesetzt. Die regionalen Landesherren besaß von nun an die Freiheit, sich für eine der beiden Glaubensrichtung zu entscheiden. Diese Wahl galt allerdings nicht für ihre Untertanen. Sie waren an das Votum ihrer Herren gebunden. Wer sich der Entscheidung nicht fügen wollte, wurde aber nicht zu einem Glaubenswechsel gezwungen, sondern erhielt das Recht auszuwandern. Wenn es auch oft einer Verpflichtung gleichkam, wurde hier dem Einzelnen prinzipiell ein Entscheidungsfreiraum zugestanden, der als Vorstufe zur modernen individuellen Glaubensfreiheit gelten kann.

Das Prinzip des *cuius regio, eius religio* sorgte für eine jahrzehntelange Periode relativer Ruhe und Koexistenz, in der sich die regionale Aufteilung der Bekenntnisse nachhaltig verfestigte. Doch der Friedensschluss glich eher einem politischen Waffenstillstand als einer dauerhaften Konfliktlösung. Dem äußeren Frieden fehlte die innere Bereitschaft, den jeweils anderen Glaubens wirklich zu akzeptieren. Karl V. war nie zu einem ehrlichen Kompromiss bereit gewesen, was sich schon daran zeigte, dass er seinen Bruder Ferdinand zu den Vertragsverhandlungen in Augsburg abgeordnet hatte. Auch waren einzelne Regelungen vage und umstritten. Vor allem aber blieben die Territorien der Kirche auch nach dem Friedensschluss in katholischer Hand, was die Protestanten nie akzeptierten. So einfach die Grundidee des Vertrags war – in den Details barg er jede Menge Konfliktpotenzial, das sich in dem über sechzig Jahre später beginnenden Dreißigjährigen Krieg entlud.

LATEINISCHE RECHTSFORMELN

Es ist eine deutsche Rechtstradition, wichtige juristische Grundsätze mit lateinischen Wendungen auszudrücken – und noch heute zum Beispiel in Verträgen festzuhalten. Viele Redewendungen wie *In dubio pro reo* (»Im Zweifel für den Angeklagten«) oder *Audiatur et altera pars* (»Man höre auch die andere Seite«) sind direkt dem römischen Recht entlehnt, auf dessen Prinzipien vor allem das deutsche Privatrecht wesentlich basiert. Andere lateinische Kurzformeln wie *Cuius regio, eius regio* sind aber echte Neuschöpfungen. Auch das Gesetzlichkeitsprinzip *Nulla poena sine lege* (»Keine Strafe ohne Gesetz«) wurde wohl von Johann Anselm von Feuerbach, dem Begründer des deutschen Strafrechts, Anfang des 19. Jahrhunderts geprägt.

»Der Krieg ernährt den Krieg«

FRIEDRICH SCHILLER

Albrecht von Wallenstein war die wohl schillerndste Persönlichkeit des Dreißigjährigen Kriegs, die auch Dichter wie Friedrich Schiller inspirierte. In seiner Dramentrilogie von 1799 ästhetisierte dieser vor allem die letzten Jahre des böhmischen Herzogs. Dessen Karriere steht bis heute exemplarisch für die zynische Eigendynamik eines Konflikts, der 1618 als regionaler Glaubenskonflikt in Böhmen begann und sich zum bis dahin verheerendsten Krieg in Europa entwickelte, in dem fast jeder gegen jeden kämpfte. Es war der erste Krieg, in dem auf allen Seiten vor allem Söldner kämpften – Kriegshandwerker, die ihre Fähigkeiten den Meistbietenden zur Verfügung stellten und für die Krieg Selbstzweck war. »Der Krieg ernährt den Krieg. Geh'n Bauern drauf, Ei, so gewinnt der Kaiser mehr Soldaten.« Der zum geflügelten Wort gewordene Satz eines kroatischen Generals aus *Die Piccolomini*, dem zweiten Teil der *Wallenstein*-Trilogie, bringt pointiert zum Ausdruck, wie die Landbevölkerung zugunsten des Militärs ausgebeutet wurde. Er kann fast als Motto einer Auseinandersetzung angesehen werden, die immer mehr in einen Teufelskreis aus Gewalt abglitt, aus dem immer schwerer auszubrechen war.

Wie kaum ein anderer profitierte Wallenstein davon, dass sich der Krieg zu einem »Gewaltmarkt« entwickelte. Der kaiserliche Feldherr besaß nicht nur überragende militärische Fähigkeiten, sondern war auch ein geborener Geschäftsmann, der mit dem Kriegshandwerk ein Vermögen verdiente. Wallenstein verwandelte sein Herzogtum Friedland in eine einzige große Kriegsfabrik, die alles herstellte, was eine Streitmacht damals brauchte: Waffen, Schuhwerk und Munition. Mit den Einnahmen und den von ihm erfundenen »Kontributionen«, die die Bewohner der Gebiete, durch die seine Truppen zogen, zu zahlen hatten, baute er ein stehendes Heer auf. Damit unterstützte er den Kaiser, was dieser ihm mit weiteren Ländereien dankte. Während die Bevölkerung furchtbar litt, wurde er immer reicher und mächtiger. Wallenstein hatte nur wenig Interesse daran, einen Krieg zu beenden, der ihn nicht nur gut ernährte, sondern ihn immer weiter in der Machthierarchie aufsteigen ließ – bis er schließlich 1634 selbst einem Mordkomplott zum Opfer fiel. Der Krieg war damit aber noch lange nicht zu Ende. Im Gegenteil: Die Auseinandersetzungen wurden nach Wallensteins Tod immer grausamer geführt. Weil immer schlechter gezahlt wurde, wechselten Söldner immer schneller die Seiten, es gab kaum mehr geordnete Schlachten. Immer häufiger fehlte es an Nachschub an Nahrung, Kleidung und Kriegsgerät, und die Soldaten plünderten noch mehr in Dörfern und auf Höfen, um überleben zu können. Dadurch verloren zahllose Zivilisten ihre Lebensgrundlagen und mussten selbst zu Räubern werden, um nicht zu verhungern. Die Gewalt schien zu einem nicht mehr zu stoppenden Perpetuum mobile zu werden. Der Krieg ernährte den Krieg – im wörtlichen Sinn. Als 1648 tatsächlich die Exzesse zu einem Ende kamen, waren ganze Landstriche im Reich entvölkert und verwüstet; ein Viertel der Bevölkerung hatte ihr Leben verloren.

Das Zitat aus einem Drama, das im 17. Jahrhundert spielt, hat nach dem Ende der bipolaren Ordnung des Kalten Kriegs wieder an trauriger Aktualität gewonnen. Kriege eskalieren schnell zu kaum entwirrbaren grausamen Dauerkonflikten, wenn funktionierende staatliche Strukturen fehlen und regionale Warlords und Söldnerführer nicht mehr für eine politische Sache kämpfen, sondern aus eigennützigen Beweggründen wie Machtstreben und Habgier handeln. So wird das Schiller-Zitat heute vor allem im Zusammenhang mit Konflikten in Afghanistan oder Afrika verwendet und meint noch fast dasselbe wie damals.

SCHILLER UND LIVIUS

Historische Zitate kunstvoll einzubauen, ohne den Urheber zu nennen, ist ein Privileg der Dichter. Den berühmten Satz aus *Wallenstein* entlehnte Friedrich Schiller (1759–1805) dem Werk eines antiken Kollegen. Der römische Geschichtsschreiber Livius (ca. 59 v. Chr. – ca. 17 n. Chr.) schrieb 25 v. Chr. in seiner monumentalen Geschichte Roms, dass sich Cato der Ältere (234–149 v. Chr.) bei seinem Feldzug in Spanien weigerte, den Nachschub seiner Soldaten zu organisieren und das mit den Worten begründete: *Bellum se ipsum alet* – »Der Krieg ernährt sich selbst«.

»Gott Lob! Nun ist erschollen, das edle Fried- und Freudenwort«

PAUL GERHARDT

Fünf Jahren lang hatten Gesandtschaften aus ganz Europa in den westfälischen Städten Münster und Osnabrück miteinander um den Frieden gerungen. Am 24. Oktober 1648 war es dann endlich soweit und der letzte Vertrag wurde unterschrieben – der »Westfälische Friede« war beschlossen. Ehrenkompanien mit Paukenschlag und Trompeten zogen durch die Straßen der beiden Städte und verkündeten die gute Nachricht, die sich wie ein Lauffeuer im ganzen Reich verbreitete und eine allgemeine Euphorie auslöste: Das jahrzehntelange Morden auf den mitteleuropäischen Schlachtfeldern war wirklich vorbei, das Leiden hatte ein Ende! Freudenschüsse hallten durchs Land, überall wurden Dankgottesdienste gefeiert, Glocken geläutet, Freudenlieder gesungen. »Gott Lob! Nun ist erschollen, das edle Fried- und Freudenwort«: So feierlich begann das *Danklied für die Verkündung des Friedens*, das der evangelische Kirchenliedschreiber Paul Gerhardt noch im selben Jahr dichtete und das ab 1653 Eingang in das Gesangsbuch *Praxis Pietatis Melica* fand. Es wurde damals schnell berühmt, da es die Sehnsüchte der Menschen nach dem Ende des jahrzehntelangen Kriegs zum Ausdruck brachte. Man hoffte, die schlimmen Verheerungen hinter sich lassen zu können: »zerstörte Schlösser, Und Städte voller Schutt und Stein; Und dürre wüste Heid« sowie »Gräber voller Leichen, Und blutgen Heldenschweiß«, und wünschte aus tiefstem Herzen, »daß nunmehr ruhen sollen, die Spieß und Schwerter und ihr Mord«.

Die Tatsache, dass ein echter Friedensvertrag abgeschlossen wurde, ließ ein dauerhaftes friedliches Zusammenleben erhoffen. Nach jahrelangen Vorsondierungen und gegenseitigen Vereinbarungen war es den Kriegsparteien gelungen, den Konflikt allein durch Verhandlungen zu lösen. Angesichts der immensen Verwüstungen und Opferzahlen bestand Einigkeit darin, dass man einen so schrecklichen, zerstörerischen Krieg wie den gerade erlebten in Zukunft verhindern und dafür eine grundlegende politischen Neuordnung schaffen wollte. Nicht nur erkannten alle Seiten die Existenz verschiedener christlicher Konfessionen vorbehaltlos an, es wurde auch jedem Herrscher die Kontrolle über sein Hoheitsgebiet eingeräumt. So konnten souveräne frühmoderne Staaten entstehen, die das Gewaltmonopol innehatten und die Gesellschaft befriedeten. Auch im Reich musste der Kaiser nun den deutschen Fürsten weitgehende politische Autonomie zugestehen. Die Reichsfürsten wurden auf ihren Gebieten selbst zu kleinen Königen, bauten ihnen unterstehende Armeen auf und durften sogar mit ausländischen Mächten Bündnisse eingehen, solange sie sich nicht gegen den Kaiser richteten.

Hielt also das »edle Fried- und Freudenwort« von Münster und Osnabrück, was sich Gerhardt und seine Zeitgenossen erhofft hatten? Die Zeit der Religionskriege war tatsächlich erst einmal vorbei. Es gab allerdings weiter Kriege, die jedoch territorial begrenzt und nicht so verheerend für die Zivilbevölkerung waren. Ein wirklich dauerhafter Frieden brach nicht an, was aber keinem klarer war als Gerhardt selbst, für den »ewge[r] Fried und Ru« nur bei Gott zu finden war. Denn »Wir sind und bleiben böse, Gott ist und bleibet treu«. Als christliches Friedens- und Erbauungslied, das auch in dunkelsten Stunden den Glauben an die Liebe und Gnade Gottes stärkte, gewann das *Danklied* auch nach späteren Kriegen immer wieder neue Beliebtheit, insbesondere nach der Katastrophe des Zweiten Weltkriegs 1945, als es jahrzehntelang wieder zum festen Bestandteil der evangelischen Gesangbücher wurde.

PAUL GERHARDT

»Geh aus, mein Herz und suche Freud« – viele Kirchenlieder des Berliner Hauslehrers, Seelsorgers und von 1651 bis 1667 Ordinarius an der Nikolaikirche gehören heute noch zu den meistgesungenen in evangelischen Gottesdiensten; manche wurden gar zu Volksliedern. Vor dem Hintergrund des allgegenwärtigen Leids und Elends, das der Dreißigjährige Krieg brachte, wollte Paul Gerhardt (1607–1676) den Menschen vor allem Hoffnung auf eine bessere Zukunft vermitteln und das Vertrauen in einen liebenden, gnädigen Gott stärken. Nach dem Ende des Krieges engagierte sich der Lutheraner bei der Neuordnung des konfessionellen Lebens und nahm 1662/63 an den »Berliner Religionsgesprächen« teil. Doch so versöhnlich seine Lieder, so rigoros war seine Ablehnung anderer christlicher Glaubenslehren. Wegen seiner Feindschaft gegenüber dem Calvinismus wurde er 1667 von Kurfürst Friedrich Wilhelm aus dem Kirchendienst entlassen.

»So schnell schießen die Preußen nicht«

Redewendung

Zwar drehte Friedrich Wilhelm I. ansonsten jeden Taler zweimal um, doch für alles, was das Militär brauchte und ihm nützte, war immer genug Geld vorhanden. »Soldaten, das ist meine Schwäche«, bekannte der preußische König freimütig. Er regierte Preußen in der ersten Hälfte des 18. Jahrhunderts und ging aufgrund seiner militaristischen Leidenschaft als »Soldatenkönig« in die Geschichte ein. Militärische Präsentation und Stärke war für Preußen mehr als für andere Staaten identitätsstiftend. Ohne ein strukturiertes Heerwesen wäre der rasante Aufstieg der ressourcenarmen, aber ehrgeizigen »Sandbüchse des Heiligen Römischen Reiches«, wie gerne gespottet wurde, kaum denkbar gewesen. Unter Friedrich Wilhelms Ägide wurde durch die Einführung des ersten gesetzlichen Rekrutierungssystems das stehende Heer auf mehr als 80 000 Soldaten ausgebaut und damit fast verdoppelt. Die später sprichwörtlich gewordenen »preußischen Tugenden« – Gehorsam und Disziplin – avancierten zu staatlichen wie gesellschaftlichen Leitwerten. Nicht nur der Adel war zum Militärdienst im Offizierskorps verpflichtet, auch die Rekrutierung der niederen Stände wurde systematisiert und in allen Landesteilen vereinheitlicht. Allerdings hatte Friedrich Wilhelms Fixierung auf das Soldatentum nicht automatisch Krieg und Eroberungszüge zur Folge.

Obwohl der Monarch das Land quasi in eine Kaserne verwandelte, blieb er doch nach außen vorsichtig und auf Frieden bedacht. Von militärischen Eroberungsfeldzügen hielt er bewusst Abstand. Sie waren ihm schlicht zu kostspielig und zu riskant. Den einzigen Krieg, den Friedrich Wilhelm führte – den Großen Nordischen Krieg gegen Karl XII. von Schweden –, erbte er von seinem Vater, König Friedrich I. von Preußen. Nur weil er in der Lage war, seine Soldaten sehr schnell zu mobilisieren, hieß das nicht, dass sich die Nachbarn vor einem Einmarsch fürchten mussten. Soldaten waren zu wertvoll, um sie unnötig in einem nur eventuell erfolgreichen Kampf zu verlieren. Jeder tote Soldat war ihm einer zu viel. Das galt selbst für Deserteure, die nach einem königlichen Edikt von nun an nicht mehr erschossen wurden – denn schließlich hatte der Staat in sie investiert –, sondern nach harter Strafe wieder in die Armee zurückkehren durften.

In dieser neuen Rechtspraxis sieht der Preußen-Historiker Sebastian Haffner die konkreten Ursprünge der Redewendung. Gleichzeitig drückt sie die preußische Vorsicht vor unbedachten militärischen Abenteuern aus. Sie wurde aber erst nach der Gründung des deutschen Kaiserreichs 1871 wirklich populär, als Reichskanzler Bismarck eine defensive Bündnispolitik verfolgte, um die Ängste der europäischen Nachbarn vor deutschen Expansionsgelüsten zu zerstreuen. Bismarck soll den Satz im April 1875 wörtlich einem englischen Journalisten in den Block diktiert haben, als vor dem Hintergrund französischer Aufrüstung Gerüchte über deutsche Kriegsvorbereitungen öffentlich die Runde machten.

Die Redewendung im Sinne von »Nur nichts überstürzen oder in Panik geraten!«, »So schnell werden keine Entscheidungen gefällt« wird bis heute benutzt, um jemanden zu beruhigen, der ein rasches Vorgehen fürchtet, oder um Entschuldigung zu bitten, wenn das Vorgehen einem anderen zu langsam erscheint. Dabei ist der historische Entstehungskontext des preußischen Militarismus vollständig verlorengegangen.

NICHT EINMAL DIE PREUSSEN

Eindeutig lässt sich die Herkunft des Zitats nicht belegen. Besonders in Österreich wird sie auch mit der massenhaften Einführung des Zündnadelgewehrs, des ersten Hinterladergewehrs, in der preußischen Armee ab Mitte des 19. Jahrhunderts in Verbindung gebracht. Es ermöglichte eine viel schnellere Schussfolge als bisherige Gewehre und trug wesentlich zu dem überragenden Sieg Preußens 1866 in der Schlacht von Königgrätz gegen Österreich und Sachsen bei. In der Variante »So schnell schießen nicht einmal die Preußen« drückt sich also vor allem die Bewunderung für Preußens Militärmacht aus.

»Jeder soll nach seiner Fasson selig werden«

FRIEDRICH II., »DER GROSSE«

Wenn heute in Deutschland eine neue Regierung ihre Arbeit aufnimmt, beansprucht sie in der Regel einhundert Tage Schonfrist. Ganz anders noch 1740, als Friedrich II. am 31. Mai nach dem Tod seines verhassten Vaters Friedrich Wilhelm I. endlich den preußischen Thron bestieg. Ihm konnte es gar nicht schnell genug gehen, seine Reformbestrebungen in die Tat umzusetzen: Er bewegte in den ersten Wochen als König mehr »als die meisten Monarchen während ihrer ganzen Regierungszeit« (Richard von Weizsäcker). Jahrelang hatte er sich regelmäßig mit renommierten Aufklärern wie Voltaire über Wissenschaft, Literatur und Philosophie ausgetauscht und daraus ein neues Herrschaftsverständnis abgeleitet: »Erster Diener des Staates« wollte er sein, »mittelalterliche« Praktiken überwinden und den Menschen so viel Freiräume wie möglich geben, solange der eigene absolutistische Machtanspruch nicht infrage gestellt wurde.

Bereits drei Tage nach seinem Amtsantritt schaffte er faktisch die Folterpraxis sowie die Todesstrafe mit ganz wenigen Ausnahmen in Strafverfahren ab. Wenig später gewährte er eine begrenzte Pressefreiheit – und vor allem eine Glaubens- und Religionsfreiheit, die weit in die Zukunft reichte.

Am 22. Juni 1740 fragte der Staatsminister van Brand den König schriftlich an, ob im protestantischen Preußen die römisch-katholischen Schulen geschlossen werden sollten. Wie üblich notierte der Regent seine Entscheidung am Rand des Schreibens. Sein letzter Halbsatz wurde sprichwörtlich: »Die Religionen Müßen alle Tolleriret werden, und Mus der fiscal nuhr das auge darauf haben, das keine der anderen abruch Tuhe, den hier mus ein jeder nach Seiner Faßon Selich werden.« Mit Ausnahme des Judentums, gegenüber dem sich Friedrich ambivalent verhielt, sollten alle Religionen prinzipiell anerkannt und respektiert werden. Dem Staat wurde sogar ausdrücklich die Aufgabe zugeschrieben, das friedliche Nebeneinander der verschiedenen Glaubensrichtungen zu schützen – religiöse Toleranz als Staatsaufgabe, so fortschrittlich war zur damaligen Zeit keine Monarchie in Europa.

Zu dieser Entscheidung trug sicher bei, dass Friedrich II., wenn auch christlich erzogen, persönlich den Religionen – vor allem in ihrer institutionalisierten Form – skeptisch bis gleichgültig gegenüberstand. Für Friedrich war religiöse Toleranz als Teil der staatlichen Bevölkerungspolitik Mittel zum Zweck. Bereits einer seiner

FRIEDRICH II.

Vorgänger, Friedrich Wilhelm, der Große Kurfürst von Brandenburg, nahm 1685 großzügig aus Frankreich vertriebene Hugenotten und andere Glaubensflüchtlinge in Brandenburg auf, um die heimische Wirtschaft zu forcieren. Auch Friedrich wollte das rohstoff- und bevölkerungsarme Preußen für Zuwanderer aus anderen Kulturen attraktiv machen und dadurch seinen Staat stärken. Daher durften im protestantischen Preußen nicht nur die Jesuiten nach wie vor Schulen leiten, sondern es sollten auch Moscheen gebaut werden, »wenn Türken und Heiden kämen und wollten das Land bevölkern«.

Dieser Traditionslinie von Toleranz und Weltoffenheit sieht sich Berlin bis heute verpflichtet. In der »Stadt der Freiheit« wird heute noch gern Friedrich zitiert, um auszudrücken, dass hier jeder sein Leben frei nach eigenen Vorstellungen und Bedürfnissen gestalten darf. »Jeder kann hier nach seiner Fassong (so die Aussprache im Berliner Dialekt) selig werden« – und das bezieht sich selbstverständlich längst nicht mehr nur auf Religion, sondern auf Herkunft, politische Einstellung, sexuelle Orientierung, Kleidungsstil oder Ernährungsweise.

FRIEDRICH DER GROSSE

Friedrich der Große (1712–1786) war beides: ein Schöngeist, der sich für Toleranz und fortschrittliches Denken einsetzte, und gleichzeitig ein zynischer Machtpolitiker, der ohne Skrupel Angriffskriege – am liebsten gegen die Habsburger – führte, die Preußen im 18. Jahrhundert mit Gewalt auf die Weltbühne beförderten. Der »Roi Philosophe« gilt bis heute als wohl bedeutendster, aber auch politisch umstrittenster deutscher König. Der eigenbrötlerische, vermutlich homosexuelle Regent war in der Bevölkerung durchaus beliebt. Unermüdlich reiste der »Alte Fritz« nach dem Siebenjährigen Krieg (1756–1763) durch das Land, um den Wiederaufbau zu kontrollieren und die Ernährungslage zu verbessern. Sein Einsatz für den Kartoffelanbau wurde legendär.

»Die beste aller möglichen Welten«

GOTTFRIED WILHELM LEIBNIZ

Wenn Gott gut und allmächtig ist, wie kann er dann zulassen, dass so viel Leid und Übel in der Welt sind? Die theologische Kernfrage war an der Wende zum 18. Jahrhundert ein beliebtes Thema der philosophischen Gesprächsrunden am Hof von Sophie Charlotte von Hannover im heutigen Berliner Stadtteil Charlottenburg. Auch der Universalgelehrte Gottfried Wilhelm Leibniz nahm regelmäßig an ihnen teil. Das wissenschaftliche Wunderkind war zutiefst von der Großartigkeit der Schöpfung Gottes überzeugt. Auch angeregt durch die Unterhaltungen im Salon der Gattin des ersten Königs von Preußen, prägte Leibniz in seinen 1710 veröffentlichten *Essais de Théodicée* nicht nur den Begriff der Theodizee, der Gottesrechtfertigung, sondern widerlegte den Vorwurf, Gott hätte in seiner Allmacht eine bessere Welt schaffen müssen. Da er wirklich allmächtig sei, so argumentierte Leibniz, hätte er dies natürlich auch getan, wenn es möglich gewesen wäre. Im Umkehrschluss konstatierte er, müsse diese unsere Welt die beste aller möglichen sein. Deswegen geschehe alles, was auf der Welt passiert – auch das Nicht-Gute –, aus einem guten Grund. Nach Leibniz hatte Gott das Böse und Schlechte zulassen müssen, da ein Absolutes wie Gott mit dem Menschen etwas Unvollkommenes schaffen musste, wenn er sich nicht kopieren wollte. Dass die Welt oberflächlich auch voller Fehler und Übel sei, liege also allein am Mängelwesen Mensch. Er ist das notwendige Falsche im grundsätzlich Richtigen.

Leibniz wollte damit keinesfalls ausdrücken, dass wir in einer perfekten Welt leben. Doch bereits seine Zeitgenossen verstanden die einprägsame, schnell sehr populär werdende These, dass wir in der »besten aller möglichen Welten« lebten, in diesem Sinne – und reagierten mit heftigem Widerstand. Sie bildete in der Aufklärungsphilosophie den Ausgangspunkt für eine Debatte über die Rolle Gottes in der Welt überhaupt – eine Debatte, die sich immer weiter von Leibniz' These, der Existenz eines allmächtigen, allwissenden Gottes, entfernte. Spätere Aufklärer versuchten, die Welt auch ohne Gott zu denken.

Insbesondere das verheerende Erdbeben von Lissabon im Jahr 1755 erschütterte den Glauben an eine prinzipiell gute Gottesordnung zutiefst. Wie konnte Gott in der »besten aller möglichen Welten« einen solchen Schrecken zulassen, den der Mensch weder verursacht hatte, noch erklären konnte? Nicht nur Voltaire hatte für Leibniz nach den Ereignissen von Lissabon nur noch Spott übrig, als er in seiner satirischen Novelle *Candide oder Die Beste aller Welten* 1759 dessen Optimismus ad absurdum führte. Auch Schopenhauer, der deutsche Philosoph des Pessimismus, unterstellt Leibniz später »ruchlosen Optimismus« und sprach sarkastisch von der »schlechtesten aller möglichen Welten«, während Kant die Frage nach Gott in der Welt schlicht nicht mehr für philosophisch beantwortbar hielt. Hegel sollte im 19. Jahrhundert Leibniz' Idee vom richtigen Ganzen für seine Geschichtsphilosophie übernehmen, ersetzte aber Gott als Verursacher durch die Geschichte. Wer heute von der besten aller möglichen Welten spricht, meint damit einen Idealzustand, der aber realistischerweise nur angestrebt, nicht erreicht werden kann. Den ursprünglichen philosophischen oder theologischen Überbau hat der Satz verloren.

GOTTFRIED WILHELM LEIBNIZ

Er studierte Mathematik und Rechtswissenschaften und war unter anderem politischer Berater am Hof in Mainz und Hannover. Er verfasste philosophische Schriften und betrieb geschichtliche Quellenstudien, er entwickelte das binäre Zahlensystem und eine erste Rechenmaschine. Gottfried Wilhelm Leibniz (1646–1716) gilt als letztes Universalgenie, das Natur- und Geisteswissenschaft zusammenzudenken versuchte. Der Begründer der Preußischen Akademie der Wissenschaften suchte hinter der Logik der Zahlen den verbindenden Geist sowie in Theologie und Philosophie den unabweisbaren kosmologischen Gottesbeweis. Für Leibniz gab es keine Trennung zwischen Körper und Geist, zwischen Seele und Materie. Die Welt war Ausdruck göttlicher Harmonie, die es nur im Ganzen zu entdecken galt.

»Aufklärung ist der Ausgang des Menschen aus seiner selbst verschuldeten Unmündigkeit«

IMMANUEL KANT

Aufklärung – ein Begriff, mit dem europäische Gelehrte ab der zweiten Hälfte des 18. Jahrhunderts die Hoffnung auf eine bessere Welt verbanden. Ein Begriff, der zur Wortfamilie »klar« und »aufklaren« gehört. Wie der Himmel aufklart, wenn die Sonne herauskommt und vormals dunkle Gebiete beleuchtet, vertrieben in der Vorstellungswelt der Aufklärer Vernunft und Wissenschaft den dichten Nebel aus Vorurteilen und Unwissen und wiesen den Menschen den richtigen Weg zur Erkenntnis und im Leben. Viele damalige Geistliche und Gelehrte wussten mit dem Wort wenig bis nichts anzufangen, so etwa der Berliner Pfarrer Johann Zöllner. Ehe man »aufzuklären anfinge«, so spöttelte er im Dezember 1783 in der *Berliner Monatsschrift*, dem Publikationsorgan der aufklärerischen »Mittwochsgesellschaft«, solle man doch erst mal klären, was »Aufklärung« überhaupt sei. Dieser Provokation hat es die Nachwelt zu verdanken, dass der bedeutendste deutsche Philosoph jener Zeit, Immanuel Kant, sich die Mühe machte, ungewöhnlich klar die Anliegen der Aufklärung zu formulieren: »Aufklärung ist der Ausgang des Menschen aus seiner selbst verschuldeten Unmündigkeit«. So beginnt Kant seinen Essay *Beantwortung der Frage: Was ist Aufklärung?* vom Dezember 1784. In diesem einen Satz verdichten sich Ideal, Ausgangs- und Zielpunkt aufklärerischen Denkens: Jeder Mensch, unabhängig seines gesellschaftlichen Rangs oder Stands, kann ein eigenständiges, mündiges Leben führen, insofern er mithilfe seines Verstands kontinuierlich sein Wissen erweitert und es zur Grundlage seiner Entscheidungen macht. Selbst verschuldet ist seine Unmündigkeit nur so lange, wie er zu bequem, unfähig oder feige ist, sich seines Verstands ohne Beeinflussung durch andere zu bedienen. Deshalb konstatierte Kant: »Habe Muth, dich deines eigenen Verstandes zu bedienen! ist also der Wahlspruch der Aufklärung.« Der mündige und autonome Weltbürger soll sich in gesellschaftspolitischer Hinsicht von allen Fesseln befreien, die nicht dem Maßstab der Vernunft standhalten. Machtverhältnisse, Glaubenssätze und Lehrmeinungen müssen sich rational begründen lassen, um sie für wahr bzw. für handlungsleitend zu halten. Die Aufforderung, traditionelle Autoritäten kritisch zu hinterfragen, gepaart mit der Annahme der prinzipiellen Gleichheit aller Menschen, barg enorme Sprengkraft für die Gesellschaftsordnung des 18. Jahrhunderts, die geprägt war von vermeintlich naturgegebener – und gottgewollter – Ungleichheit. Insofern stand die Aufklärung Pate für die Ausbildung der Idee der allgemeinen Menschenrechte, die wesentlich die gesellschaftlichen Umwälzungen durch die Französische Revolution ab 1789 in Europa inspirierte.

Die westlichen liberalen Demokratien bauen wesentlich auf dem aufklärerischen Ideal von der Selbstbestimmung des Menschen durch Vernunft auf, wobei Werte wie Freiheit, Gleichheit und Autonomie von jeder Generation konkret neu ausbuchstabiert werden müssen. Schon Kant verstand Aufklärung als Prozess, als immerwährende Aufgabe für die Menschen: »Wenn denn nun gefragt wird: Leben wir jetzt in einem aufgeklärten Zeitalter? So ist die Antwort: Nein, aber wohl in einem Zeitalter der Aufklärung.« Würde Kant heute leben, dürfte seine Antwort kaum anders ausfallen.

IMMANUEL KANT

Der Königsberger Professor für Logik und Metaphysik Immanuel Kant (1724–1804) beschäftigte sich zunächst mit Naturphilosophie, bevor er sich in seinen philosophischen Schriften ab 1781 intensiv mit den Bedingungen der Möglichkeit von menschlicher Erkenntnis auseinandersetzte. Wie in seinem kurzen populären Essay zu Aufklärung ging er dabei radikal von der Autonomie des einzelnen Menschen aus und wurde so zum Vordenker des deutschen Idealismus. Mit seinem erkenntnistheoretischen Hauptwerk *Kritik der reinen Vernunft* leitete Kant 1781 den Beginn der modernen Philosophie ein. Der Einzelne kann nicht die objektive Wirklichkeit erkennen, sondern nur die Vorstellungswirklichkeit, wie er sie durch seinen Verstand konstruiert. Auch seine Ethik ging von der individuellen Verantwortung aus: Bedenke bei jeder Handlung, welche Folgen es hätte, wenn jeder so handeln würde, besagt Kants berühmter kategorischer Imperativ.

4

»*Einigkeit und Recht und Freiheit*«

Die Geburt der modernen deutschen Nation aus dem Geist der Revolution

»Am Anfang war Napoleon.« Mit diesem Satz beginnt Thomas Nipperdey seine *Deutsche Geschichte 1800–1866.* Der französische Kaiser wirbelte mit seinen Eroberungszügen ganz Europa und insbesondere auch die staatlichen Strukturen auf deutschen Territorien folgenreich durcheinander. Der selbsternannte »Vollstrecker der Französischen Revolution« wurde zum endgültigen Totengräber des römisch-deutschen Reichs – und zum Geburtshelfer des modernen Deutschlands. Unter französischer Besatzung wurden hier auf vielen Feldern wegweisende Reformen angestoßen, etwa das Bürgerliche Gesetzbuch geschaffen, Verwaltungen modernisiert und Kleinstfürstentümer zusammengeführt. Als Franz II. 1806 die Kaiserkrone niederlegte, war das römisch-deutsche Reich endgültig Geschichte.

Das Erbe der Französischen Revolution

Napoleon trug die beiden zentralen Ideen der Französischen Revolution – Nationalismus und Liberalismus – in die deutschen Länder. Sie drangen dort tief ins gesellschaftliche Bewusstsein ein, sodass auch nach dem Ende der napoleonischen Herrschaft eine Rückkehr zu den alten Verhältnissen unmöglich war. Den aristokratischen Eliten gelang es auf dem Wiener Kongress 1815, mit dem Deutschen Bund einen losen Zusammenschluss der deutschen Staaten zu schaffen, die vor allem darauf abzielte, die vorrevolutionären Herrschaftsprivilegien in die neue Zeit zu retten. Doch die Forderungen nach demokratischer Mitsprache und nationaler Einigung verstummten nicht. Die Revolution von 1848/49 scheiterte schließlich daran, einen nationalen Verfassungsstaat zu errichten – nicht nur, weil die alten

Eliten die Kontrolle über das Militär behielten, sondern auch, weil sich die Aufständischen weder über Staatsform (Republik oder Monarchie) noch über Größe (mit oder ohne Österreich) einigen konnten.

So war es der preußische Ministerpräsident Otto von Bismarck, der das nationale Versprechen der Revolution von 1848 unter konservativen Vorzeichen und im Sinne Preußens einlöste. Durch geschickte Machtpolitik schaltete er den Rivalen Österreich aus und integrierte die süddeutschen Staaten in einen preußisch dominierten deutschen Nationalstaat. Im Jahr 1871 wurde Bismarck Reichskanzler und der preußische König Wilhelm I. Oberhaupt des deutschen Kaiserreichs.

Das weiterhin vom Glauben an Herkunft und traditionelle feste Hierarchien geprägte Denken der Regierenden stand dabei in auffallendem Kontrast zu der ungeheuren Dynamik des gesellschaftlichen Umbruchs im 19. Jahrhundert, der, befördert von der industriellen Revolution, auf allen Ebenen einsetzte. Technische Neuerungen und wissenschaftliche Fortschritte veränderten die Art und Weise des Wirtschaftens grundlegend, was sich auf die Lebenswelt jedes Einzelnen auswirkte und die Gesellschaft neu formierte.

Deutschland und die industrielle Revolution

Deutschland begann, sich von einer feudalen Agrargesellschaft zu einer modernen Industriegesellschaft zu wandeln, in der auch die alte ständische Gesellschaftsordnung an Bedeutung verlor. Das leistungsbereite liberale Wirtschaftsbürgertum entwickelte sich zur prägenden Schicht. Es profitierte von sehr guten ökonomischen Rahmenbedingungen. Eine Bevölkerungsexplosion – auf dem Gebiet des Deutschen Reiches wuchs die Bevölkerung von knapp 24 Millionen Menschen im Jahr 1817 auf etwa 68 Millionen im Jahr 1914 – und die Schaffung eines einheitlichen Wirtschaftsraums durch die Gründung des Deutschen Zollvereins 1834 sorgten für einen jahrzehntelangen Wirtschaftsaufschwung in Deutschland, der nur durch kurze Rezessionen unterbrochen wurde. Maschinen übernahmen zunehmend Arbeiten, die bisher Menschen verrichtet hatten, und ermöglichten eine Massenproduktion von Gütern. Immer mehr Menschen strömten in die aufblühenden Städte, wo sie in den neu entstandenen Fabriken arbeiteten, aber größtenteils in Armut und Not lebten. So bildete sich am unteren Rand der Gesellschaft mit dem Proletariat eine neue, breite Schicht. Bereits im Vorfeld der 1848er-Revolution hatten sich erste Vereine und Parteien gegründet, die sich dem Kampf für mehr politische Rechte und wirtschaftliche Besserstellung der Arbeiterschaft verschrieben. Die Auseinandersetzungen zwischen Unternehmern und Lohnabhängigen, zwischen Kapital und Arbeit, sollte prägend für den modernen Kapitalismus werden, der sich im deutschen Kaiserreich immer stärker entwickelte.

»Von hier und heute geht eine neue Epoche der Weltgeschichte aus, und ihr könnt sagen, ihr seid dabei gewesen«

JOHANN WOLFGANG VON GOETHE

20. September 1792. In der Nähe des französischen Dörfchens Valmy in der Champagne geraten die preußischen Truppen unter heftigsten Beschuss der französischen Revolutionsarmee. Überrascht von der Gegenwehr ziehen sich die Soldaten frustriert zurück. Nur einer versucht die Grabesstimmung am abendlichen Lagerfeuer zu vertreiben: »Von hier und heute geht eine neue Epoche der Weltgeschichte aus, und ihr könnt sagen, ihr seid dabei gewesen«, ruft der damalige Kriegskommissar des Herzogs von Weimar, Johann Wolfgang von Goethe, ironisch-aufmunternd in die Runde. So zumindest erzählt es der Dichterfürst gut dreißig Jahre später in seiner autobiografischen Schrift *Kampagne in Frankreich 1792*. Darin verarbeitete er gegen Ende seines Lebens seine traumatischen Erlebnisse während jenes Feldzugs von 1792, auf den er seinen Freund und Landesherrn Carl August von Sachsen-Weimar-Eisenach begleiten musste. Wir wissen nicht, ob Goethe die Folgen jener Niederlage wirklich so prophetisch eingeschätzt hatte. Wahrscheinlicher ist, dass er die Voraussage doch eher anekdotisch – und stilsicher – in seine Lebenserinnerungen einfügte, nachdem bereits augenscheinlich geworden war, wie tief der gesellschaftlich-politische Wandel in Frankreich ganz Europa veränderte.

Tatsächlich kann man im Nachhinein in dem als »Kanonade von Valmy« berühmt gewordenen Artillerieduell einen entscheidenden historischen Wendepunkt sehen, mit dem die Französische Revolution endgültig nach Europa und in die deutschen Länder gelangte. Die Ausrufung der allgemeinen Menschen- und Bürgerrechte in Paris 1789 und die Etablierung einer konstitutionellen Monarchie auf Grundlage der Volkssouveränität 1791 waren zunächst von den deutschen Fürsten als Versagen des französischen Adels in Frankreich wahrgenommen worden – und als regionales Phänomen. Als am 20. April 1792 Frankreich Österreich den Krieg erklärte, schlossen sich die beiden wichtigsten deutschen Staaten Österreich und Preußen zusammen. Man hoffte, mit dem rebellierenden Pöbel in Paris kurzen Prozess machen zu können, unterschätzte allerdings die schiere

Übermacht und hohe Kampfmoral der zahllosen französischen Bürgersoldaten, die größtenteils freiwillig und aus politischer Überzeugung in diesen Ersten Koalitionskrieg zogen. Der unerwartete Rückzug des preußischen Heers vor Valmy euphorisierte die Revolutionsarmee und ließ sie bis ins Rheinland vorrücken. Vor allem aber stärkte er den radikaleren Jakobinern in Frankreich den Rücken, die nur einen Tag später, am 21. September 1792, die Republik proklamierten und Anfang 1793 auch die Hinrichtung von Ludwig XVI. als »Verschwörer gegen die Freiheit der Nation« durchsetzten – ein unerhörtes Ereignis im noch fast vollständig monarchistisch geprägten Europa. Obwohl sich die Revolutionsgegner und europäischen Machtrivalen zunächst erfolgreich gegen die Ausbreitung des republikanischen Gedankenguts verbündeten, war das Ende der traditionellen Ständeordnung eingeläutet. Eine neue Epoche der Weltgeschichte hatte begonnen, in der auch in den deutschen Ländern der dritte Stand, das Bürgertum, zu einem entscheidenden politischen Machtfaktor wurde.

Der Ausspruch Goethes kam wohl vielen Deutschen beim Mauerfall im November 1989 in den Sinn, als schon am selben Tag klar wurde, dass eine Epoche zu Ende gegangen war und etwas ganz Neues begann.

GOETHE UND DIE FRANZÖSISCHE REVOLUTION

Anders als viele andere Geistesgrößen seiner Zeit, insbesondere auch als sein enger Weggefährte Friedrich Schiller, stand der Weimarer Geheimrat Goethe der Französischen Revolution von Anfang skeptisch gegenüber. Als Teil der adeligen Elite fürchtete er stets die »Tyrannei von unten« und verurteilte strikt jede Gewaltanwendung. Abgesehen von Berichten wie über die *Kampagne in Frankreich* und die *Belagerung von Mainz* setzte er sich in seinen dichterischen Werken nur am Rande mit der zentralen politischen Veränderung zu seinen Lebzeiten auseinander, die er als »schrecklichstes aller Ereignisse« bezeichnete.

»Der Krieg ist eine bloße Fortsetzung der Politik mit anderen Mitteln«

CARL VON CLAUSEWITZ

Krieg ist also nichts anderes als leicht aus dem Ruder gelaufene Politik? Nur eben mit einigen Toten? Nach den schrecklichen Kriegserfahrungen im 20. Jahrhundert war es kein Wunder, dass viele Deutsche den Satz als zynische Legitimation von militärischen Aggressionen lasen. Dabei wollte Carl von Clausewitz den Krieg keineswegs verharmlosen, als er 1832 in seinem militärtheoretischen Werk *Vom Kriege* ausführte, dass dieser nicht Selbstzweck, sondern »nichts als eine Fortsetzung des politischen Verkehrs mit Einmischung anderer Mittel« sei, wie das Zitat vollständig heißt.

Von Clausewitz wollte schlicht betonen, dass Kriege wie überhaupt alle militärischen Belange immer in einen größeren politischen Zusammenhang eingebettet sind. Welche Strategie in der Kriegsführung, welche Militärorganisation gewählt wird, sind für ihn dabei zwei Fragen, deren Beantwortung davon abhängt, welche politische Ziele erreicht werden sollen. Der Krieg ist also ein Spiegel der Politik, und das Militärische ist grundsätzlich dem politischen Willen untergeordnet – das war die Überzeugung des preußischen Generals und Heeresreformers, die wesentlich durch die radikalen Umbruchserfahrungen seiner Zeit geprägt war: nämlich den Zusammenbruch des römisch-deutschen Reichs und des alten friderizianischen Preußens.

Von Clausewitz hatte hautnah miterlebt, wie in den Napoleonischen Kriegen zwischen 1792 und 1806 die modernen Volksheere Frankreichs mit neuartiger Taktik die monarchistischen europäischen Armeen aus Söldnern und Zwangsrekrutierten quasi überrannt hatten. Frankreich nahm nun in weiten Teilen Deutschlands die politische, militärische, wirtschaftliche und kulturelle Vormachtstellung ein und hatte (1806) im Westen mit dem »Rheinbund« ein lockeres Bündnis von kleinen und größeren, auch neu geschaffenen deutschen Staaten gegründet. Demgegenüber war Preußen, das durch den Frieden von Tilsit 1806 viele Gebiete verloren hatte, zur Mittelmacht degradiert worden. Von Frankreich lernen hieß nun für die preußische Elite, das Siegen wieder zu lernen und das Land zu alter Stärke zurückzuführen. Staatsmänner wie Hardenberg und Stein leiteten auf unterschiedlichsten gesellschaftlichen Ebenen umfassende Reformen ein, die den Staat modernisieren und damit wieder konkurrenzfähig machen sollten. Die Niederlagen gegen Napoleon hatte deutlich gemacht, dass eine grundlegende Reform des Militärs überfällig war. Clausewitz war ab 1809 an führender Stelle daran beteiligt, das preußische Heer zu reorganisieren und überkommene Strukturen und Vorschriften zu überwinden. Mittelalterliche Strafexerzitien wie die Prügelstrafe wurden abgeschafft und ein effizienter Generalstab wurde geschaffen. Durch Einführung der allgemeinen Wehrpflicht und Abschaffung adeliger Privilegien entstand eine Volksarmee, in der eine ganze Nation kämpfte und Leistung und nicht Herkunft über Aufstieg entschied. Ohne diese strategische Neuausrichtung wäre der militärische Erfolg in den antinapoleonischen Befreiungskriegen ab 1813 kaum möglich gewesen – und auch nicht die Wiedergewinnung der politischen Autonomie Preußens.

Wie sehr Gesellschaftsordnung und Militärführung, Politik und Krieg einander bedingen, zeigte sich, als Preußen in der ersten Hälfte des 19. Jahrhunderts seine starke Rolle unter den regionalen Mächten Deutschlands wiedergewann und das Selbstbewusstsein wieder stieg. Die adeligen Offiziere setzten durch, dass weite Teile der Heeresreform nicht umgesetzt oder zurückgenommen wurden und sie ihre Privilegien zurückerhielten. Nicht nur im Krieg, sondern auch im Frieden war das Militärwesen eine Fortsetzung von Politik mit anderen Mitteln.

Im Jahr 2022 tauchte plötzlich das Clausewitz-Zitat wieder in vielen Medienberichten und -kommentaren auf. Mit dem Angriff auf die Ukraine brach Russland die seit Langem in Deutschland als unumstößlich geltenden Grundregeln des staatlichen Zusammenlebens. Der Krieg scheint als brutale Fortsetzung nationaler Machtpolitik auch nach Europa zurückgekehrt zu sein – mit noch nicht absehbaren Konsequenzen.

CARL VON CLAUSEWITZ

Carl von Clausewitz (1780–1831) repräsentierte den Prototyp der preußischen Oberschicht an der Wende zum 18. Jahrhundert. Nach seinem frühen Eintritt in die preußische Armee im zarten Alter von zwölf Jahren war er an allen Napoleonischen Kriegen beteiligt und stieg bis zum Generalmajor auf. An der Seite Russlands koordinierte er 1812 den preußischen Widerstand gegen die Besatzung an vorderster Front. Bereits während seiner Studienzeit an der Allgemeinen Kriegsschule, die er ab 1815 selbst leitete, begann er über den Krieg zu schreiben. Sein Fragment gebliebenes, postum veröffentlichtes Militärlehrbuch *Vom Kriege* gilt politischen Beratern bis heute als Fundgrube strategischen Denkens.

»Jetzt ist Ruhe die erste Bürgerpflicht«

FRIEDRICH WILHELM GRAF VON DER SCHULENBURG-KEHNERT

»Der König hat eine Bataille verloren. Jetzt ist Ruhe die erste Bürgerpflicht. Ich fordere die Einwohner Berlins dazu auf.« So lautet der Text des vielleicht berühmtesten öffentlichen Anschlagszettels der deutschen Geschichte, unterzeichnet vom damaligen Gouverneur von Berlin, Graf von Schulenberg-Kehnert. Er hing am 17. Oktober 1806, drei Tage nach der vernichtenden Niederlage Preußens gegen Napoleons Truppen bei Jena und Auerstedt, in Berlin an allen Straßenecken. Zu Recht befürchtete man den weiteren Vormarsch der Franzosen. Am 25. Oktober zogen die revolutionären Truppen, zwei Tage später Napoleon selbst, durchs Brandenburger Tor. Ruhe bewahren wollte da kaum einer mehr, vor allem nicht der Adel und die reichen Bürger. Viele Berliner Aristokraten, darunter der gesamte Hofstaat Friedrich Wilhelms III., flohen panikartig aus der Stadt, unter ihnen auch Graf von Schulenberg-Kehnert selbst.

Der Satz »Ruhe ist die erste Bürgerpflicht«, 1852 als Titel eines vaterländischen Romans über die napoleonische Besatzungszeit von Willibald Alexis beliebt geworden, wurde sprichwörtlich und steht bis heute für die vermeintlichen preußischen Tugenden Pflichtbewusstsein und Disziplin. Egal, wie schwierig die Lage, auch die persönliche, ist – Ruhe und Ordnung müssen gewahrt bleiben. Der Einzelne hat sich den gesellschaftlichen Erfordernissen, der Bürger dem Staat unterzuordnen. In diesem Sinn wurde die preußische »Ruhe und Ordnung« nur wenige Jahre später zum Leitprinzip eines Politikers, der allerdings nicht Preuße, sondern ausgerechnet Österreicher war: Fürst Klemens Wenzel von Metternich. Der Außenminister des mächtigsten deutschen Staates sorgte nach dem Ende der napoleonischen Ära dafür, dass die alte monarchische Ordnung im neu gegründeten Deutschen Bund wiederhergestellt wurde. Spätestens mit den antidemokratischen Karlsbader Beschlüssen 1819 zur Erhaltung der inneren Sicherheit war klar, dass die nationalliberalen Ambitionen der Befreiungskriege erst einmal ausgeträumt waren.

Die große Mehrheit arrangierte sich bereitwillig mit den staatlichen Restriktionen. Nach Jahrzehnten revolutionärer Umbrüche und dramatischer Änderungen wurde die erzwungene Beruhigung des gesellschaftlichen Lebens weniger als obrigkeitsstaatliche Freiheitseinschränkung, als vielmehr als willkommene innenpolitische Stabilisierung empfunden, die dem Einzelnen die Möglichkeit bot, sich dem Privat- und Familienleben zu widmen. Ob es der Aufschwung der Hausmusik oder des Unterhaltungstheaters war oder die Beliebtheit der einfachen Volksliedlyrik – auf fast allen kulturellen Ebenen waren eine Abkehr von der Politik und eine neue Ichbezogenheit zu spüren. Ende des 19. Jahrhunderts sollte sich für die Periode gesellschaftlicher Restauration zwischen dem Wiener Kongress und der 1848er-Revolution der anfänglich abwertend gemeinte Epochenbegriff »Biedermeier« durchsetzen, benannt nach der zu dieser Zeit erfundenen Kunstfigur des redlichen, aber recht einfältigen und spießbürgerlichen Dorfschullehrers Gottlieb Biedermaier.

Inzwischen ist die Adelsvorherrschaft längst Vergangenheit, doch der preußische Ordnungsruf wird immer noch gern von Politikern zitiert, wenn auch durchaus mit unterschiedlichen Intentionen. Will der eine eher im historischen Bedeutungssinn gegen obrigkeitsstaatliche Bevormundung der Bürger polemisieren, zitiert die andere ihn in Situationen allgemeiner Aufregung, um mit meist ironischem Unterton beschwichtigend auf andere einzuwirken. Getreu dem Motto: In der Ruhe liegt die Kraft.

GRAF VON DER SCHULENBURG-KEHNERT

Friedrich Wilhelm Graf von der Schulenburg-Kehnert (1742–1815) entstammte einer Seitenlinie des alteingesessenen markbrandenburgischen Adelsgeschlechts der Schulenburgs. Der preußische Offizier machte unter König Friedrich Wilhelm II. Ende des 18. Jahrhunderts politische Karriere, bekleidete als treuer Staatsdiener mehrere Ämter, war kurzzeitig Außenminister und 1806 interimistischer Gouverneur von Berlin. Als er sich 1807 weigerte, den Vorsitz einer Friedens-Vollziehungs-Commission zu übernehmen, wurde er seiner Ämter enthoben. Kurzzeitig trat er in die Dienste des Königreichs Westfalen.

»Frisch, fromm, fröhlich, frei«

FRIEDRICH LUDWIG JAHN

Wer heute eine Handlungsweise »frisch, fromm, fröhlich, frei« nennt, meint im positiven Sinn, dass er sie für impulsiv, unbekümmert und spontan oder im negativen für etwas unüberlegt hält. Kaum einer kennt noch den ursprünglichen Kontext der alliterierenden Adjektivreihe, die Anfang des 19. Jahrhunderts als Wahlspruch der deutschen Turnerbewegung sehr populär wurde. »Turnvater« Friedrich Ludwig Jahn hatte 1811 in Berlin den ersten öffentlichen Turnplatz der Welt ins Leben gerufen und in den deutschen Landen damit eine Welle der körperlichen Ertüchtigung ausgelöst. Überall balancierten Männer auf Wiesen über Balken, hingen am Reck, sprangen über Sprungböcke, schwangen Hanteln und machten Kniebeugen. Insbesondere das neuartige Geräteturnen wurde Mode – Jahn hatte entsprechende Übungen 1816 erstmals in der *Deutschen Turnkunst* systematisch geordnet veröffentlicht. Dort findet sich auch der Spruch in seiner ursprünglichen Form: »Frisch, frei, fröhlich, fromm. Das ist der Turner Reichtum!«. Er ist wohl angelehnt an eine fast gleichlautende Studentenlosung des 16. Jahrhunderts: »Frisch, frei, fröhlich, fromb; Sind des Studenten Reichtumb.«

Gesund (frisch), geistig unabhängig (frei), lebensfroh (fröhlich) und natürlich vor allem tüchtig (fromm) sollte man durch gemeinsame öffentliche Leibesübungen werden. Was sich heute wie eine unverfängliche optimistische Motivationsparole einer Fitnessbewegung anhört, war zur damaligen Zeit ein politischer Kampfauftrag. Die von Friedrich Jahn ab 1810 initiierte Turnerbewegung verstand sich als Teil einer vor dem Hintergrund der napoleonischen Besatzung erstarkenden Nationalbewegung. Turnen wurde zu einem revolutionären Akt des Deutschtums überhöht.

Wie Johann Gottlieb Fichte als Philosoph, setzte sich Jahn als Turnaktivist für nationale Identität und Einheit, für bürgerliche Freiheit und Liberalismus ein. Zugleich polemisierte er in seinen politischen Schriften gegen »Völkermischung« und äußerte sich antisemitisch. Er forderte die Errichtung eines Volksheers und die Überwindung jeder Fremdherrschaft. Indem es Gemeinschaft ermögliche und körperlich abhärte, sollte das Turnen den Patriotismus fördern und die Wehrfähigkeit stärken. Jahn selbst kämpfte in der preußischen Armee während der Befreiungskriege. Nach dem Ende der französischen Herrschaft kam es jedoch nicht wie erhofft zu einer nationalen Einigung, sondern zu einer Restauration deutscher Kleinstaaterei. Das politische Programm der Turnerbewegung blieb unerfüllt – und war nun unerwünscht. Nach der Verhaftung von Jahn wegen staatsgefährdender Propaganda wurde 1820 in Preußen per Gesetz das »vaterländische« Turnen verboten.

Als Turnvereine im Vorfeld der 1848er-Revolution wieder zugelassen wurden, verlor das Turnen seine eindeutige politische Ausrichtung. Es entstanden proletarische, christliche und viele andere Vereine. Körperliche Ertüchtigung wurde zu einem Massenphänomen in allen Milieus, wobei der Turner-Wahlspruch »Frisch, fromm, fröhlich, frei«, wie er vom Pädagogen und Jahn-Schüler Ferdinand Maßmann eingeführt wurde, in seiner heute bekannten Form von den meisten Turnvereinen übernommen, wenn auch teilweise angepasst wurde. Bis heute firmiert als Logo des Deutschen Turnerbunds das 1844 entwickelte Turnerkreuz, das aus zwei horizontal und vertikalen gespiegelten F besteht und damit grafisch das alte Motto aufgreift.

TURNVATER JAHN

Jahn Regensburg oder Turnerschaft Jahn München sind nur zwei von unzähligen Turn- und Sportvereinen in Deutschland, die seinen Namen tragen. Im deutschen Sport ist Friedrich Ludwig Jahn (1778–1852) heute noch allgegenwärtig. Viel weniger bekannt ist seine prägende Rolle für das Hochschulwesen, allerdings nicht im Sinne einer akademischen Karriere. Ohne Schulabschluss schrieb er sich an Universitäten in Halle und Greifswald ein, wo er durch Trunksucht und Gewalttaten auffiel. Was ihm aber gelang, war die Politisierung der Studentenschaft in seinem und im nationalen Sinn. Nach seinen Ideen wurde 1815 in Jena die Urburschenschaft gegründet, deren Wahlspruch »Ehre, Freiheit, Vaterland« heute noch derjenige des Verbandes der deutschen Burschenschaften ist.

»Ich wollt, es wäre Nacht oder die Preußen kämen«

ARTHUR WELLESLEY, 1. DUKE OF WELLINGTON

18. Juni 1815: Seit Mittag tobt südlich von Brüssel im damaligen Königreich der Niederlande eine für Europas Schicksal entscheidende Schlacht. Rund um die Hügellandschaft von Mont-Saint-Jean haben Truppenkontingente unter der Führung des englischen General Arthur Wellesley Verteidigungsstellungen eingerichtet, um den weiteren Vormarsch der Streitkräfte Napoleons zu verhindern. Sollte dem französischen Kaiser, der innerhalb weniger Jahre die gesamte Ordnung Europas auf den Kopf gestellt hatte und 1814 nur unter größter Mühe besiegt werden konnte, tatsächlich ein spektakuläres Comeback gelingen? Noch während der Wiener Kongress zur Neugestaltung Europas tagte, verließ Napoleon im März sein Exil auf Elba und eroberte im Handumdrehen wieder die Macht in Frankreich. Der Schock bei den monarchistischen Regenten Europas war groß. In Windeseile erneuerte sich die breite antifranzösische Militärallianz aus Österreich, Russland, England und Preußen, um dem Spuk ein Ende zu bereiten.

Am 16. Juni hatten Napoleons Truppen preußische Stellungen im wallonischen Ligny beinahe mühelos überrannt und die von Generalfeldmarschall Blücher befehligte Armee vertrieben. Jetzt drohten die Franzosen erneut den Rhein zu übertreten, zumal sich der Kampf auch für das nördlich gelegene Koalitionsheer von Wellington ungünstig entwickelte: Am Nachmittag war bereits die Hälfte der Soldaten der Militärallianz nicht mehr einsatzfähig. »Ich wollt, es wäre Nacht oder die Preußen kämen«, soll der Duke in seiner Verzweiflung gesagt haben. Eine andere Überlieferung zitiert den legendären Ausspruch dramatischer, was der prekären Lage, in der sich der General und seine Armee befanden, wohl mehr entsprochen hätte: »Die Preußen oder die Nacht«. Also entweder die von Blücher angekündigte Unterstützung durch preußische Truppen kommt noch rechtzeitig oder Napoleons Vormarsch ist kaum mehr zu stoppen! Tatsächlich erschien wenig später das ersehnte Heer und sorgte für die entscheidende Wende im blutigen Kampf, der Zehntausenden das Leben kostete. Am Ende triumphierten der englische General und der furchtlose preußische »Marschall Vorwärts« Blücher über Napoleon, der von den Engländern gefangengenommen und weit weg auf die abgelegene Atlantikinsel St. Helena verbannt wurde, um sicherzustellen, dass er nicht erneut aus dem Exil zurückkehren würde.

Welchen Namen man aber der entscheidenden Schlacht geben sollte, darüber waren sich die Sieger nicht einig. Blücher wollte das historische Ereignis nach dem Gasthof benennen, in dem die beiden Armeeführer auf dem Schlachtfeld zum ersten Mal aufeinandertrafen: »Belle Alliance«. Und tatsächlich sprach man in Deutschland lange Zeit von der »Schlacht bei Belle Alliance«, denn »schöne Allianz« symbolisierte geradezu perfekt den Triumph des Koalitionsheers aus Niederländern, Preußen und Engländern. Doch schließlich setzte sich auch bei uns der Name durch, für den Wellington von Anfang plädiert hatte: Waterloo. So hieß der nahe des Schlachtfelds gelegene Ort, an dem sich das Hauptquartier der britischen Einheiten befand.

Heute steht Waterloo längst nicht mehr nur für den Ort der historischen Niederlage Napoleons, sondern als Metapher für eine entscheidende Niederlage allgemein. Wer »sein Waterloo erlebt«, hat ein persönliches Fiasko erlitten, das sich gewaschen hat. Merkwürdig eigentlich, dass sich in fast zwanzig europäischen Länder sprachlich die französische Perspektive durchgesetzt hat. Selbst die schwedische Popgruppe Abba identifizierte sich in ihrem Song mit Napoleon statt mit der siegreichen alliierten Armee. Sie gewann mit »Waterloo« nicht nur 1974 den European Song Contest, sondern trug entscheidend zur Popularität der Redewendung bei. In Frankreich hingegen fand die desaströse Schlacht an der Beresina, einem weißrussischen Fluss, während Napoleons Rückzugs aus Russland 1812 ihren sprachlichen Niederschlag: »C'est la Bérézina« sagt man, wenn eine Situation wirklich katastrophal ist.

DER DUKE OF WELLINGTON

Arthur Wellesley (1769–1852), seit 1814 Herzog von Wellington, entstammte einem angesehenen englisch-irischen Adelsgeschlecht und war einer der bedeutendsten Staatsmänner Englands in der ersten Hälfte des 19. Jahrhunderts. Seinen Aufstieg hatte er vor allem seinen militärischen Erfolgen in den Napoleonischen Kriegen zu verdanken. Vor dem Sieg bei Waterloo war er als Oberbefehlshaber der britisch-spanischen Truppen 1809 wesentlich dafür zu verantwortlich, die Franzosen von der Iberischen Halbinsel zu vertreiben. 1815 bereits englischer Verhandlungsführer beim Wiener Kongress, bekleidete er bis 1846 regelmäßig hohe politische Ämter in konservativen Regierungen, als Premier- und Außenminister sowie Oberkommandeur der Britischen Armee.

»Der Kongress tanzt«

CHARLES JOSEPH DE LIGNE zugeschrieben

Wien, Anfang September 1814: Nach 25 unruhigen Jahren, in denen die Französische Revolution und die Napoleonischen Kriege ganz Europa erschüttert hatten, schien mit dem Sieg der alliierten Truppen in den Befreiungskriegen endlich Frieden auf dem Kontinent eingekehrt zu sein. Nicht nur die deutsche Landkarte hatte sich komplett verändert. Der österreichische Kaiser Franz I. lud nun Vertreter der europäischen Herrscherhäuser in die barocke Kaiserstadt ein, um über eine neue stabile Ordnung für Europa zu beraten. Und alle, wirklich fast alle, die Rang und Namen hatten, kamen. Noch nie hatte es einen solchen Auflauf an Honoratioren, Diplomaten, Aristokraten und Hoheiten gegeben. Insgesamt etwa 300 königliche und fürstliche Delegationen trafen sich regelmäßig bis Juni 1815 auf Hofbällen oder Festbanketten, besuchten gemeinsame Konzerte oder nahmen an Jagden und Kutschfahrten teil. Die Klatsch- und Tratschfreude der zahllosen, vor Ort anwesenden Literaten und Berichterstatter war groß und trug wesentlich dazu bei, dass der Eindruck entstand, den Herrschaften ginge es vor allem ums Vergnügen: »Der König von Württemberg frißt für alle, der König von Bayern säuft für alle und der Zar von Rußland liebt für alle, der Kaiser von Österreich zahlt für alle!« Spöttisch wurde das bunte Treiben aufs Korn genommen: »Der Kongress tanzt, aber er kommt nicht vorwärts.« In der Kurzform »Der Kongress tanzt« ist dieses Bonmot (in unterschiedlich überlieferten Varianten) sprichwörtlich geworden und prägt bis heute die Vorstellung vom Wiener Kongress als einer einzigen großen Festveranstaltung, in der die europäische Aristokratie sich in erster Linie selbst dafür feierte, noch einmal davongekommen zu sein.

Dieses Bild war auch dem besonderen Charakter und der Größendimension der Friedenskonferenz geschuldet. Es ging nämlich vor allem um Vertrauensbildung zwischen den Herrschenden Europas, und die gesellschaftlichen Anlässe dienten durchaus einem politischen Zweck. Sie wurden eigens inszeniert, damit die Gesprächspartner in entspannter Atmosphäre offen reden und Absprachen treffen konnten. Zudem mussten die Kongressteilnehmer während der reichlichen freien Zeit bei Laune gehalten werden. Denn die Hauptverhandlungen zur Wiederherstellung der alten Machtverhältnisse führten letztlich die Siegermächte Österreich, England, Preußen und Russland im Alleingang, ab Anfang 1815 auch mit Frankreich, das nach der Thronbesteigung von Ludwig XVIII. wieder in die europäische Monarchenfamilie aufgenommen werden sollte. Die unter dem Vorsitz des österreichischen Außenministers von Metternich stattfindenden Verhandlungen zur zukünftigen politischen Ordnung des deutschsprachigen Raums sahen als gemeinsame Klammer einen losen Staatenbund unter der Vorherrschaft Österreichs vor, dem es aber an gemeinsamen Regeln fehlte. Mit seinen territorialen Zugewinnen von Teilen Westfalens und des Rheinlandes wuchs Preußen Richtung Westen und etablierte sich als zweite deutsche Großmacht.

Zweifellos wurden also wichtige politische Weichen für die Zukunft des Kontinents gestellt. Dennoch ist bis heute das Bild von einem dekadenten Adelskongress bestimmend. Dass das Zitat »Der Kongress tanzt« heute immer noch verwendet wird, um Kritik am mangelnden Ernst einer politischen Veranstaltung zu äußern, liegt nicht zuletzt am Umgang der Wiener mit dem politischen Großereignis. Die Künstler der Hofoper organisierten nach 1815 regelmäßig Tanzveranstaltungen als Erinnerung an den Kongress und schufen eine eigene Balltradition. Bis heute wird in der Wiener Staatsoper alljährlich in der Faschingssaison ein glanzvoller Opernball mit über 5000 teils hochrangigen Gästen veranstaltet. Einmal im Jahr tanzt Wien – und die High Society aus dem In- und Ausland kommt.

CHARLES JOSEPH VON LIGNE

Die spottenden Worte über den Wiener Kongress machten im Herbst 1814 in der literarisch-publizistischen Welt schnell die Runde. Jacob Grimm, damals Legationssekretär des kurhessischen Gesandten, erwähnte in einem Brief an seinem Bruder Wilhelm vom 23. November 1814 den Satz, den er Charles Joseph von Ligne (1735–1814) in den Mund legte. So wird das Zitat bis heute dem österreichischen Diplomaten und Feldmarschall zugeschrieben, der als geistreicher Plauderer Stammgast in den Wiener Salons und mit den höchsten Kreisen bestens bekannt war. Das Bonmot könnte aber auch auf das Gedicht *Herr Kongreß* von Friedrich Rückert (1788–1866) zurückgehen, das zur selben Zeit entstand. Darin heißt es: »Was hat Herr Kongreß in Wien gethan? / Er hat sich hingepflanzt, / Und hat nach einem schönen Plan, / Anstatt zu gehn, getanzt.«

»Volk der Dichter und Denker«

GERMAINE DE STAËL zugeschrieben

Goethe, Herder, Schiller, Wieland: Namen, die für die Weimarer Klassik, vielleicht sogar den Höhepunkt deutscher Literaturgeschichte um 1800 stehen und bis heute gern angeführt werden, wenn von den Deutschen als »Volk der Dichter und Denker« die Rede ist. Tatsächlich stammt die eingängige Alliteration wohl aus dieser Zeit, hat sich aber als Kollektivbezeichnung des deutschen Volks erst in der Folge allmählich und über Umwegen herausgebildet.

Als Erfinder der Zwillingsformel »Dichter und Denker«, allerdings ohne territoriale Zuschreibung, gilt der Schriftsteller und Philosoph Jean Paul. Zum ersten Mal in einem nationalen Bezug setzte die Phrase der Weimarer Gymnasiallehrer Johann Karl August Musäus. Er schwärmte im Vorwort zu seinen *Volksmärchen* von 1782: »Was wäre das enthusiastische Volk unserer Denker, Dichter, Schweber, Seher ohne die glücklichen Einflüsse der Fantasie?« Erkennbar bezieht sich der Satz aber nicht auf das gesamte Volk, sondern auf einen Teil davon: die Intellektuellen, die durch ihren schöpferischen Reichtum aus dem Rahmen fallen.

Schließlich war es die französische Schriftstellerin Germaine de Staël, die in ihrem Reisebericht von 1810 *Über Deutschland* den Deutschen an sich einen grundsätzlichen Hang zu Literatur, Kunst und Philosophie zuschrieb und damit in ihrem Heimatland im 19. Jahrhundert den Mythos von eben jenem Land der Dichter und Denker schuf, ohne die Formulierung wortwörtlich zu benutzen. Anders als ihre gesellschaftsorientierten, eitlen, oberflächlichen Landsleute sei das ganze deutsche Wesen auf Innerlichkeit und Ernsthaftigkeit ausgerichtet: stets auf der Suche nach dem Wahren und Schönen, was sie besonders zu tiefgründiger Philosophie und empfindsamer Poesie, Musik und Literatur befähige. »In Frankreich studiert man die Menschen, in Deutschland die Bücher.«

War die Reaktion auf das Werk de Staëls hierzulande nach Erscheinen der deutschen Ausgabe 1814 durchaus kritisch, traf es doch den Kern der hierzulande zeitgenössischen intellektuellen Debatten, die vor dem Hintergrund der napoleonischen Besetzung und der Befreiungskriege um Abgrenzung des national Eigenen gegenüber den anderen europäischen Staaten kreisten. In dem bis weit in die zweite Hälfte des 19. Jahrhunderts politisch zersplitterten Land waren Dichtung, Sprache und Kultur stark identitätsstiftend. In seinen *Reden an die deutsche*

Nation von 1807/08, einem Schlüsseldokument zum deutschen Patriotismus und Nationalismus, behauptete der Philosoph Johann Gottlieb Fichte, die deutsche Sprache habe eine besondere schöpferische Kraft; allein sie eigne sich wahrhaft für geistige Tätigkeit, und darin ließe sich der Grund für eine prinzipielle kulturelle Überlegenheit der Deutschen erkennen. Aber auch der revolutionäre deutsch-jüdische Romantiker Heinrich Heine, damals als Anhänger der Französischen Revolution politisch höchst umstritten und im Vorfeld der 1848er-Revolution verfolgt und verfemt, sprach in seinen Werken immer wieder von der besonderen philosophischen Ader der Deutschen, deren Traum von der Freiheit sich vor allem auf die innere Freiheit beziehe. »Franzosen und Russen gehört das Land, das Meer gehört den Briten, wir aber besitzen im Luftreich des Traums die Herrschaft unbestritten«, heißt es in seinem Versepos *Deutschland. Ein Wintermärchen* von 1844.

Wer heute vom Land oder Volk der Dichter und Denker spricht, meint damit meist, dass Einheit und Stärke der Deutschen vor allem in der Kultur bestehen. Seit den Weltkriegen und dem Holocaust wird Deutschland gerade im Ausland allerdings oft weniger mit Kultur als mit Gewalt und Krieg verbunden. Das »Volk der Dichter und Denker« hatte sich zum »Volk der Richter und Henker« gewandelt, wie es der österreichische Satiriker Karl Kraus bereits 1908 zynisch formulierte.

GERMAINE DE STAËL

Die am 22. April 1766 geborene Tochter von Jacques Necker, Finanzminister unter Ludwig XVI., schlug beruflich den Weg ihrer Mutter ein, einer Schriftstellerin aus Genf. Früh kam Germaine de Staël durch sie in Kontakt mit den Ideen der Aufklärung, mit denen sie während der Französischen Revolution sympathisierte. In Paris führte sie einen Literatursalon, wo sich europäische Geistesgrößen regelmäßig trafen. Nach anfänglicher Begeisterung wurde de Staël nach 1800 eine scharfe Gegnerin Napoleons. Ihre Idealisierung der Deutschen war vor allem als Kritik und Weckruf für die Heimat gedacht. Die Erstauflage von *De l'Allemagne* 1810 wurde von Napoleon wegen Germanophilie verboten und vernichtet. Im Londoner Exil veröffentlichte sie das Buch 1813 erneut, agierte im Folgenden vom Ausland aus weiter gegen den Diktator und kehrte erst 1814 nach dessen Abdankung nach Paris zurück, wo sie 1817 starb.

»Bildung macht frei«

CARL JOSEPH MEYER

Mit Ausrufezeichen prangte dieser Satz auf allen Titelseiten der Bücher aus *Meyer's Groschen-Bibliothek der deutschen Classiker für alle Stände*. Das Motto stand für das Versprechen des Bürgertums im 19. Jahrhundert: gesellschaftlicher Aufstieg durch Bildung und Wissen. In der Reihe publizierte der thüringische Verleger und Gründer des Bibliografischen Instituts Carl Joseph Meyer seit 1826 in Massenauflagen Anthologien von dem »Schönsten und Gediegensten«, was die deutsche Literatur und Publizistik damals zu bieten hatte: Prosa, Wörterbücher und Wissenskompendien. Sein immer wieder aktualisiertes 52-bändiges *Conversations-Lexicon für die gebildeten Stände* gehörte bis weit ins 20. Jahrhundert hinein zur Grundausstattung des deutschen Bildungsbürgertums und durfte in keinem Bücherregal fehlen.

»Bildung macht frei!« Der Slogan der »Groschenbücher« brachte Meyers Credo verkürzt zum Ausdruck: »Bildet das Volk, um das Vaterland zu retten, und mit demselben rettet ihr die Freiheit.« Nicht zufällig erinnert er an die Worte Jesu aus dem Johannesevangelium: »... werdet die Wahrheit erkennen, und die Wahrheit wird euch frei machen.« Aber man sollte die Wahrheit nicht mehr ausschließlich in der Kirche erfahren, sondern jeder und jede sollte sie sich selbst erschließen können. Sich auf die protestantische Bildungs- und Worttradition beziehend wollte Meyer mit seinen preiswerten Publikationen der gesamten Bevölkerung den Zugang zum Wissen der Welt verschaffen und damit allen Bürgern und Bürgerinnen im Sinne der Ideale der Aufklärung die Möglichkeit eröffnen, eigenständig den eigenen geistigen Horizont zu erweitern und so ihren sozialen Stand zu verbessern. Letztlich wollte er damit die Gesellschaft vorwärtsbringen. »Die Intelligenz aller ist der stärkste Hort der Humanität der Freiheit«, war Meyers Überzeugung.

War bis Ende des 18. Jahrhunderts Bildung eng an Herkunft und gesellschaftlichen Status gebunden, so sollte sie jetzt in einer sich entwickelnden bürgerlichen Gesellschaft selbst zum Kriterium der sozialen Stellung werden. Leistungsbereitschaft und Wissensdrang sollten den Weg zu einer demokratischen Gesellschaft freier Bürger eröffnen. Denn »Wissen ist Macht« hatte bereits im 16. Jahrhundert der englische Philosoph Francis Bacon formuliert. Und der Sozialdemokrat Wilhelm Liebknecht erklärte die berühmte Sentenz in einer Rede vor dem Dresdner Arbeiterbildungsverein 1872 zum Schlüssel für den Erfolg der Arbeiterbewegung.

Was Meyer als Unternehmer verfolgte, wurde von Bemühungen seitens des Staates flankiert, die Bildung der breiten Masse fundamental zu verbessern. Schulbildung war nicht mehr primär Sache der Kirche, sondern galt als staatliche Grundaufgabe. In allen europäischen Ländern wurde daher ausnahmslos die Schulpflicht eingeführt. Vor allem sollten alle Menschen, die Anfang des 19. Jahrhunderts immer noch in überwiegender Zahl Analphabeten waren, lesen und schreiben lernen, auch um aktiv an der gesellschaftlichen Gestaltung mitwirken zu können. Tatsächlich stieg der Anteil der Lese- und Schreibkundigen kontinuierlich an und lag um 1900 bei weit über 90 Prozent.

Heute garantiert der deutsche Staat ein ausdifferenziertes Bildungssystem auf allen Niveaus. Ob privat oder staatlich gefördert – die kontinuierliche Weiterbildung ist für das persönliche und soziale Weiterkommen heute wichtiger denn je. Bildung kann immer noch frei machen.

CARL JOSEPH MEYER

Carl Joseph Meyer, geboren 1796 in Gotha, war kein vergeistigter Intellektueller, sondern vor allem Kaufmann. So sehr er als überzeugter Demokrat mit seinen Publikationen auch politisch-idealistische Ziele verfolgte, so sehr verstand er sich als Unternehmer, der auch abseits des Verlagswesens häufig hochspekulative Engagements, etwa im Eisenbahn- oder Stahlgeschäft, einging. Der als schwierig geltende umtriebige Geschäftsmann liebte das Risiko und erlebte mehr als ein finanzielles Fiasko. Als er 1856 im Alter von 59 Jahren an einem Schlaganfall starb, war er hoch verschuldet. Doch das Bibliografische Institut konnte erfolgreich weitergeführt werden – Meyer hatte das Unternehmen vorsorglich seiner Frau überschrieben.

»*Friede den Hütten! Krieg den Palästen!*«

GEORG BÜCHNER

Schnell erregbar, sprachbegabt, freiheitsliebend und gegenüber dem Leid der Unterschicht nachromantisch empfindsam: Der Darmstädter Landarztsohn Georg Büchner fiel aus dem üblichen akademischen Rahmen, als er 1834 in Gießen Medizin studierte. Hatte er zuvor als Student in Straßburg die Luft der revolutionär-französischen Freiheit atmen können, so litt er nun umso mehr unter dem repressiven politischen Klima im Großherzogtum Hessen. Er war erschüttert, wie gleichgültig die meisten seiner Kommilitonen sich gegenüber dem offensichtlichen Elend der vielen Bauern und anderer Angehöriger der Unterschicht zeigten. Dennoch fand er Gleichgesinnte und gründete die geheime »Gesellschaft der Menschenrechte« mit dem Ziel des radikalen politischen Umsturzes nach dem Vorbild Frankreichs. Nur so könne eine Gesellschaft entstehen, in der die Gegensätze zwischen Arm und Reich überwunden wären. 1834 arbeitete Büchner (und sein Co-Autor Ludwig Weidig) an einem Text, der einen Volksaufstand gegen die Fürstenherrschaft einleiten sollte. Ein Revolutionsaufruf, der breit in die Bevölkerung wirken und Verstand wie Gefühl ansprechen sollte – mit Fakten, Zahlen, die die soziale Ungleichheit empirisch belegten, aber auch mit Bibelverweisen, die die moralische Legitimität einer Rebellion unterstrichen.

Was dem Text am Ende fehlte, war ein griffiger Slogan wie »Freiheit, Gleichheit, Brüderlichkeit«, der 45 Jahre zuvor die ganze französische Gesellschaft und in der Folge fast den gesamten europäischen Kontinent entflammt hatte. Was lag da näher als sich einer anderen Parole der Revolution zu bedienen? »Guerre aux chateaux! Paix aux chaumieres!« – »Krieg den Palästen! Friede den Hütten!« – hieß 1789 der Wahlspruch des französischen Revolutionsheers, der wohl auf den französischen Schriftsteller Nicolas Chamfort zurückging. Mit seiner Hausmetapher drückte er prägnant aus, was Büchner wollte: einen Aufstand von denen da unten gegen die da oben. Dass die Armen in ihren einfachen »Hütten« friedlich zusammenstehen sollten, um gemeinsam all ihre Kraft gegen die Reichen in ihren »Palästen« zu richten. Warum Büchner die Reihenfolge der französischen Parole umdrehte, bleibt offen. Er hatte so auf jeden Fall einen plakativen Untertitel für die revolutionäre Flugschrift gefunden, die den eher unverfänglichen Haupttitel *Der Hessische Landbote* trug.

In einer Nacht-und-Nebel-Aktion in Offenbach gedruckt, wurde sie nach und nach im Großherzogtum Hessen konspirativ verteilt. Doch der staatliche Polizeiapparat reagierte prompt; es kam zu Verhaftungen seiner Mitstreiter; Büchner selbst wurde als Hauptautor steckbrieflich gesucht. Die erste Parole des Klassenkampfs war in der Welt, lange bevor Karl Marx den Begriff überhaupt prägte. Die Resonanz auf das Pamphlet war vor allem in der Landbevölkerung euphorisch. Doch unter den Oppositionellen, vor allem des liberalen Bürgertums, stand Büchner mit seinen Vormärz-Ideen Mitte der 1830er-Jahre noch relativ allein. Kritische Literaten des »Jungen Deutschland« hielten sich aus Furcht vor Zensur zunächst zurück. Erst ab den 1840er-Jahren wurden ihre Forderungen immer radikaler. »Schlage die Trommel und fürchte dich nicht« – auch Heinrich Heine warb 1844 im Vorfeld der 1848er-Revolution in seinem Gedicht *Doktrin* für den Aufstand.

Von den frühsozialistischen Revolutionsparolen hat aber vor allem eine die Zeit überdauert und ist sprichwörtlich geworden: »Friede den Hütten! Krieg den Palästen« findet man bis heute in linken Politpamphleten oder auch nicht selten aufgesprüht auf Wände eines von Linksautonomen besetzten Hauses. Mit dem Kampfaufruf Büchners lässt sich auch fast 190 Jahre später immer noch gut gegen reiche »Bonzen« polemisieren. Wir hier unten gegen die da oben – so wie diese Klassenkampfkonstellation ist auch die Parole zeitlos.

GEORG BÜCHNER

Der Anfang der 1980er-Jahre im linken Milieu populär gewordene Slogan »Lebe wild und gefährlich« (als Fake Arthur Schnitzler über Arthur Rimbaud zugeschrieben) charakterisiert treffend das Leben des 1813 in Darmstadt geborenen Schriftstellers und Mediziners Georg Büchner: abenteuerlich, sehr kurz, dafür literarisch äußerst konzentriert und wirkmächtig. Nach der Veröffentlichung des *Hessischen Landboten* war Büchner permanent auf der Flucht, lebte in Straßburg und Zürich und arbeitete rastlos. Zwischen 1834 und 1836 übersetzte er, forschte über Fische und schrieb mehrere Werke, die vor allem durch ihre psychologische Darstellung und expressive Sprache die deutsche Literatur modernisierten. Gerade einmal 23-jährig starb er 1837 in Zürich an Typhus. Nur *Dantons Tod* erschien zu Lebzeiten, das Drama *Woyzeck*, die Komödie *Leonce und Lena* und die fragmentarische Erzählung *Lenz* erst postum. Von seinem Ruhm als Dichter erfuhr Büchner nie.

»Einigkeit und Recht und Freiheit«

AUGUST HEINRICH HOFFMANN VON FALLERSLEBEN

Als der niedersächsische Lieddichter Hoffmann von Fallersleben im August 1841 sein *Lied der Deutschen* verfasste, erholte er sich gerade auf der Nordseeinsel Helgoland. Mit Blick auf das offene Meer hing er seinen politischen Träumen nach, die um Gedankenfreiheit und nationale Einheit kreisten. »Deutschland, Deutschland über alles, über alles in der Welt, wenn es stets zum Schutz und Trutze brüderlich zusammenhält.« Wie viel besser könnte sich Deutschland gegen die ständigen Übergriffe von außen schützen, wenn die Vielzahl der deutschen halb- und vollständig souveränen Fürstentümer des Deutschen Bundes in einem geeinten Staat aufgehen würden, der ein mächtiges geschlossenes Handeln ermöglichte. Ein Nationalstaat, der die allgemeinen Menschen- und Bürgerrechte garantierte, der liberal und demokratisch war. »Einigkeit und Recht und Freiheit für das deutsche Vaterland! Danach lasst uns alle streben, brüderlich mit Herz und Hand!«, heißt es in der dritten Strophe seines Liedes weiter. Das waren auch die Ziele der Revolutionäre von 1848, die erstmals versuchten, in ganz Deutschland ein Staatswesen auf Basis der liberalen Errungenschaften der Französischen Revolution zu etablieren. Hoffmanns *Lied der Deutschen* wurde zum Symbol des ersten Demokratieversuchs in Deutschland.

Im März 1848 war es in Berlin und Wien zu schweren Aufständen gekommen, die die monarchistischen Regenten zunächst zu weitreichenden Zugeständnissen gegenüber den liberalen und nationalen Forderungen gezwungen hatten. Die Zensur wurde aufgehoben, Freiheitsrechte wurden in Aussicht gestellt und politische Mitsprache wurde versprochen. Ab Mai 1848 debattierte in der Frankfurt Paulskirche eine Nationalversammlung, die eine gesamtdeutsche Verfassung ausarbeiten sollte. Zu Beginn der ersten Sitzung sangen die Abgeordneten unter schwarz-roter-goldener Fahne feierlich die drei Strophen des Deutschlandlieds. Doch während sich das Plenum über die Frage von »Recht und Freiheit« rasch einigen konnte, herrschte über die Frage der »Einigkeit« höchste Uneinigkeit. Was sollte Deutschland sein, wo das Machtzentrum liegen? Sollten die deutschen Teile Österreichs dazugehören und in alter Tradition die Habsburgerkaiser an der Spitze stehen, oder sollte der preußische König Kaiser über Deutschland ohne Österreich werden? Während sich »Großdeutsche« und »Kleindeutsche« in

HOFFMANN VON FALLERSLEBEN

Frankfurt zerstritten, erstarkte in Berlin die Gegenrevolution. Als im Mai 1849 der preußische König die ihm vom Parlament angebotene Krone eines kleindeutschen Kaiserreichs ablehnte, rückte die nationale Einheit wieder in weite Ferne. Die Monarchisten behielten die Oberhand. Der deutsche Weg zum demokratischen Verfassungsstaat war noch lang und spiegelte sich im Umgang mit dem Deutschlandlied wider.

Im auf dem Schlachtfeld entstandenen Deutschen Kaiserreich von 1871 wurde nicht das demokratische *Lied der Deutschen*, sondern das Preußen verherrlichende *Heil dir im Siegerkranz* zur Kaiserhymne. Hoffmanns Lied gewann erst im Zuge des Ersten Weltkriegs neue Popularität und wurde 1922 zur deutschen Nationalhymne erklärt. Zu dieser Zeit hatte die nationalistische erste Strophe ihre ursprünglich schwärmerische Unschuld bereits verloren. »Deutschland, Deutschland über alles« wurde im Ausland jetzt als aggressive Überhöhung der Deutschen über andere Völker begriffen – erst recht, als die Nationalsozialisten die erste Strophe zusammen mit dem *Horst-Wessel-Lied* zur Hymne des Dritten Reichs machten. Im wiedervereinigten demokratischen Deutschland wurde 1991 die dritte Strophe des *Lieds der Deutschen* mit der Melodie von Joseph Haydn als gesamtdeutsche Nationalhymne bestätigt– die ersten beiden dürfen offiziell nicht mehr gesungen werden.

HOFFMANN VON FALLERSLEBEN

August Heinrich Hoffmann von Fallersleben (1798–1874) war sprachbegabt und eitel. Weil ihm sein Nachname zu austauschbar erschien, fügte er ihm »von Fallersleben« (nach seinem Geburtsort) als pseudoadeligen Beinamen hinzu. Seine *Unpolitischen Lieder* (1841) – eine alles andere als unpolitische Gedichtsammlung – verschafften ihm größere Bekanntheit, sorgten aber 1842 dafür, dass er als Literaturprofessor in Breslau aus dem Staatsdienst entlassen wurde. Auch wenn er 1848/49 nicht aktiv an der Revolution teilnahm und später rehabilitiert wurde, war ihm der Zugang zu den fürstlichen Staatsämtern zunächst verwehrt. Erst 1860 wurde ihm die Verwaltung der Schlossbibliothek von Corvey übertragen. Popularität über seinen Tod hinaus erlangten auch seine Kinderlieder. *Alle Vögel sind schon da, Ein Männlein steht im Walde* oder *Morgen kommt der Weihnachtsmann* kennt heute noch jedes Kind.

»Ein Gespenst geht um in Europa – das Gespenst des Kommunismus«

KARL MARX und FRIEDRICH ENGELS

Mit diesem bildmächtigen Satz beginnt die politisch folgenreichste Programmschrift des 19. Jahrhunderts: das im Februar 1848 in London von Marx und Engels verfasste *Manifest der Kommunistischen Partei*. Der Satz ist der erste von zahllosen Aphorismen, die das Manifest auch zu einem bedeutenden Stück politischer Weltliteratur gemacht haben. Eine zweite, besonders berühmte Sentenz aus der Schrift ist der hymnische und selbstsichere Appell am Ende des Textes: »Proletarier aller Länder vereinigt euch!«. Die suggestive Sprachgewalt der Kampfschrift trug viel zur Faszination bei, die der Kommunismus gerade auf linke Intellektuelle noch in der zweiten Hälfte des 20. Jahrhundert ausübte. Er erzeugte aber von Anfang an auch eine tiefe Furcht bei konservativen und bürgerlichen Schichten, die den Kommunismus nicht nur mit dem Verlust der eigenen Privilegien, sondern auch mit Kulturlosigkeit und Pöbelherrschaft gleichsetzten. Erst recht, als er nach der Russischen Oktoberrevolution von 1918 die Gestalt von brutalen sowjetischen Parteikadern annahm.

Bereits zu der Zeit, als die Autoren den Text verfassten, hatten nach ihrer Ansicht »alle Mächte des alten Europas« den Kommunismus zum Inbegriff des Schreckens deklariert, um mit ihm jede Oppositionsbestrebungen zu brandmarken und zu diskreditieren. Der »Kommunismus« spukte seit Jahren in politischen Debatten herum. Dabei war er vor allem emotional aufgeladen, nicht aber mit einem klaren Programmprofil verbunden. Marx und Engels wollten nun die »Tendenzen« der Kommunisten »vor der ganzen Welt offen darlegen und dem Märchen vom Gespenst des Kommunismus ein Manifest der Partei selbst entgegenstellen«. Was sie dann allerdings konkret niederschrieben, war mehr eine historisch-philosophische Ideenskizze als die Programmatik einer Parteiorganisation, die es noch überhaupt nicht gab.

Konstruiert wird eine wirkmächtige Geschichtsphilosophie, nach der sich die menschliche Gesellschaft gesetzmäßig (dialektisch) immer durch neue revolutionäre Klassenkämpfe zwischen Unterdrückern und Unterdrückten weiterentwickelt. In der industrialisierten Gegenwart des 19. Jahrhunderts komme nun den deklassierten Arbeitern die welthistorische Aufgabe zu, das herrschende Wirtschaftsbürgertum (die »Bourgeoisie«) zu stürzen und so den Weg in eine kommunistische Gesellschaft zu ebnen, in der es keine Klassen und keine Ausbeutung des Menschen durch den Menschen mehr gibt. Dass ausgerechnet das Proletariat die Menschheit befreien sollte, stärkte das Selbstbewusstsein dieser weitgehend rechtlosen sozialen Schicht. Im Zuge der parteipolitischen Organisation der Arbeiterschaft auch in Deutschland ab den 1860er-Jahren wurde das *Manifest* immer populärer. In über zweihundert Sprachen übersetzt, avancierte es, unterlegt durch wissenschaftlich-empirische Forschungen von Marx und Engels *(Zur Kritik der politischen Ökonomie, Das Kapital)*, zu einer Art Ersatzbibel der internationalen sozialistischen Arbeiterbewegung.

Nach dem Zerfall des Sowjetimperiums ist das Schreckgespenst des Kommunismus auf dem Kontinent wohl endgültig verscheucht. Heutzutage gehen andere Gespenster in Europa um, die politisch Angst und Schrecken auslösen. Der Eingangssatz des *Manifests* ist so populär geblieben, dass auf ihn in allen politischen Lagern bis heute gern angespielt wird, wenn man auf echte oder vermeintliche politische Gefahren verweisen will: Ein Gespenst geht um in Europa – das Gespenst des Islamismus, des Populismus oder Rassismus.

KARL MARX UND FRIEDRICH ENGELS

Sie wollten die Welt verändern: Karl Marx (1818–1883) und Friedrich Engels (1820–1895) arbeiteten ab 1845 von Brüssel und Köln aus als Team publizistisch für die Revolution. Wo der gelernte Journalist, Historiker und Unternehmer Engels Fakten recherchierte, brachte sie der Philosoph und Ökonom Marx in einen neuen theoretischen Zusammenhang. Auch an dem *Kommunistischen Manifest* arbeiteten beide zusammen, wobei die Endfassung wahrscheinlich von Marx stammt. 1849 floh Marx über Paris nach London, wo er vor allem dank der Unterstützung von Engels an seinen ökonomischen Studien weiterarbeiten konnte (*Das Kapital*, 1867 ff.). Nach seinem Tod war es vor allem Engels, der seine Schriften teils modifiziert in der Öffentlichkeit bekannt machte.

»Am deutschen Wesen soll die Welt genesen«

EMANUEL GEIBEL

So bekannt dieser Ausspruch heute immer noch ist, so sehr ist der historische Kontext aus dem Blick geraten, in dem er entstanden ist. An seiner Bedeutungsverschiebung im Laufe der Jahrzehnte lässt sich gut die verhängnisvolle Entwicklung nachvollziehen, die der Nationalismus in Deutschland ab der zweiten Hälfte des 19. Jahrhunderts nahm: von der schwärmerischen, freiheitlichen Vision eines geeinten Deutschlands hin zu einer herrischen, rassistischen Überlegenheitsideologie. Der berühmte Satz entstammt dem Gedicht *Deutschlands Beruf* von 1861 des Spätromantikers Emanuel Geibel. Darin träumt er von einem zentralen deutschen Einheitsstaat, der den ganzen Kontinent befriedet. In Italien war gerade unter König Viktor Emanuel II. ein Nationalstaat entstanden, während Deutschland durch Machtkämpfe der Einzelstaaten zerrissen blieb. In dieser Situation stellte für Geibel die Thronbesteigung des preußischen Königs Wilhelm I. 1861 geradezu eine Verheißung dar. Er glaubte an die historische Möglichkeit, dass Frieden geschaffen und »Europas Herz gesunden« könne, wenn der Preuße deutscher Kaiser werden würde: »Macht und Freiheit, Recht und Sitte, Klarer Geist und scharfer Hieb, Zügeln dann aus starker Mitte, jeder Selbstsucht wilden Trieb, …« Und er schließt pathetisch: »Und es mag am deutschen Wesen, Einmal noch die Welt genesen.«

In der verkürzten Form »Am deutschen Wesen mag die Welt gewesen« wurden die letzten beiden Zeilen im deutschen Kaiserreich nicht zuletzt durch Reden von Kaiser Wilhelm zu einem populären Schlagwort, nationalistisch mehr oder weniger absichtlich umgedeutet. In einer Zeit, in der alle europäischen Nationen immer aggressiver um ihre Stellung auf dem Kontinent rangen, wollte man mit dieser Sentenz die deutsche Sonderstellung ausdrücken. Sie wurde dementsprechend immer offensiver umformuliert und schließlich sinnentstellt. »Am deutschen Wesen werde einmal noch die Welt genesen«, war auf Spruchtafeln, Postkarten oder auch Wehrschatzmarken während des Ersten Weltkriegs zu lesen. Völkische Gruppen verstanden den Begriff des Wesens als Inbegriff unveränderlicher deutscher Eigenschaften. Nicht mehr am Geibelschen geeinten deutschen Staatswesen, sondern an der deutschen Kultur, am »Deutschsein« an sich galt es, sich zu orientieren, sollte es der Welt gut gehen.

Aus einem romantischen Wunsch wurde so eine chauvinistische Aufforderung und im Nationalsozialismus eine Propagandaformel, mit der der deutsche Anspruch auf Vorherrschaft sowie Welteroberung ausgedrückt wurde. »Am deutschen Wesen muss die Welt genesen«, so hieß es nun – doch am Ende stand eine nationale wie moralische Katastrophe. Mit dem »subalternen Unfug«, den »der harmlose Emanuel Geibel« mit seinen Worten verursacht hatte, wie es Theodor Heuss, der erste Präsident der Bundesrepublik Deutschland nach dem Zweiten Weltkrieg, 1952 formulierte, wollte nun keiner mehr zu tun haben. Noch heute wird der Satz oft als negative Anspielung auf die Zeit des Nationalsozialismus verstanden und in diesem Sinn gelegentlich als Warnung vor dem Wiedererstarken des deutschen Nationalismus verwendet. Häufiger noch wird er als politische Metapher zitiert, um dominantes Verhalten Deutschlands bei politischen Auseinandersetzungen mit anderen Staaten, vor allem Europas, zu kritisieren.

EMANUEL GEIBEL

Emanuel Geibel (1815–1884) gehörte zu den populärsten deutschen Lyrikern in der zweiten Hälfte des 19. Jahrhunderts. Seine volkstümlichen Gedichte wie *Der Mai ist gekommen* trafen den Massengeschmack und wurden mehrfach vertont. Die Aristokratie schätzte seine konservative Grundhaltung und sorgte für sein Wohlergehen. Der bayerische König Maximilian II. ernannte ihn 1852 zum Ehrenprofessor für Literatur in München, wo er aber wegen seiner propreußischen Positionen nach 1864 unter König Ludwig II. in Ungnade fiel und entlassen wurde. 1868 kehrte er in seine Heimatstadt Lübeck zurück, wurde Ehrenbürger, und König Wilhelm I. übernahm bis zum Ende seines Lebens persönlich seinen Lebensunterhalt.

»Nicht durch Reden oder Majoritätsbeschlüsse werden die großen Fragen der Zeit entschieden, ... sondern durch Eisen und Blut«

OTTO VON BISMARCK

Endlose Grundsatzdebatten und kein Kompromiss in Sicht: Zu Beginn der 1860er-Jahre entwickelte sich der Streit zwischen dem mehrheitlich liberalen Abgeordnetenhaus und der Krone um eine geplante Heeresvermehrung zu einer prinzipiellen verfassungspolitischen Auseinandersetzung. Darf sich das Parlament überhaupt in Militärfragen einmischen? Während die Liberalen auf ihr in der Verfassung garantiertes Mitbestimmungsrecht in allen Haushaltsfragen beharrten, bestand König Wilhelm I. als Träger der militärischen Gewalt unbeirrt darauf, allein zuständig zu sein. Seine Berufung des konservativen Junkers Otto von Bismarck zum neuen preußischen Ministerpräsidenten am 23. September 1862 schien die schlimmsten Befürchtungen der Liberalen zu bestätigen. Nur sieben Tage später machte dieser in seiner Antrittsrede vor dem Haushaltsausschuss klar, dass er ohne Rücksicht auf Widerstände den Willen des preußischen Königs durchsetzen werde. Der zukünftige Rang Preußens in Europa hänge nicht am Fortschreiten des Liberalismus, sondern allein an der militärischen Stärke: »Nicht durch Reden und Majoritätsbeschlüsse werden die großen Fragen der Zeit entschieden, das ist der große Fehler von 1848 und 1849 gewesen, sondern durch Eisen und Blut«, donnerte er den Parlamentariern unverblümt entgegen. Bewusst einen Verfassungsbruch in Kauf nehmend, regierte Bismarck in der Folge mehrere Jahre ohne, genauer, gegen das Parlament – und viele Liberale nahmen es zähneknirschend hin.

Die martialische Formel »Eisen und Blut« symbolisierte die Strategie Bismarcks, politische Macht durch Androhung von Gewalt oder realen Einsatz von Gewaltmitteln zu erreichen. Dass er die Metapher einem pathetischen Gedicht aus der Zeit des nationalistischen Hochgefühls während der deutschen Befreiungskriege gegen Napoleon entnahm, dürfte demnach kein Zufall gewesen sein. »Denn nur Eisen kann uns retten, Und erlösen kann nur Blut« heißt es im Gedicht *Das eiserne Kreuz* (1813) des Dichters Max von Schenkendorf. Denn die größte »Frage der Zeit«, die es zu lösen galt, war auch für Bismarck die Herstellung der nationalen Einheit. In einer Zeit, in der überall in Europa starke

Nationalstaaten entstanden, konnte Preußen nur dann seine Stärke bewahren, wenn es einem geeinten Deutschland vorstand. Davon war der preußische Patriot überzeugt.

Kontinuierlich dehnte er im Verlauf der sogenannten Deutschen Einigungskriege 1864 bis 1870/71 den preußischen Einfluss auf den gesamten Norden aus und schaltete den großen Gegenspieler Österreich militärisch aus. Dem kurzen Krieg Preußens gegen Frankreich im Jahr 1870 schlossen sich auch Bayern, Württemberg, Baden und Hessen-Darmstadt an. In der Schlacht von Sedan am 2. September siegte dann erstmals ganz Deutschland. Am 18. Januar 1871 wurde der preußische König Wilhelm I. im Spiegelsaal im Schloss von Versailles zum Kaiser des deutschen Reichs ausgerufen. Es umfasste zwar nicht mehr Österreich, aber die traditionell großdeutsch gesinnten süddeutschen Staaten. Deren wichtigste Stimme, der bayerische König Ludwig II., hatte Wilhelm in einem von Bismarck vorformulierten Brief die deutsche Kaiserwürde angetragen – und sich dafür enorme Geldzahlungen zusichern lassen. Mit Geld, vor allem aber auch »Eisen und Blut« war Bismarck tatsächlich gelungen, woran die deutschen Liberalen gut zwanzig Jahre vorher kläglich gescheitert waren: die zahllosen deutschen Fürstentümer unter einem staatlichen Dach zu vereinen. An den Reichsgründer erinnern bis heute Denkmäler, Plätze und Straßen in fast jeder größeren deutschen Stadt. Von »Eisen und Blut« als Schlagwort für eine militaristische Politik wollte bis vor Kurzem aber keiner mehr reden. Allerdings ist spätestens durch den Überfall Russlands auf die Ukraine im Februar 2022 – der erste Angriffskrieg in Europa seit Ende des Zweiten Weltkriegs – eine Renaissance der Blut-und-Eisen-Politik des 19. Jahrhunderts nicht mehr auszuschließen.

BISMARCK PRIVAT

Der am 1. April 1815 in Schönhausen in eine uralte ostelbische Adelsfamilie geborene Bismarck war der bedeutendste deutsche Politiker des 19. Jahrhunderts – ein zielorientierter Pragmatiker mit Augenmaß. Privat galt er als äußerst schwieriger Charakter: aufbrausend, hypochondrisch und exzessiv in seinem Lebenswandel, ein »hysterischer Koloss« (Thomas Mann) mit ungewöhnlich heller Stimme. Er aß und trank maßlos, Unmengen Eier und Alkohol, und galt als rachsüchtig und nachtragend, allerdings auch als enorm fantasiebegabt und sprachgewaltig. Seine im Ruhestand geschriebene Autobiografie *Erinnerungen und Gedanken*, geistreich und polemisch, ist zu einem Klassiker der politischen Memoirenliteratur geworden. Sie wurde nach seinem Tod 1898 veröffentlicht.

»Die Piefkes kommen«

Volksmund in Österreich

»Königgrätz« gilt bis heute so manchen Österreichern als nationales Trauma. Es ist der Ort, an dem am 3. Juli 1866 die österreichische Armee eine vernichtende Niederlage gegen die preußische Armee erlitt. Die Folge war, dass Preußen zur alleinigen deutschen Führungsmacht aufstieg. Das deutschsprachige Österreich, das jahrhundertelang die römisch-deutschen Kaiser gestellt hatte, wurde seinerseits 1871 nicht Teil des ersten deutschen Nationalstaats. Im »Deutschen Bruderkrieg« hatten die Österreicher der überlegenen Waffentechnik und Disziplin der Preußen schlicht nichts entgegenzusetzen. Am 31. Juli 1866 bot sich ihnen ein weiteres Schauspiel der Überlegenheit, als die Sieger nahe Wien eine Parade abhielten. Unter der Leitung des preußischen Musikkapellmeisters Johann Gottfried Piefke und seines Bruders Rudolf marschierten die Soldaten im makellos synchronen Gleichschritt auf – eine perfekt geölte militärische Maschinerie. Aus ganz Wien sollen Schaulustige herbeigeeilt sein, um dem militärischen Spektakel beizuwohnen. »Die Piefkes kommen«, hieß es halb spöttisch, halb bewundernd über die beiden großgewachsenen Musiksoldaten, die so zackig wie einschüchternd daherstolzierten und sich im Kasernenhofton gefielen.

Aus den »Piefkes« entwickelte sich »der Piefke« als volkstümlicher Gattungsbegriff für den Preußen an sich, in dem sich alle Vorurteile bündelten, die man dem großen Nachbarn im Norden gegenüber hegte. »Piefke« meinte ab dem Ende des 19. Jahrhunderts den obrigkeitshörigen Preußen, der aus seiner militärischen Stärke ein allgemeines Überlegenheitsgefühl herleitete, dem aber Lebensfreude und Esprit fehlten. Die Preußen, so wollte man ausdrücken, sind vielleicht erfolgreich und mächtig, aber wir Österreicher besitzen dafür Kunst und Kultur – also eine kultiviertere Lebensart.

Das Verhältnis Österreichs zu Deutschland, Wiens zu Berlin, war nach der preußischen Reichsgründung 1871 immer ambivalent und changierte zwischen Ablehnung und Anlehnung. Ein Jahr nach Königgrätz hatte sich das Kaisertum mit Ungarn zur österreichisch-ungarischen Monarchie zusammengeschlossen, was die Identitätskrise der habsburgischen Eliten nicht auflöste. In dem Vielvölkerstaat, der auch große Teile des Balkans umfasste, blieb deutschnationales Denken weit verbreitet, und Gesellschaft und Politik banden sich weiterhin sehr eng an das deutsche Kaiserreich, das zu Beginn des 20. Jahrhunderts zum wirtschaftlich und politisch dominierenden Kraftzentrum Mitteleuropas aufgestiegen war. Im Ersten Weltkrieg Seite an Seite kämpfend, zerbrachen nach der Niederlage 1918 zeitgleich beide Monarchien.

Wenn auch 1919 die Eingliederung der Republik Deutsch-Österreich in die neue deutsche Republik von den Alliierten verboten wurde, blieben die nationalen Anziehungskräfte stark. Der militärisch erzwungene Anschluss Österreichs an das nationalsozialistische Deutsche Reich 1938 (»Heim ins Reich!«) war von einer freiwilligen Zustimmung vieler Österreicher getragen. Erst nach der gemeinsamen Katastrophe des Zweiten Weltkriegs und der Neugründung der Republik Österreich wurden – verstärkt durch den Mythos vom »ersten Opfer Hitlers« – die Trennung und die eigene österreichische Identität stärker betont. Hitler sei die Rache Österreichs für die Niederlage von Königgrätz gewesen, lautet ein noch heute gern zitiertes Bonmot.

Während all der Jahrzehnte blieb der »Piefke« im österreichischen Alltagswortschatz – oft mit ironischem Unterton – präsent. Bis heute dient die Bezeichnung bei deutsch-österreichischen Streitigkeiten als Schimpfwort, das ausdrückt, wie Österreicher Deutsche allgemein und vor allem Norddeutsche nach wie vor sehen: effizient, strebsam, bevormundend, besserwisserisch, aber letztlich einfältig, kleinkariert und dumm. Aber auch im bundesdeutschen Sprachgebrauch kennt man das abgeleitete Adjektiv »piefig« als Synonym für kleinbürgerlich und spießig.

JOHANN GOTTFRIED PIEFKE

Von ihm stammt der populärste deutsche Marsch, *Preußens Gloria* – bis heute ein Paradestück der Militärmusik: Johann Gottfried Piefke (1815–1884), Sohn eines Organisten aus Schwerin, war Soldat aus Leidenschaft ebenso wie ein exzellenter Musiker. Er besuchte 1838 die Berliner Hochschule für Musik und komponierte an die 60 Märsche. 1865 wurde für ihn eigens der Titel »Director der gesamten Musikchöre des III. Armee-Korps« erfunden. Ein Jahr zuvor hatte er im Krieg gegen Dänemark mit vier Kapellen zum Sturm geblasen. Der Legende nach soll er dabei nicht mit einem Taktstock, sondern mit dem Degen dirigiert haben – Musizieren mit der Waffe in der Hand!

»*Die Menschenrechte haben kein Geschlecht*«

HEDWIG DOHM

»Rafft Euch empor! Organisirt Euch!«, forderte Hedwig Dohm ihre Geschlechtsgenossinnen auf. Frauen sollten sich nicht länger auf die Männer verlassen, wenn es darum ging, ihr »unsterbliches Bürgerrecht im Menschenthum« zu erlangen. Sie müssten selbst kämpfen für ein Land, »wo die Frauen nicht den Männern, sondern sich selber angehören«. Erst wenn die Frauen frei und gleichberechtigt wären, könne ein Staat frei genannt werden. Denn »in einem Staate freier Menschen [kann] es keine Unfreien geben. Die Menschenrechte haben kein Geschlecht.«

Was die Schriftstellerin und Vordenkerin der deutschen Frauenbewegung, Hedwig Dohm, im Jahr 1876 in ihrem Essay *Der Frauen Natur und Recht* der Öffentlichkeit mitteilen wollte, hatte bereits fast hundert Jahre zuvor im Zuge der Französischen Revolution die Frauenrechtlerin Olympe de Gouges in ihrer *Erklärung der Rechte der Frau und Bürgerin* (1791) postuliert – und mit dem Tod durch die Guillotine bezahlt: Es kann keine Menschenrechte geben, wenn sie nicht auch für Frauen gelten. Die revolutionäre Erklärung der Menschen- und Bürgerrechte von 1789 bezog die Frauen nicht mit ein, da sie nicht als gleichwertig angesehen wurden. Daran hatte sich auch im deutschen Kaiserreich nichts geändert. Deshalb forderte Dohm, dass alles, was Männer in Folge der Französischen Revolution im Laufe des 19. Jahrhunderts stückweise an demokratischen Rechten für sich erkämpft haben, unterschiedslos auch Frauen zugestanden werden müsse. Gleicher Zugang zu Bildung, Recht auf Arbeit und Besitz sowie natürlich die gleichberechtigte Teilnahme am politischen und öffentlichen Leben – inklusive Frauenwahlrecht.

Frauen und Männer sollten aber nicht nur gleich behandelt werden, für Dohm waren sie wirklich gleichwertig. Aus ihrer Sicht war unterschiedliches Verhalten von Frauen und Männern weniger biologisch bedingt als kulturell und sozial geprägt. Es war eine Kampfansage an all jene konservativen Kräfte, die von der vermeintlichen »natürlichen« Rolle der Frau als Ehefrau und Mutter ausgingen. Im aufstrebenden Bürgertum und im Zuge der Industrialisierung hatte sich die klare Arbeitsteilung zwischen dem »vernünftigen« Mann und der »gefühlsbetonten« Frau verfestigt. Während der Mann in die »Außenwelt« ging, um einer bezahlten Erwerbsarbeit nachzugehen, kümmert sich die Frau in der »familiären

Innenwelt« um Haus und Kinder. Für die meisten ersten »bürgerlichen« Frauenrechtlerinnen wie etwa Luise Otto-Peters standen daher die Forderungen nach besseren Lern-, Ausbildungs- und Berufsmöglichkeiten an erster Stelle. Bis Ende des 19. Jahrhunderts kam es zu einem wahren Gründungsboom von unterschiedlich orientierten Frauenvereinen. Die meisten von ihnen schlossen sich 1894 im Bund Deutscher Frauenvereine zusammen, sodass Forderungen nach mehr politischer Mitsprache, die bis dahin vor allem »radikale« Außenseiterinnen erhoben, immer lauter formuliert wurden. Zum Gradmesser wurde schließlich die Frage des Frauenstimmrechts, für das sich Anfang des Jahrhunderts nicht nur Sozialdemokraten, sondern auch zunehmend liberale Kräfte einsetzten. Es bedurfte aber erst des Untergangs der Monarchie nach dem verlorenen Ersten Weltkrieg, um 1918 den Frauen das allgemeine aktive und passive Wahlrecht zu gewähren. Es war der erste große Meilenstein, der die rechtlichen, sozialen und ökonomischen Ungleichheiten aber noch lange nicht beseitigte. Der Kampf um wirkliche Gleichberechtigung hatte gerade erst begonnen.

Obwohl die Gleichstellung von Frau und Mann heute gesetzlich verankert ist und zahlreiche soziale wie politische Fortschritte zu verzeichnen sind, ist das Ziel der geschlechtsunabhängigen Menschenrechte noch nicht erreicht. Dohms Parole »Menschenrechte haben kein Geschlecht« hat zudem in einer von geschlechtlicher Vielfalt geprägten deutschen Gesellschaft neue Relevanz gewonnen, wenn es darum geht, gegen Diskriminierung von Menschen aufgrund ihrer sexuellen Identität oder Orientierung aufzustehen.

HEDWIG DOHM

Es gehört zum Schicksal der ersten Generationen bürgerlicher Frauenrechtlerinnen, dass sie erst durch die Heirat mit einem einflussreichen Mann politisch wahrgenommen wurden. Auch Hedwig Dohm (1831–1919), die Tochter eines Berliner Tabakfabrikanten, erhielt erst durch die Verbindung mit dem bekannten Satire-Redakteur Ernst Dohm 1853 Zugang zu den intellektuellen Zirkeln Berlins und wurde von ihnen wahrgenommen. Mit enormem Bildungshunger versuchte Dohm zeit ihres Lebens, die ihr als Mädchen vorenthaltene Schulbildung zu kompensieren und hinterließ nicht nur als Aktivistin, sondern auch als Schriftstellerin ein großes Œuvre. Zwischen 1870 und 1890 schrieb sie neben ihren zahllosen feministischen Essays und Artikeln Theaterstücke, Novellen und eine literaturwissenschaftliche Abhandlung.

5

»Ich kenne nur noch Deutsche«

Tradition und Moderne: Das deutsche Kaiserreich

Am 18. Januar 1871 wurde im Spiegelsaal des Schlosses von Versailles das deutsche Kaiserreich ausgerufen. Zum ersten Mal in ihrer Geschichte waren Deutsche unter preußischer Vorherrschaft in einem Nationalstaat vereint. Dieser reichte von den preußischen Rheingebieten im Westen bis nach Ostpreußen im Osten, vom Herzogtum Schleswig im Norden bis zum Königreich Bayern im Süden. Während der etwas mehr als 43 Jahre bis zum Ersten Weltkrieg war das Reich vor allem geprägt von dem dynamischen Spannungsverhältnis zwischen einem rasanten gesellschaftlich-ökonomischen Modernisierungsschub einerseits und der anhaltenden politischen Dominanz der alten Machteliten aus Militär und Adel andererseits. Erst vor dem Hintergrund der sozialen Verheerungen des Kriegs brach 1918 auch die jahrhundertealte Hohenzollern-Monarchie zusammen.

Wirtschaftlicher und kultureller Aufschwung

Befeuert von enormen naturwissenschaftlich-technischen Neuerungen erlebte Deutschland, unterbrochen nur von kurzen heftigen Krisen, einen rasanten wirtschaftlichen Aufschwung, der das Land sprungartig in einen weltweit führenden Industriestaat verwandelte. Der allgemeine Wohlstand wuchs, wobei die einzelnen Bürger davon sehr unterschiedlich profitierten. Das starke Gefälle zwischen Arm und Reich blieb bestehen und förderte sozialen Spannungen, besonders in den neuen Metropolen. Dabei entwickelten sich Großstädte wie Hamburg, München und vor allem Berlin zu kreativen Laboratorien der Moderne. Besonders hier entstanden in Kunst und Kultur neue Freiräume für Geist und Selbstverwirklichung, und es begann, sich eine weitgehend freie kritische und politische Öffentlichkeit herauszubilden. Hier saßen die Zentralen von Parteien, Verbänden, Massenorganisationen, in denen gesellschaftlich benachteiligte Gruppen wie Frauen oder Arbeiter für mehr Rechte und Einfluss kämpften. Auch jüdisches Leben war fester Bestandteil der Metropolen. Doch trotz formaler Rechtsgleichheit der Juden im öffentlichen Leben blieben sie aufgrund des latenten Antisemitismus weiterhin oft diskriminiert.

Die zunehmende demokratische Vielfalt der sich modernisierenden Gesellschaft spiegelte sich hingegen nicht adäquat in der Politik wider. Das Verfassungssystem garantierte zwar bürgerliche Freiheiten wie die Rechtsgleichheit aller Deutschen, war aber strukturell darauf ausgerichtet, die monarchistische Regierungsgewalt zu sichern. Der Kaiser besaß gegenüber dem Parlament relativ viele reale Machtbefugnisse. Und auch der Reichskanzler war nur dem Monarchen rechenschaftspflichtig und nicht dem Reichstag, dem einzigen Organ auf Reichsebene, das in allgemeiner, direkter und geheimer Abstimmung gewählt wurde und damit den Volkswillen hätte repräsentieren können. Der langjährige Kanzler und »Lotse« Bismarck bekämpfte jede Strömung, die sich nicht in den monarchistischen Obrigkeitsstaat integrieren ließ: die Katholiken etwa, aber vor allem auch die Sozialdemokraten. Erfolg hatte er damit jedoch nicht: In der »Wilhelminischen Ära« ab 1890 stellten die Sozialdemokraten im Reichstag die stärkste Fraktion, was aber nichts daran änderte, dass sie nur indirekt Einfluss auf die Regierungspolitik nehmen konnten.

Wilhelm II. und seine Großmachtpolitik

Einen fatalen politischen Kurswechsel leitete Wilhelm II. ein, der 1888 den Thron bestieg. Er beendete die defensive deutsche Außenpolitik und provozierte zwei Jahre später auch den Rücktritt Bismarcks. Bis dahin hatte der politische Fokus vor allem darauf gelegen, vor dem Hintergrund des veränderten Machtgefüges in Europa die Existenz und auch die Akzeptanz des jungen deutschen Nationalstaats zu sichern und Koalitionen der anderen Großmächte gegen Deutschland zu verhindern. Ab 1890 proklamierte nun Wilhelm II. eine neue Weltpolitik. Vor allem mit dem Ausbau der Kriegsflotte wollte das Deutsche Reich in Konkurrenz mit den anderen europäischen Großmächten um den Erwerb von Kolonien treten. In der Folge gingen Frankreich, Großbritannien und Russland antideutsche Bündnisse ein, und es setzte, begleitet von schriller nationalistischer Propaganda, ein internationales Wettrüsten ein, das ganz Europa in ein Pulverfass verwandelte. Im Sommer 1914 genügte ein vergleichsweise geringer Anlass wie die Ermordung des österreichischen Thronfolgers in Sarajewo, um einen Flächenbrand auf dem Kontinent auszulösen, der Generationen traumatisieren sollte.

»Die Juden sind unser Unglück«

HEINRICH VON TREITSCHKE

Als Heinrich von Treitschke 1879 die aufkommende »leidenschaftliche Bewegung gegen das Judentum« als Ausdruck des »erwachten Gewissens des Volks« bezeichnete, war sich der angesehene Berliner Historiker der politischen Brisanz seiner Aussagen wohl bewusst. In dem Aufsatz »Unsere Aussichten«, der in den *Preußischen Jahrbüchern* erschien, schrieb er noch mehr von Überfremdung durch Juden, insbesondere durch osteuropäische, und von dem »gefährlichen Geist der Überhebung in jüdischen Kreisen«. Allerdings ist nicht immer ersichtlich, ob er seine eigene Haltung oder die allgemein spürbare antijüdische Stimmung wiedergab: »Bis in die Kreise der höchsten Bildung hinauf, unter Männern, die jeden Gedanken kirchlicher Unduldsamkeit oder nationalen Hochmuths mit Abscheu von sich weisen würden, ertönt es heute wie aus einem Munde: die Juden sind unser Unglück!«. Um ihre »nationale Sonderexistenz« zu beenden und ein Zeitalter »germanisch-jüdischer Mischkultur« zu verhindern, müssten sich die Juden vollständig der eigenen kulturellen Identität entledigen und Deutsche werden – ansonsten seien sie Gegner der nationalen Einigung. Die Assimilierung der Juden wurde fortan von der intellektuellen Elite als nationale Aufgabe begriffen.

»Die Juden sind unser Unglück« – die ebenso fatale wie eingängige Parole entstammte einer der antijüdischen Schriften Martin Luthers: *Von den Juden und ihren Lügen* (1543). Dort heißt es sinngleich »Denn sie sind eine schwere Last, wie eine Plage, Pestilenz und eitel Unglück in unserem Land«. Sie sollte gut fünfzig Jahre später von den Nationalsozialisten zu einem Leitspruch erhoben werden, der bis zuletzt auf jeder größeren NS-Massenveranstaltung groß plakatiert wurde. Dabei war die Ablehnung der Juden durch Treitschke noch weit entfernt von dem mörderischen Rassenantisemitismus der Nationalsozialisten. So stellte Treitschke die Assimilation der Juden in die deutsche Gesellschaft nicht infrage und wollte auch vordergründig die in vielen Bereichen bestehende rechtliche Gleichstellung der Juden beibehalten. Aber auch er war bereits überzeugt von einem spezifischen jüdischen Wesen und stand damit stellvertretend für die Ende der 1870-Jahre verstärkt einsetzende Biologisierung und »Pseudo-Verwissenschaftlichung« alter antijüdischer Vorurteile, die nun nicht mehr religiös, sondern rassisch begründet waren. Hiervon zeugt auch der vom Journalisten

Wilhelm Marr geprägte Begriff »Antisemitismus«, der erst zu dieser Zeit aufkam und populär wurde.

Die Wirtschaftskrise infolge des Börsenkrachs von 1873 hatte antisemitische Stimmungen entstehen lassen, die von Interessengruppen, Demagogen und neu gegründeten Kleinparteien, wie etwa der Christlich-Sozialen Arbeiterpartei des Berliner Hofpredigers Adolf Stöcker, gezielt verstärkt wurden. Die Juden, die immer noch von bestimmten Berufen, vor allem in der Armee und Bürokratie, ausgeschlossen und deswegen in Handel, Wirtschaft und freien Berufen überrepräsentiert waren, wurden insbesondere von den Verlierern des Wirtschaftswandels zu Sündenböcken gemacht. Der gerade im Bildungsbürgertum hoch angesehene Treitschke machte den Antisemitismus schließlich salonfähig. Der Veröffentlichung seines Pamphlets folgte ein mehrjähriger, vorwiegend akademischer »Antisemitismusstreit«, in dem ernsthaft über Sinn oder Unsinn der Ideologie gestritten wurde. Wenn auch Antisemitismus im deutschen Kaiserreich nie politisch mehrheitsfähig war, wurde dennoch der Boden bereitet, auf dem die kruden völkischen Thesen der Nationalsozialisten gedeihen konnten, die Mitte des 20. Jahrhunderts nicht nur die Juden ins Unglück stürzten.

HEINRICH VON TREITSCHKE

Der gebürtige Dresdner Heinrich von Treitschke (1834–1896) war neben Theodor Mommsen der wohl einflussreichste Historiker des Kaiserreichs. Er wurde 1873 an die Berliner Friedrich-Wilhelm-Universität als Nachfolger von Leopold von Ranke, dem Begründer der modernen Geschichtswissenschaft, berufen. Treitschke verstand sich vor allem als politischer Publizist im Dienst des preußischen Staats. Von 1871 bis 1878 war er Mitglied des Reichstags und wandelte sich in dieser Zeit von einem Gegner zu einem glühenden Verehrer Otto von Bismarcks. Seine mehrbändige *Deutsche Geschichte des 19. Jahrhunderts*, die den Weg Preußens zur Großmacht historisch legitimierte, war fachlich umstritten, aber kommerziell erfolgreich. Das bekannteste Zitat aus diesem Werk kennen heute noch viele: »Männer machen Geschichte.«

»Nach Canossa gehen wir nicht«

OTTO VON BISMARCK

In den ersten Jahren des Kaiserreichs nahmen die Spannungen zwischen der römisch-katholischen Kirche und der neuen deutschen Staatsspitze stetig zu. Papst Pius XI. hatte 1870 das Dogma von der Unfehlbarkeit des obersten Hirten der Christenheit in Glaubens- und Sittenfragen verkündet, um seine Obergewalt über die Kirche zu demonstrieren. Alle Katholiken und Katholikinnen auf der Welt sollten seinen Entscheidungen folgen, unabhängig von nationalen Gesetzen in ihrem jeweiligen Heimatland. Dies war natürlich eine Provokation für den deutschen Reichskanzler Bismarck, der um die Loyalität der katholischen Bürger und Bürgerinnen in dem gerade erst gegründeten, im Inneren noch nicht gefestigten Nationalstaat fürchtete. Im Bund mit den Liberalen setzte Bismarck daher ab 1871 mehrere Gesetze durch, die den gesellschaftlichen Einfluss der Kirche in Preußen und teilweise in ganz Deutschland einschränken sollten – sein erklärtes Ziel war die strikte Trennung von Kirche und Staat. In einem ersten Schritt der bereits damals als »Kulturkampf« (Rudolf Virchow) bezeichneten Auseinandersetzungen wurde der Jesuitenorden verboten, wurden Geistlichen Gefängnisstrafen angedroht, sollten sie sich politisch äußern, und kirchliche Institutionen der staatlichen Kontrollen unterworfen. Die scharfen Proteste aus dem Vatikan, der von einer neuen »Kirchenverfolgung« sprach, ließen den neuen »starken Mann« in Deutschland unbeeindruckt. Nach Abbruch aller Beziehungen mit dem Vatikan folgte 1875 eine zweite Welle an Säkularisierungsgesetzen wie die staatliche Schulaufsicht, die Einführung der Zivilehe und die Einschränkung der katholischen Presse.

Bereits am 14. Mai 1872 griff Bismarck in einer Rede vor dem Deutschen Reichstag tief in die Geschichtskiste, als er an den epochalen Konflikt im Mittelalter zwischen weltlicher Macht und Papst erinnerte. Im sogenannten Investiturstreit ging es um die Frage, wer über die Besetzung der geistlichen Ämter entscheiden durfte. Damals, im Jahr 1077, hatte König Heinrich IV. das Nachsehen und musste bei Papst Gregor VII. im italienischen Canossa Abbitte leisten. »Seien Sie außer Sorge, nach Canossa gehen wir nicht – weder körperlich noch geistig«, erwiderte darauf Bezug nehmend Bismarck seinen Gegenspielern.

Nichts, aber auch gar nichts hatte das moderne preußisch-protestantische Kaiserreich mit dem mittelalterlichen »heiligen« Kaiserreich zu tun. Doch das Bild

OTTO VON BISMARCK

vom deutschen König, der barfüßig und im Büßergewand vor der Burg Canossa kniend um Verzeihung flehte, um die Aufhebung des Kirchenbanns zu erreichen, war stark. Es fehlte damals in keinem Geschichtswerk – als Sinnbild der Unterwerfung und Demut. Am Vorabend der Rede soll sich Bismarck im politischen Salon von Hildegard von Spitzemberg mit dieser über eine besonders beeindruckende Darstellung einer Canossa-Szene in einem Buch unterhalten haben. In ihren Erinnerungen bezeichnete sich die Freifrau daher als verantwortlich dafür, dass Bismarck auf das Ereignis in seiner Rede anspielte.

Popularisiert durch die Äußerung Bismarcks, wurde der »Gang nach Canossa« in der Folge zur Chiffre für eine politische Demütigung schlechthin. Für Politiker und Politikerinnen gibt es bis heute nichts Schlimmeres, als den Canossa-Gang antreten zu müssen. Tatsächlich musste Bismarck keinen Bußgang unternehmen – aber es gelang ihm auch nicht, den politischen Katholizismus in Deutschland zu zerschlagen. Seine Maßnahmen führten zu einer Trotzreaktion in den katholischen Gebieten und stärkten sogar die Zentrumspartei als parteipolitische Vertretung des Katholizismus. Unter dem neuen Papst Leo XIII. kam es nach 1878 wieder zu einer Annäherung. Wie der »echte« Konflikt im Mittelalter endete auch diese Auseinandersetzung nicht mit Sieg oder Niederlage, sondern mit einem Kompromiss.

BISMARCK UND DIE RELIGION

Bismarcks heftige Auseinandersetzung mit der katholischen Kirche war rein politischer Natur. Obwohl selbst im Geist des Protestantismus erzogen, hegte der Reichskanzler gegenüber dem Katholizismus persönlich keine Aversion. Lange hatte er wohl einem eher diffusen allgemeinen Gottesglauben angehangen, der wenig mit der christlichen Offenbarungsreligion zu tun hatte. Nach seiner Heirat 1847 mit der sehr religiösen Johanna von Puttkamer näherte er sich wieder der protestantischen Amtskirche an. In der Politik spielte die eigene Konfession aber keine Rolle. Als Anhänger der Glaubensfreiheit war Bismarck durchaus liberal und stand damit auch in einer preußischen Tradition.

»*Vaterlandslose Gesellen*«

Antisozialistische Kampfparole

Kein politisches Schlagwort aus dem 19. Jahrhundert hallt so nachhaltig bis in unsere Zeit nach wie die im wilhelminischen Kaiserreich geprägte antisozialistische Kampfparole. Sie spielte auf das *Manifest der Kommunistischen Partei* an, in dem der internationale Anspruch einer kommenden Weltrevolution im Namen des Proletariats betont wird. »Die Arbeiter haben kein Vaterland. Man kann ihnen nicht nehmen, was sie nicht haben«, schrieben dort Karl Marx und Friedrich Engels und forderten »Proletarier aller Länder vereinigt euch!« – in Zeiten des wachsenden Nationalismus Ende des 19. Jahrhunderts eine Haltung, die wohl niemals auch nur ansatzweise mehrheitsfähig war, nicht einmal in den politisierten Arbeitermilieus. In der übrigen Bevölkerung war die Angst vor dem »Gespenst des Kommunismus«, vor einer internationalen kommunistischen Verschwörung, weit verbreitet. Als abwertende Bezeichnung für alle, die im weitesten Sinn mit sozialistischen Ideen in Verbindung standen, wurde das Schimpfwort »vaterlandslose Gesellen« so schnell populär, dass der eigentliche Urheber nicht mehr klar zu ermitteln ist. War es Otto von Bismarck oder Kaiser Wilhelm, der es als Erster verwendete?

Nationalliberale und Konservative nutzten die Formulierung, um Sozialdemokraten pauschal als Umstürzler und als »Reichsfeinde« zu denunzieren, die bereit seien, sich international gegen das eigene Land zu verbünden. 1878 wurde auf Betreiben Bismarcks das Gesetz »wider die gemeingefährlichen Bestrebungen der Sozialdemokratie« verabschiedet, das es erlaubte, sozialistische oder kommunistische Parteien, Organisationen, Druckerzeugnisse und Aktivitäten zu verbieten. Es wurde bis 1890 immer wieder verlängert. Nicht nur den zunehmenden Einfluss der Arbeiterbewegung in Politik und Gesellschaft wollte Bismarck mit polizeistaatlichen Mitteln unterbinden, sondern vor allem die sozialdemokratischen Organisationsstrukturen zerschlagen. Allerdings konnte weder dieses Gesetz noch die Etablierung eines vergleichsweise großzügigen sozialen Sicherungssystems im Kaiserreich das Erstarken der Arbeiterbewegung stoppen. 1912 stellte die Sozialdemokratische Partei Deutschlands die stärkste Fraktion im Reichstag.

Die jahrelange Ausgrenzung und Hetze prägten das Verhältnis der SPD zur eigenen Nation, das selten unverkrampft war. Am Beginn des 20. Jahrhunderts war der gemäßigte Teil der Sozialdemokraten bereit, konstruktiv im Kaiserreich mitzuarbeiten, und zeigte sogar Patriotismus. Als trotz großer Bedenken vieler am 4. August 1914, kurz nach Ausbruch des Ersten Weltkriegs, fast die gesamte sozialdemokratische Reichstagsfraktion ihre Zustimmung zur Aufnahme von Kriegskrediten gab, bewies sie damit nicht zuletzt, dass sie in der Not loyal zur Nation stand. Wie sehr die Genossen bereit waren, das Wohl der Nation über das der Partei zu stellen, zeigte sich auch später in der Weimarer Republik, einem demokratischen Staat, der aber alles andere als nur sozialdemokratisch war.

Noch heute hat der Verweis auf die staatspolitische Verantwortung großes Gewicht bei politischen Entscheidungen in der SPD. Bürgerlich-konservative Kräfte schürten vor allem in den Zeiten des Kalten Kriegs in der Bundesrepublik nur zu gern immer wieder Zweifel an der außenpolitischen Zuverlässigkeit der »Sozis«. Insbesondere als der erste SPD-Kanzler Willy Brandt Anfang der 1970er-Jahre mit den Ostverträgen die bundesrepublikanische Außenpolitik neu gestaltete, galt er nicht wenigen als »Vaterlandsverräter«, ergo als ein »vaterlandsloser Geselle«. Aber auch außerhalb der politischen Sphäre wird die Etikettierung heute immer wieder verwendet, um etwa Unternehmen mangelnden Patriotismus oder fehlendes nationales Verantwortungsgefühl bei Auslagerung ihrer Produktion ins Ausland zu bescheinigen.

DRUCK VON RECHTS UND LINKS

Während die Sozialdemokraten von rechts dem ständigen Vorwurf des fehlenden Patriotismus ausgesetzt waren, beschimpften die Kommunisten sie spätestens nach der Gründung der Weimarer Republik 1918 als Kollaborateure mit der bürgerlich-kapitalistischen Machtelite und damit als Verräter an der sozialistischen Sache. »Wer hat uns verraten, die Sozialdemokraten« wurde zum Schlachtruf all jener, denen der Sozialismus russischer Prägung wichtiger war als die vermeintliche »bürgerliche« Demokratie. Auch der Aufstieg der Nationalsozialisten hinderte die Kommunistische Internationale nicht daran, weiterhin vor allem in den sozialdemokratischen »Sozialfaschisten« den Hauptfeind zu sehen.

»Der Lotse geht von Bord«

Bismarck-Karikatur

Eine der bekanntesten Karikaturen des 19. Jahrhunderts erschien am 23. März 1890 in der britischen Satirezeitschrift *Punch*. Sie kommentierte den Rücktritt des deutschen Reichskanzlers Otto von Bismarck wenige Tag zuvor. Die Szene ist der Seefahrt entlehnt: Von der Reeling eines großen, vor Anker liegenden Schiffs aus sieht Kaiser Wilhelm II. gelassen zu, wie ein ernst blickender Bismarck die Gangway in Richtung eines kleinen Beibootes hinunterschreitet, das ihn an Land bringen soll. Der bewährte, vertrauenerweckende Steuermann verlässt das Staatsschiff. Mit seiner Zeichnung schuf der britische Illustrator John Tenniel eine Metapher, die immer noch gern von Medien und Politik in Zusammenhang mit politischen Führungswechseln benutzt wird. Auch der deutsche Titel der Karikatur »Der Lotse geht von Bord« ist in diesem Sinn zu einem geflügelten Wort geworden. Allerdings wich er erheblich vom englischen Originaltitel ab und vermittelte dadurch seinerzeit einen falschen Eindruck von dem tatsächlichen Geschehen. Wahrscheinlich hatte auch die preußische Zensur bei der Übersetzung ihre Finger im Spiel.

»Dropping the pilot«, also »Absetzung des Steuermanns/Lotsen« hatte Tenniel ursprünglich seine Zeichnung überschrieben und damit viel eher die historische Wahrheit getroffen. Nicht aus freien Stücken hatte Bismarck 1890 die politische Bühne Deutschlands verlassen, sondern er war von Wilhelm II. zum Rücktritt gezwungen worden. Anders als Wilhelm I. beanspruchte der junge ehrgeizige Kaiser innenpolitisch die volle Entscheidungsbefugnis für sich und wollte außenpolitisch neue Akzente setzen. Nachdem Bismarck den jungen deutschen Nationalstaat durch ausgeklügelte bilaterale Abkommen im europäischen Mächtekonzert abgesichert hatte, favorisierte Wilhelm nun einen nationalistischeren, forscheren Kurs. »Mit Volldampf voraus« – auch er verwendete gerne das Sprachbild des Staatsschiffs – wollte er die industrielle Entwicklung vorantreiben und Deutschland als militärische Weltmacht etablieren. So war er letztlich mitverantwortlich für den fatalen Rüstungswettlauf in Europa, der schließlich in die Katastrophe des Ersten Weltkriegs mündete. Je mehr Deutschland mit Beginn des 20. Jahrhunderts ins politische Unglück schlitterte, desto heller strahlte das Bild vom überlegenen Staatslenker Bismarck – ein Bild, das eng mit der Zeichnung von Tenniel verbunden blieb, weil es die spätere Entwicklung vorauszuahnen schien. Der Abgang des erfahrenen Steuermanns Bismarck, der das Staatsschiff Deutschland bisher durch gefährliche Klippen der Politik gelotst hatte und nun das nationale Schicksal seinem überforderten Vorgesetzten überlassen musste, bedeutete den Anfang vom Ende. Und hatte nicht auch die Karikatur schon in diesem Sinn Partei genommen? War Wilhelm II. nicht auffallend klein und mit viel zu großer Krone, Bismarck dagegen betont voluminös und staatsmännisch dargestellt?

Im 20. Jahrhundert ist die »Jahrhundertzeichnung« (Gisela Burkamp) immer wieder in anderen politischen Zusammenhängen adaptiert worden. Im September 1982 etwa, im Vorfeld des Misstrauensvotums gegen den deutschen Bundeskanzler Helmut Schmidt, zitierte das Hamburger Nachrichtenmagazin *Der Spiegel* die Karikatur als Titelbild und setzte an die Stelle von Bismarck Schmidt, der sich mit seiner Elblotsenmütze natürlich besonders gut eignete. »Der Lotse geht von Bord« – erneut musste ein anerkannter Staatsmann gehen.

POLITISCHE KARIKATUREN

»Der Lotse geht von Bord« war keine politische Karikatur im eigentlichen Sinn, weil ihr die genretypischen Gestaltungsmittel der Überzeichnung und Verzerrung fehlten. Doch durch die Versetzung der Protagonisten von der politischen in die nautische Welt schuf Tenniel einen plakativen satirischen Kommentar zum Zeitgeschehen. Im Zuge der zunehmenden Demokratisierung erlebte in Deutschland in der zweiten Hälfte des 19. Jahrhunderts auch das politische Pressewesen einen enormen Aufschwung. Satire und Karikaturen wurden zu einer gängigen künstlerisch-humoristischen Form der kritischen Auseinandersetzung mit der Obrigkeit, wobei im Kaiserreich besonders zwei liberale wöchentliche Satirezeitschriften gesellschaftliche Relevanz gewannen: das in Bonn beheimatete, bereits im Revolutionsjahr 1848 gegründete Magazin *Kladderadatsch* und der 1898 erstmals veröffentlichte *Simplicissimus* aus München.

»Wir verlangen auch unseren Platz an der Sonne«

BERNHARD VON BÜLOW

An der Wende zum 20. Jahrhundert war das deutsche Kaiserreich zu einer wirtschaftlichen Großmacht aufgestiegen. Ein vergleichsweises hohes Bildungsniveau und Spitzenleistungen in naturwissenschaftlicher Forschung und Technik trugen dazu bei, dass die zentralen Industriebereiche ihrer Zeit – die Schwer-, aber auch Chemie- und Elektroindustrie – als weltweit führend galten. Da, wo Deutschland wirtschaftlich schon stand, wollte es nun auch politisch stehen: an der Weltspitze. Und das bedeutete vor allem, mit den europäischen Kolonialmächten England und Frankreich gleichzuziehen und den eigenen Territorialbesitz in alle Teile der Welt auszudehnen, um sich Zugang zu Rohstoffen und neuen Absatzmärkten zu erschließen.

Diese seit dem Machtantritt von Wilhelm II. 1888 forcierte Expansionspolitik fasste 1897 der damalige Staatssekretär des Äußeren, Bernhard von Bülow, in ein prägnantes Sprachbild, als er in einer Reichstagsrede das deutsche Interesse an der südchinesischen Bucht von Kiautschou mit den Worten verteidigte: »Wir wollen niemand in den Schatten stellen, aber wir verlangen auch unseren Platz an der Sonne.« Ein »Platz an der Sonne« – das hieß im Klartext: weitere Kolonien auf der südlichen Welthalbkugel, dort, wo nicht nur das Klima wärmer war, sondern wo es vor allem auch Bodenschätze und billige Arbeitskräfte gab. In einer ersten Phase der deutschen Kolonialpolitik bis 1885, noch unter der Kanzlerschaft von Bismarck, hatte sich Deutschland sogenannte Schutzgebiete vor allem in Afrika gesichert, darunter Kamerun, Togo, Deutsch-Ostafrika und Deutsch-Südwestafrika. Nach seinem Regierungsantritt trieb Wilhelm II. die deutschen Kolonialambitionen weiter voran. Massive Aufrüstung, vor allem der Ausbau der Kriegsflotte, sollte die Voraussetzung schaffen, um im Wettlauf mit den anderen Mächten um die reichsten Gebiete konkurrenzfähig zu werden und nachzuziehen.

Doch was in den Augen Wilhelm II. erst der Anfang sein sollte, um die Nation zur gewünschten strahlenden Größe zu führen, erwies sich später als Weg ins dunkle Abseits, in die Isolation. Tatsächlich aber kamen in einer zweiten Kolonialisierungsphase nach 1890 vor allem eher unbedeutende chinesische und pazifische Inbesitznahmen hinzu. Die guten Plätze auf dem kolonialen Sonnendeck waren vom Britischen Empire und Frankreich längst besetzt. Beide etablierten

Kolonialmächte fühlten sich ihrerseits vom aggressiven deutschen Imperialismus, der teilweise bereits abgesteckte Einflusssphären wieder infrage stellte, offen bedroht, was eine Annäherung der europäischen Erzfeinde einleitete. Das von Deutschland lange Zeit für unmöglich gehaltene, 1904 geschlossene Bündnis zwischen Frankreich und Großbritannien, 1907 ergänzt um Russland, förderte im Deutschen Reich das Gefühl, von Feinden umzingelt zu werden. Dabei hatte es sich aktiv selbst isoliert: Die außenpolitische Expansion führte zum Verlust potenziell neuer Bündnispartner.

Auch sonst erwiesen sich die Kolonien mehr als Last. Sie waren als Siedlungsgebiete unbedeutend und größtenteils ein wirtschaftliches Verlustgeschäft. Zudem löste die rücksichtslose Ausbeutungspolitik Aufstände der Einheimischen aus, die brutal niedergeschlagen wurden. Der deutsche Völkermord an Herero und Nama in Deutsch-Südwestafrika ist erst in jüngster Zeit stärker ins gesellschaftliche Bewusstsein getreten. Die Jagd nach dem »Platz an der Sonne« führte direkt in die moralische Dunkelheit. Umso erschreckender der naiv-harmlose Umgang mit dem geflügelten Wort vom »Platz an der Sonne«. 1956 wurde es zum Motto der Deutschen Fernsehlotterie der ARD. Der ursprüngliche Gedanke war, den Menschen im Nachkriegsdeutschland Urlaub »im Süden« zu ermöglichen. Von dem Slogan verabschiedete man sich erst 2012, sodass bis heute die meisten Menschen den »Platz an der Sonne« als Metapher für Glück und Erfolg verstehen und verwenden.

BERNHARD FÜRST VON BÜLOW

Bernhard von Bülow (1849–1929) war der Sohn des früheren Staatssekretärs für Äußeres unter Bismarck. Er wuchs früh in Diplomatie und Politik des Kaiserreichs hinein und machte eine steile Karriere. Vom Gesandten in Bukarest über Botschafter in Rom trat er 1897 als außenpolitischer Staatssekretär in die Fußstapfen seines Vaters, bevor er 1900 von Wilhelm II. zum Reichskanzler ernannt wurde. Aufbauend auf einem Bündnis von Konservativen und Liberalen sicherte er die Unterstützung des Reichstags für die expansive Kolonialpolitik des Monarchen ab. Weil er ihn im Zuge der *Daily-Telegraph*-Affäre um ein überhebliches antibritisches Interview nicht öffentlich geschützt hatte, erzwang Wilhelm 1908 seinen Rücktritt. Seine bis in die Weimarer Republik reichende Versuche, wieder an vorderster Front in der Politik Fuß zu fassen, scheiterten.

»*Pardon wird nicht gegeben*«

KAISER WILHELM II.

Sommer 1900: In Peking war es zu einem Aufstand gegen die europäischen Besatzer gekommen. Mehrere Kolonialmächte hatten sich zusammengeschlossen, um ihn niederzuschlagen. Auch Deutschland stellte Truppen bereit, um seinen Einfluss in China weiter auszubauen. Am 27. Juli verabschiedete der Kaiser höchstpersönlich das deutsche Expeditionskorps in Bremerhaven mit einer Rede, die als »Hunnenrede« in die Geschichte eingehen sollte. Der spätere Reichskanzler Bernhard von Bülow bezeichnete sie in seinen Erinnerungen als »schlimmste Rede jener Zeit«. Wohl angestachelt von erfundenen Berichten über chinesische Gräueltaten redete sich Wilhelm wie so oft in Rage und rief seine Soldaten offen zur Rachejustiz auf: »Kommt ihr vor dem Feind, so wird er geschlagen. Pardon wird nicht gegeben. Gefangene werden nicht gemacht. Wer euch in die Hände fällt, sei euch verfallen.« Dann verstieg er sich in einen gewagten historischen Vergleich: »Wie vor tausend Jahren die Hunnen unter ihrem König Etzel sich einen Namen gemacht, der sie noch jetzt in der Überlieferung ... gewaltig erscheinen lässt, so möge der Name Deutscher in China auf 1000 Jahre durch euch in einer Weise bekannt werden, dass niemals wieder ein Chinese es wagt, einen Deutschen scheel anzusehen!« Als die Truppen schließlich in Peking landeten, war der Aufstand längst niedergeschlagen, aber die Deutschen beteiligten sich mit vollem Einsatz an den blutigen Rachefeldzügen ins Landesinnere.

Was die Beweggründe waren, das eigene Volk ausgerechnet mit dem asiatischen Reitervolk gleichzusetzen, das seit der Spätantike ein Sinnbild für rohe Barbarei war und dessen König Attila (»Etzel«) im christlichen Mittelalter wegen seiner Grausamkeit den Beinamen »Geißel Gottes« erhielt, blieb Wilhelms Geheimnis. Seine entsetzte Entourage tat hektisch alles, um seine Worte vergessen zu machen. Sie brachte zwei offizielle Versionen der Rede im Umlauf, in denen die säbelrasselnden Passagen entschärft und der Hunnen-Vergleich komplett fehlte. So lautete etwa die abgemilderte Variante des kritischen Satzes nun »Pardon wird *euch* nicht gegeben« – zum großen Missfallen des Monarchen, der sich beschwerte: »Sie haben ja gerade das Schönste weggestrichen.« Weil aber anwesende Journalisten die wie immer frei gehaltene Rede Wilhelms mitstenografiert hatten, sickerte der originale Wortlaut doch nach und nach durch und erreichte die Öffentlichkeit.

Zunächst empörte sich allerdings nur die demokratische Opposition im Reichstag. Im Ausland war die Reaktion zunächst sogar überwiegend wohlwollend. Dass Kolonialaufstände mit allen Mitteln und ohne Pardon zu geben niedergeschlagen werden mussten, war weitgehend Konsens in allen europäischen Hauptstädten.

Doch je weiter die Rede in die Vergangenheit rückte, desto mehr trat sie als Ausdruck deutscher Maßlosigkeit und Selbstüberschätzung ins öffentliche Bewusstsein. Nach Beginn des Ersten Weltkriegs wurde Wilhelms aus dem Ruder gelaufene Motivationsansprache von den deutschen Kriegsgegnern zu Propagandazwecken genutzt: Vor allem die Engländer stellten die Deutschen gern als wilde, gewaltverliebte »Hunnen« dar. Nicht nur im britischen Boulevard, sondern auch im britischen Hochadel blieb »Hunne« bis weit nach dem Zweiten Weltkrieg ein abwertendes Synonym für Deutsche. Prinz Philipp, der Ehemann von Königin Elizabeth II., soll sogar wegen seiner Verwandtschaft zum hessischen Landadel von Queen Mum britisch-humorvoll als Hunne bezeichnet worden sein.

WILHELM II. UND DIE ÖFFENTLICHE MEINUNG

In der Regierungszeit von Wilhelm II (1880–1914) gewannen die mediale Selbstdarstellung wie auch die öffentliche Meinung an politischer Bedeutung. So sehr er sich der barock-absolutistischen Königstradition verpflichtet fühlte, so modern war Wilhelm II. in seinem Bestreben, im Mittelpunkt der Aufmerksamkeit zu stehen und seine Politik öffentlich zu machen. Kein Regent vor ihm hielt so viele (taktlose) Reden vor seinen Untertanen. Und diese wurden auch stets im seinerzeit wichtigsten Massenmedium, der Presse, verbreitet. Weil er oft frei formulierte und ungeschminkt seine Haltung preisgab, waren sie mehr als einmal Auslöser innen- wie außenpolitischer Spannungen. Nachdem ein Interview im englischen *Daily Telegraph* 1908 erneut einen Skandal ausgelöst und den Rücktritt des Reichskanzlers von Bülow zur Folge hatte, sah sich Wilhelm zu größerer politischer Zurückhaltung gezwungen und achtete zukünftig auf martialische Äußerungen.

»*München leuchtet*«

THOMAS MANN

»München leuchtete. Über den festlichen Plätzen und weißen Säulentempeln, den antikisierenden Monumenten und Barockkirchen, den springenden Brunnen, Palästen und Gartenanlagen der Residenz spannte sich strahlend ein Himmel von blauer Seide.« So beginnt Thomas Manns Novelle *Gladius Dei* (Schwert Gottes) von 1902, in der er sich mit der Kunstbeflissenheit seiner Wahlheimat ironisch auseinandersetzte. Der Schein galt immer viel in der »schönen und gemächlichen Stadt«, die bereits der bayerische König Ludwig I. in der ersten Hälfte des 19. Jahrhunderts durch seine ehrgeizigen, an der Antike orientierten repräsentativen Großbauten zu einem »Isar-Athen« umgestaltet hatte. Im Zuge der Urbanisierung war München in der zweiten Hälfte des 19. Jahrhunderts allmählich zur führenden Metropole im Süden des Reichs aufgestiegen und entwickelte sich um die Jahrhundertwende zu einem Zentrum der internationalen Kultur- und Kunstszene. Vor allem der Bezirk Schwabing wurde zum angesagten Bohème-Viertel. Hier inszenierte sich der Lyriker Stefan George als Dichter-Seher, schuf Rainer Maria Rilke symbolistische Lyrik, schrieb Frank Wedekind seine sozialkritischen Theaterstücke. Und hier stellte in den 1910er-Jahren die expressionistische Künstlergruppe Blauer Reiter um Wassily Kandinsky und Franz Marc ihre Werke vor, die Meilensteine der modernen Kunst werden sollten. München leuchtete wirklich. Wie sehr sich die Stadt bis heute über diese kulturelle Glanzzeit definiert, zeigt sich auch darin, dass sie Manns Zitat einfach in die Gegenwart überführte: »München leuchtet« heißt die seit 1961 verliehene Medaille, die jedes Jahr für besondere Verdienste um die Stadt verliehen wird.

Allerdings entwickelte sich gleichzeitig die Reichshauptstadt Berlin unter anderem mit großen Kunstausstellungen zum Kunst- und Kulturmagneten – was auch Münchner Künstler zum Umzug bewegte – und hatte spätestens nach 1918 München den Rang als führende deutsche Metropole abgelaufen. Die »Berliner Secession« um den impressionistischen Maler und Grafiker Max Liebermann forderte bereits ab 1898 die etablierten Künstlervereinigungen und den herrschenden Kulturkonservatismus heraus. 1871 hatte mit der Reichsgründung der kometenhafte Aufstieg der preußischen Reichshauptstadt zur vibrierenden Weltstadt, zum unumstrittenen politisch-ökonomisch und kulturell-intellektuellen Zentrum des neuen deutschen Nationalstaates begonnen. Innerhalb weniger Jahre war die Bevölkerung im Berliner Einzugsgebiet auf über drei Millionen im Jahr 1914 gewachsen. Aus allen Himmelsrichtungen strömten die Menschen in die Stadt, um ihr Glück in den florierenden Wirtschaftszweigen, insbesondere der Elektrotechnik, zu suchen und am Fortschritt teilzuhaben. Die Universitäten in der Stadt erreichten Weltrang. Die Verkehrsinfrastruktur wurde kontinuierlich erweitert, 1902 die erste elektrische Untergrundbahn in Betrieb genommen, elf Jahre später mit dem Bau der ersten autobahnähnlichen Verkehrsstraße Deutschlands begonnen. Der »Parvenü« unter den europäischen Hauptstädten wandelte sich in jener Zeit in rasanter Geschwindigkeit. Und auch danach musste sich Berlin immer wieder neu erfinden. Der Kunstkritiker Karl Scheffler formulierte es 1910 in seiner polemischen Schrift *Berlin – ein Stadtschicksal* treffend: »Berlin [ist] dazu verdammt, immerfort zu werden und niemals zu sein.« Dabei konnte er die Zukunft der Stadt noch gar nicht erahnen: ihre Okkupierung durch die Nationalsozialisten, die Komplettzerstörung durch den Zweiten Weltkrieg, ihre jahrzehntelange Teilung und Wiedervereinigung.

THOMAS MANN

Von 1889 bis zu seiner Emigration in die Schweiz 1933 lebte der bedeutendste deutsche Schriftsteller des 20. Jahrhunderts in München. Obwohl der Lübecker Patriziersohn Thomas Mann (geboren 1875) seine hanseatische Distanziertheit nie ablegte, fühlte er sich in der bayerischen Residenzstadt zu Hause. In München heiratete er 1905 Katia Pringsheim, mit der er bis zu seinem Tod 1955 in Zürich zusammenlebte und sechs Kinder hatte. Hier schrieb er seine epochalen Romane *Die Buddenbrooks* (1901) oder *Der Zauberberg* (1924) sowie wegweisende Essays wie *Betrachtungen eines Unpolitischen* (1918). Und er wandelte sich vom Monarchisten zum Vernunftrepublikaner, der erfolglos gegen den Aufstieg der braunen Barbarei kämpfte.

»Die Waffen nieder!«

BERTHA VON SUTTNER

Bereits ihren ersten Ehemann hatte Gräfin Martha Dotzky auf dem Schlachtfeld verloren. Als auch ihr zweiter Ehemann an die Front gerufen wurde, reiste sie ihm aus Angst hinterher, besuchte Lazarette und Gefangenenlager und wurde Augenzeugin unmenschlicher Barbarei. Von da an machte sie es sich zur Lebensaufgabe, zusammen mit ihrem Mann weitere Kriege zu verhindern. Doch sie hatte nicht damit gerechnet, dass der Krieg auch im Frieden noch seine Opfer sucht. Am Ende stand sie wieder allein da.

Von diesem tragischen Schicksal einer fiktiven Offiziersfamilie während der nationalen Einigungskriege der 1860er-Jahren erzählt der Erfolgsroman *Die Waffen nieder!* von 1889, der in viele europäische Sprachen übersetzt wurde. Noch nie zuvor war so schonungslos das grenzenlose Leid geschildert geworden, das der Krieg über Menschen aller Nationen bringt. Und schon gar nicht war das je aus der Perspektive einer Frau geschehen. Das überaus erfolgreiche Buch rückte die Autorin, die österreichische Friedensaktivistin Freifrau Bertha von Suttner, quasi über Nacht ins politische Rampenlicht und machte sie zur Symbolfigur und Mentorin einer sich europaweit organisierenden Antikriegsbewegung. Der Romantitel wurde zu deren zentraler programmatischer Parole und stand ab 1892 auch auf dem Cover der von Suttner herausgegebenen Monatsschrift der Pazifisten: *Die Waffen nieder!* Rastlos warben Bertha von Suttner und ihre Gesinnungsgenossen und -genossinnen in den ersten Jahren des 20. Jahrhunderts auf zahllosen internationalen Konferenzen mit Vorträgen und Reden für das gemeinsame Ziel, einen internationalen Schiedsgerichtshof zu schaffen, der in Zukunft militärische Konflikte überflüssig bzw. unmöglich mache. Eine Utopie, die sich damals nicht erfüllte und von deren Einlösung wir heute wieder ferner denn je sind.

Das Zitat Bertha von Suttners wird in der Gegenwart noch in ihrem pazifistischen Sinne gebraucht, unter anderem bei Kampagnen der von ihr 1892 gegründeten und noch heute aktiven Deutschen Friedensbewegung – Vereinigte Kriegsdienstgegner (DFG-VK). Seltener wird der Appell im Scherz bei heftigen Diskussionen verwendet.

Im deutschen Kaiserreich war »Die Waffen nieder!« eine geradezu skurril anmutende Forderung einer kleinen politischen Minderheit. Nichts schien um 1900 realitätsferner als eine entmilitarisierte Politik. Auch in Deutschland verstanden die Machteliten Qualität und Umfang der militärischen Ressourcen als Voraussetzung und primären Ausweis der nationalen Machtstellung auf dem internationalen Parkett. Die Drohung des Einsatzes vor allem der Kriegsflotte war gerade zur Hochzeit des Kolonialismus selbstverständliches politisches Druckmittel, um den Einfluss in anderen Ländern beziehungsweise auf anderen Kontinenten auszuweiten. Dabei kamen sich die europäischen Staaten immer wieder gefährlich in die Quere. Alle europäischen Mächte betrieben bis 1914 diese Form der »Kanonenbootpolitik«, um eigene Interessen durchzusetzen, was verhängnisvolles Wettrüsten nach sich zog. Statt Waffenarsenale abzubauen, wurde aufgerüstet. Daran konnten weder die vielen Weltfriedenskongresse der Pazifisten noch die internationale Haager Friedenskonferenz von 1907 etwas ändern, mit der Suttner große Hoffnungen verbunden hatte. Aber über Abrüstung durfte nicht einmal geredet werden. Verabschiedet wurde immerhin eine »Landkriegsordnung«, die einen Mindestmaß an zivilen Standards in kriegerischen Auseinandersetzungen sichern sollte. Doch weder dieses Reglement noch die 1906 von allen Mächten erneuerten »Genfer Konventionen« konnten die Gräuel auf den Schlachtfeldern des Ersten Weltkriegs verhindern.

BERTHA VON SUTTNER

Konsequent widersetzte sich die 1843 geborene Schriftstellerin und Pazifistin Bertha von Suttner politisch dem militaristischen Zeitgeist – und konsequent ging die Tochter der verarmten böhmischen Adelsfamilie Kinsky auch privat ihren eigenen Weg. Nachdem sie sich 1876 in Wien heimlich mit einem pazifistischen Gesinnungsgenossen gegen den Willen seiner Eltern vermählt hatte, zog sie mit ihrem Mann für sieben Jahren nach Georgien. 1885 kehrte von Suttner nach Wien zurück und begann ihren politischen Kampf für Abrüstung, unterstützt unter anderem von dem Dynamit-Erfinder Alfred Nobel, mit dem sie eng befreundet war. Nach der Publikation ihres Romans *Die Waffen nieder!* gründete sie die Österreichische Gesellschaft der Friedensfreunde und die Deutsche Friedensgesellschaft. 1905 erhielt sie den von ihr angeregten Friedensnobelpreis – als erste Frau. Wenige Tage vor dem Ausbruch des Ersten Weltkriegs erlag sie einem Krebsleiden.

»Ich kenne keine Parteien mehr, ich kenne nur noch Deutsche«

KAISER WILHELM II.

Als am 31. Juli 1914 Russland mit der Generalmobilisierung seiner Truppen begann, waren die Würfel gefallen. Einen Tag später rief Kaiser Wilhelm II. in Berlin die deutschen Soldaten zu den Waffen, und es begann der große europäische Krieg, den auch er vermutlich nicht wirklich gewollt hatte. Doch jetzt, wo es so weit war, gedachte er, ihn mit größtem Einsatz zu führen – als Anführer einer Nation, die geschlossen gegen den Feind marschierte. Noch am gleichen Tag trat er auf den Balkon des Berliner Schlosses und hielt eine Propagandarede, die er in den folgenden Tagen leicht variiert mehrmals wiederholen sollte: Dem friedliebenden Deutschland ist von seinen Neidern ein Krieg aufgezwungen worden, den es jetzt gemeinsam zu gewinnen gelte. Da es um das Schicksal des Landes gehe, müssten alle innenpolitischen Streitigkeiten beiseitegeschoben werden. Seinen Gegnern rief er zu: »Auch mich hat die ein oder andere Partei wohl angegriffen ... Ich verzeihe es heute von ganzem Herzen! Ich kenne keine Parteien und auch keine Konfessionen mehr; wir sind heute alle deutsche Brüder und nur noch deutsche Brüder.« Drei Tage später rief der Kaiser in einer Thronrede im Schlosssaal den Abgeordneten des Deutschen Reichstags ins Gewissen und sagte dort zum ersten Mal die pathetischen Sätze, die in den folgenden Jahren als Slogan auf unzählige Propagandaplakate und -Postkarten gedruckt wurden: »Ich kenne keine Parteien mehr, ich kenne nur noch Deutsche.«

Angesprochen waren vor allem die Sozialdemokraten, die »vaterlandslosen Gesellen«, die 1912 zur stärksten Partei im Reichstag aufgestiegen waren und nun eine Treueerklärung gegenüber der eigenen Nation abgeben sollten. Tatsächlich stimmte am 4. August 1914 fast die gesamte sozialdemokratische Reichstagsfraktion für die Bewilligung von Kriegskrediten – eine folgenreiche Entscheidung, die wesentlich zur Spaltung der Partei und der Arbeiterbewegung beitrug, die nach der Russischen Oktoberrevolution 1917 vollständig vollzogen wurde.

Aber die Sozialdemokraten waren nicht die einzigen, die sich im Sommer 1914 der patriotischen Begeisterung anschlossen, die den Krieg zur Pflicht der deutschen Gemeinschaft erhob. Plötzlich stimmten auch viele Intellektuelle, Künstler und Schriftsteller, die vor 1914 oft kritisch und international orientiert waren, in den nationalistischen Chor ein und überhöhten – wie etwa Thomas Mann in seinen »Betrachtungen eines Unpolitischen« (veröffentlicht 1918) – den europäischen Machtkonflikt zu einem grundsätzlichen Kampf der Ideen zwischen der oberflächlichen westlich-französischen »Zivilisation« und der tiefen deutschen innerlichen »Kultur«. Materialismus und Individualismus standen vermeintlich Gemeinsinn und Selbstlosigkeit gegenüber. Dies war ein intellektuelles Hirngespinst, das mit der barbarischen Kriegsrealität schnell jeden Sinn verlor. Statt wie vom Kaiser erhofft, Land und Volk neu zu einen, zerstörte der brutale Krieg die Fundamente des sozialen Gefüges und spülte 1918 schließlich auch die Monarchie fort. Am Ende kannten die Deutschen keinen Kaiser mehr. Wilhelm musste nach Holland fliehen.

Das Zitat – oder zumindest die erste Hälfte – überdauerte hingegen Krieg und Kaiser. Noch heute bedient man sich gern der kaiserlichen Erklärung, oft auch ironisch, wenn Menschen mit unterschiedlichen Ideen und Überzeugungen für eine gemeinsame Sache gewonnen werden sollen: »Ich kenne keine Parteien mehr«.

DER LETZTE DEUTSCHE KAISER

Mit seiner Vorliebe für soldatischen Prunk stand Wilhelm II. für den Militarismus und politischen Hochmut des Deutschen Reichs Anfang des 20. Jahrhunderts. Als der Enkel Wilhelms I. 1888 den Thron bestieg, wollte er persönlich die Reichsführung übernehmen, was realpolitisch so nicht möglich war. Im Inneren folgten seinen sozialpolitischen Ankündigungen keine Taten. Außenpolitisch beförderte er durch sein nationalistisches Großmachtstreben die zunehmende Isolation Deutschlands. Nach dem Ausbruch des Ersten Weltkriegs verlor er schnell jeden realen politischen Einfluss an den Generalstab. Nach Sturz und erzwungener Flucht nach Holland 1918 betrat er zeit seines Lebens nicht mehr deutschen Boden.

»*In ganz Europa gehen die Lichter aus*«

EDWARD GREY

Fast bis zur allerletzten Minute hatte der britische Außenminister Edward Grey noch für eine gesamteuropäische Friedenskonferenz in London geworben – vergebens. Am Ende schien allen Regierungen ein Krieg unvermeidlich zu sein. Die Kriegserklärung Österreichs an Serbien einen Monat nach der Ermordung des Thronfolgers Franz Ferdinand am 28. Juni 1914 in Sarajevo hatte in den konkurrierenden europäischen Bündnissystemen Beistandsverpflichtungen ausgelöst, die fast zwangsläufig zu einem Großkonflikt auf dem Kontinent führen mussten. Am 4. August waren auch in Großbritannien die Würfel gefallen, nachdem das Deutsche Reich einen Tag zuvor Frankreich den Krieg erklärt hatte. Es gab keine wirkliche Debatte mehr im Unterhaus. Mit großer Mehrheit stimmten die Parlamentarier einem Kriegseintritt auf der Seite Frankreichs zu. Am Ende dieses historischen Tages war die Stimmung im Büro von Edward Grey düster. Mit Blick auf die Straße, wo gerade die Straßenlaternen angingen, sagte er zu einem Freund: »The lamps are going out all over Europe; we shall not see them lit again in our life-time.« – »In ganz Europa gehen die Lichter aus; wir werden sie in unserem Leben nie wieder leuchten sehen.«

Prophetische Sätze, die die »Urkatastrophe des 20. Jahrhunderts« (George F. Kennan), als die sich der Erste Weltkrieg im Nachhinein entpuppte, treffend beschrieben. Dreißig Jahre lang, also etwa für den Zeitraum einer Generation, kam Europa nicht zur Ruhe, um sich am Ende fast komplett selbst zu zerstören. Anders als die meisten Verantwortungsträger seiner Zeit, die von einem Krieg die Lösung ihrer politischen Probleme erhofften, sah Grey die tiefgreifenden Verwerfungen richtig voraus, die der Kriegsgang von 1914 in den europäischen Gesellschaften hervorrufen würde. Statt des erhofften Blitzkriegs kosteten die Kämpfe gerade an der Westfront nicht nur Millionen Menschen das Leben, sondern sie banden auch so viele wirtschaftliche Ressourcen, dass es in der Heimat zu Hungerkrisen kam. Es entwickelte sich eine wahre Völkerschlacht, die vor allem in den Verliererstaaten soziale Ordnungen folgenschwer zerstörte. Nach dem Kriegseintritt der USA 1917 zugunsten von Frankreich und England hatten Deutschland und Österreich-Ungarn keine Chance mehr auf einen Sieg. In beiden Ländern wurde die Monarchien gestürzt und das Habsburgerreich zerfiel in mehrere neue Nationalstaaten.

Das Ende des großen Staatenkriegs 1918 war nicht mit einem echten Willen zum Frieden verbunden, sondern glich eher einer Waffenruhe aus Erschöpfung. Gerade in Deutschland riefen die Zuweisung der Alleinschuld am Kriegsausbruch und die Reparationsauflagen des Versailler Vertrags tiefen Groll hervor und ließen nationalistische Rachegedanken florieren. Die neuartige Gewalterfahrung des Kriegs förderte auch die zunehmende Militarisierung innenpolitischer Auseinandersetzungen und begünstigte vor dem Hintergrund der Weltwirtschaftskrise 1929/30 die Machtübernahme der Nationalsozialisten, die erneut einen Krieg vom Zaun brachen, um den Kontinent neu zu ordnen. Als Hitler 1945 besiegt war, waren in Europa längst alle Lichter ausgegangen. Zu diesem Zeitpunkt war Grey bereits fünfzehn Jahre tot. Insbesondere zum hundertjährigen Gedenken an den Ausbruch des Ersten Weltkriegs wurden Politiker aller Couleur nicht müde, ihre Reden mit Greys prophetischer Aussage zu beginnen.

SIR EDWARD GREY

Der britische Adelige Edward Grey (1862–1933) war von 1905 bis 1916 liberaler Außenminister Großbritanniens. Er galt als friedlich, vorsichtig, aber auch als undurchsichtiger Stratege. Im Vorfeld des Ersten Weltkriegs war er maßgeblich an einer im Empire sehr umstrittenen Abkehr von einer traditionellen bündnisvermeidenden Politik beteiligt. Indem sich die Briten wieder stärker um die Wahrung des kontinentalen Mächtegleichgewichts engagierten, sollte eine Vormachtstellung Deutschlands in Europa und der kolonialen Welt verhindert werden. Ohne offiziell im Kriegsfall zum militärischen Beistand verpflichtet zu sein, war Großbritannien bereits 1904 eine »Entente cordiale« – ein Defensivbündnis – mit Frankreich eingegangen, die Grey 1907 um Russland zur »Triple Entente« erweiterte. Damit veränderte sich das Kräfteverhältnis in Europa zuungunsten von Deutschland und Österreich-Ungarn.

»*Nullachtfünfzehn*«

Redewendung aus dem Ersten Weltkrieg

Im Ersten Weltkrieg kamen zum ersten Mal vollmotorisierte und schwer bewaffnete Panzerwagen auf dem Schlachtfeld zum Einsatz, griffen mit Gewehren ausgestattete Flugzeuge Stellungen aus der Luft an, setzten Heerführungen unsichtbares Giftgas ein, das zu einem qualvollen Erstickungstod führte. Diese neuartigen Waffen mit ihrer bislang kaum für möglich gehaltenen Präzision und Durchschlagskraft waren das Ergebnis des enormen wissenschaftlich-technischen Fortschritts. In diesem ersten modernen Maschinenkrieg verloren innerhalb von vier Jahren fast zehn Millionen Soldaten, darunter zwei Millionen Deutsche, ihr Leben. Wie fast überall in der Wirtschaft hatten sich auch auf dem Rüstungssektor industriell-automatisierte Herstellungsverfahren durchgesetzt, die die riesigen Heere immer wieder neu mit einem optimierten Waffenarsenal ausstatten konnten. Der Krieg geriet zur reinen Materialschlacht, in der vor allem die bestmögliche Bedienung der Kriegstechnik über den Erfolg entschied. Der einzelne Soldat wurde zu einem beliebig einsetzbaren »Menschenmaterial«, zur austauschbaren Nummer in anonymen Massenheeren, zum »Kanonenfutter«.

Zum Sinnbild für die Ersetzbarkeit des Einzelnen innerhalb der perfekt geölten Kriegsmaschinerie ist später eine Zahlenfolge geworden, die heute noch allgemein abwertend für das Gewöhnliche und Austauschbare steht: 08/15. Die Zahlenkombination war – in Anlehnung an die beiden Baujahre 1908 und 1915 – die gängige Abkürzung für die im Krieg meistverbreitete Schusswaffe auf deutscher Seite: das von dem Briten Hiram Maxim 1884 erfundene vollautomatische Maschinengewehr, das Hunderte Schuss in der Minute abgeben konnte und das massenhafte Töten so leicht machte wie nie zuvor. Es war die perfekte Defensivwaffe für die zermürbenden Stellungskriege an der Westfront, die zu hohen Opferzahlen, aber nur marginalen Gebietsgewinnen führten. Mit Maschinengewehren konnte von den Schutzgräben aus fast jeder Angriff blutig niedergemäht werden. Zum Symbol des blutigen Abnutzungskriegs ohne wesentlichen Raumgewinn wurde die Schlacht von Verdun, in der im Juni 1916 im Nordosten Frankreichs insgesamt mehr als eine halbe Million deutsche und französische Soldaten ihr Leben verloren.

Die neuartige Gewalterfahrung prägte eine ganze Generation und trug nicht unerheblich zum Aufstieg radikaler, auch gewaltverherrlichender Ideologien bei.

Der Schriftsteller Ernst Jünger etwa, der vier Jahre als junger Offizier in Frankreich gekämpft hatte, ästhetisierte in seinen nachträglich veröffentlichten populären Kriegstagebüchern den erlebten Schrecken und überhöhte die »Stahlgewitter« zu einem spektakulären Naturereignis und »innerem Erlebnis«. Nach dem Zweiten Weltkrieg fehlte in der Kriegsliteratur jeglicher Hang zur Verherrlichung. Der ehemalige Wehrmachtsoffizier Hans Hellmut Kirst nannte 1954 seinen Antikriegsroman nach der Zahlenfolge der Waffe, die für ihn ein Synonym für Amoralität und Anonymität im modernen Krieg war: 08/15.

BEGRIFFE AUS DEM ERSTEN WELTKRIEG

»Nullachtfünfzehn« ist nur *ein* prominentes Beispiel für militärische Bezeichnungen aus der Zeit des Ersten Weltkriegs, die als Metapher Eingang in die deutsche Alltagssprache fanden. Da wäre noch der »Grabenkampf«, der im politischen Sprachgebrauch zum gängigen Bild für eine besonders hartnäckige politische Diskussion geworden ist. Oder auch die »dicke Luft« – ein Begriff, mit dem die Soldaten den beißenden Geruch von Bomben und Granaten bezeichneten. Heute verwendet man ihn, um umgangssprachlich eine gespannte oder gereizte Stimmung zu beschreiben. »Trommelfeuer«, das ursprünglich ein anhaltendes Artilleriefeuer bezeichnete, wird heute übertragen auf nicht enden wollende verbale Angriffe, etwa durch unangenehme Fragen oder Kritik. Auch einige martialische Propagandaparolen vom Anfang des Ersten Weltkriegs sind bis heute nicht vergessen: »Jeder Stoß – ein Franzos'! Jeder Schuss – ein Russ'! Jeder Tritt – ein Brit'!«.

6

»Der Untergang des Abendlandes«

Demokratie und Diktatur: Von Weimar ins Dritte Reich

Als im Spätherbst 1918 der Erste Weltkrieg endete, brach in Deutschland auch die Monarchie zusammen. Im Februar darauf wurde der Sozialdemokrat Friedrich Ebert in Weimar zum ersten Reichspräsidenten einer demokratischen Republik gewählt. Und vierzehn Jahre später installierten die Nationalsozialisten eine Diktatur, die ganz Europa in Flammen setzen sollte. Die Sicht auf die erste deutsche Demokratie wird bis heute überschattet von der nationalen Katastrophe, die ihr folgte. Die Belastungen, denen sie von Anfang an ausgesetzt war, wogen so schwer, dass ein Scheitern im Nachhinein fast zwangsläufig erschien. So verbreiteten Kaisertreue bereits in der Gründungsphase der jungen Republik die Legende, dass die »überraschende« Kriegsniederlage auf den Sturz der Monarchie zurückzuführen und somit den Demokraten anzulasten sei. Der Friedensvertrag von Versailles 1919, der Deutschland über Jahre hohe Reparationen aufzwang, wurde von vielen als Demütigung empfunden. Auch hatte der Terror der Russischen Oktoberrevolution 1917 dazu geführt, dass rechtsradikale, antikommunistische Republikgegner weithin akzeptiert wurden. Dazu kam der fehlende Gemeinsinn der demokratischen Parteien: Ihre fehlende Kompromissfähigkeit sorgte für ständige Regierungswechsel. Schließlich machte die Verfassung den Reichspräsidenten quasi zum Ersatzmonarchen, der notfalls eine Regierung ohne Parlamentsbeteiligung bilden konnte.

Krisenjahre

So grenzte es schon an ein Wunder, dass die im Wesentlichen auf Initiative der Sozialdemokratie konstituierte Weimarer Republik die Krisenjahre nach dem Krieg überstand. In den frühen 1920er-Jahren prägten politische Attentate, Aufstände und Massenstreiks das Land, und eine Hyperinflation ruinierte Familien und Unternehmen. Mit der Einführung einer neuen Währung 1924 stabilisierte sich die wirtschaftliche und politische Situation kurzfristig, doch das sorgte nicht dauerhaft für einen besseren Ruf der Republik. Sie wurde weiterhin von den alten Machteliten als Verfallserscheinung oder »undeutsch« empfunden. Nichtsdestotrotz setzten die neuen Freiheiten vor allem in den Goldenen Zwanzigern eine enorme Kreativität frei, die in einer vielfältigen Kunstszene sowie in einem überschwänglichen Lebensgefühl ihren Ausdruck fand. Der Neuerungsschub fand 1933 ein abruptes Ende, als die demokratischen Grundrechte von den neuen nationalsozialistischen Machthabern außer Kraft gesetzt wurden. Am Ende fehlte es der Weimarer Demokratie schlicht an genügend Demokraten.

Hitlers Aufstieg und der Zweite Weltkrieg

Vor dem Hintergrund einer schweren Wirtschaftskrise gelangte am 30. Januar 1933 Adolf Hitler mithilfe des konservativen Establishments an die Macht: ein extremer Nationalist sowie pathologischer Antisemit und Rassist. Er versprach, Deutschland zu neuer Größe zu führen, und verwandelte das Land mit seinen nationalsozialistischen Gesinnungsgenossen binnen eines Jahres gewaltsam in eine totalitäre Diktatur. »Der Führer« verfolgte das utopische Ziel, nicht nur der deutschen Gesellschaft die eigene Rassenideologie aufzuzwingen, sondern in ganz Europa und letztlich auf der ganzen Welt die Vorherrschaft des deutschen »Herrenvolks« durchzusetzen. Alle Parteien außer der NSDAP wurden verboten, Kultur und Öffentlichkeit gleichgeschaltet, Juden per Gesetz immer mehr aus der Gesellschaft gedrängt, politisch oder anderweitig unerwünschte Personen verfolgt und in Lager gesperrt. Trotz der massiven Aufrüstung der Deutschen glaubte das Ausland lange Zeit den Friedensbekundungen Hitlers und ließ den Einmarsch in das entmilitarisierte Rheinland (1936), in Österreich (1938), in das Sudetenland (1938) und die Tschechoslowakei (1939) zu. Erst nach dem Überfall auf Polen am 1. September 1939 erklärten Frankreich und Großbritannien Deutschland den Krieg. Das war der Beginn des Zweiten Weltkriegs, der mit dem Feldzug gegen die Sowjetunion 1941 endgültig zum Vernichtungskrieg wurde. Im besetzten Polen begann im Schatten der Kriegsereignisse der organisierte Massenmord an den europäischen Juden, die aus allen Teilen des Kontinents in die Todeslager getrieben wurden. Wenn auch ab 1942 angesichts der Überlegenheit der Anti-Hitler-Koalition die deutsche Niederlage unabwendbar war, ging das Kämpfen, Sterben und Töten weiter. In den Augen Hitlers sollte Deutschland eher untergehen, als dass es kapitulierte. Der Krieg endete erst, als das Dritte Reich vollständig besiegt war und in Trümmern lag.

»*Freiheit ist immer Freiheit des Andersdenkenden*«

ROSA LUXEMBURG

Als Lenin im Herbst 1917 in Russland gewaltsam die Macht übernahm, saß Rosa Luxemburg im Gefängnis. Wie elektrisiert sog sie alle Informationen aus den Zeitungen, Broschüren und Pamphleten auf, die ihr Freunde zusteckten. Seit Jahren hatte sie ohne Furcht vor persönlichen Repressalien in Reden und Schriften den Kapitalismus und die verhasste Hohenzollern-Monarchie bekämpft. Und jetzt, am Ende des Kriegs, geschah in Russland der Umsturz. Sollte ausgerechnet in diesem damals rückständigen Land die kommunistische Weltrevolution eingeleitet werden? So begeistert sie vom Mut der russischen Genossen und Genossinnen war, so besorgt war sie über deren Taten. Alles, was sie hörte und las, widersprach elementar ihrer Vorstellung von einem gesellschaftlichen Neuanfang. Was Lenin in Russland aufzubauen begann, war für Luxemburg kein Sozialismus, sondern wieder eine Diktatur. Der einzige Unterschied: An der Spitze standen statt des Zaren nun wenige mächtige Politiker – und die Partei. Statt alle Menschen aktiv in die Revolution einzubeziehen, verfolgte Lenin brutal politische Gegner und schaffte elementare individuelle Freiheiten ab. »Freiheit nur für Anhänger der Regierung, nur für Mitglieder einer Partei ... ist keine Freiheit. Freiheit ist immer Freiheit des Andersdenkenden«, schrieb Rosa Luxemburg in dem Text *Zur russischen Revolution*, den sie im September 1918 ihrem Vertrauten Paul Levi zur Veröffentlichung zuschickte. Doch Kritik an der Russischen Revolution wollte die linke Presse nicht mehr drucken, auch nicht nach Luxemburgs Ermordung durch Freikorpssoldaten im Januar 1919. Denn die von ihr kurz zuvor in Berlin mitbegründete kommunistische Partei wandelte sich sehr bald zu einer an Moskau angelehnten Kaderpartei. In Russland hatten sich die Bolschewisten wider Erwarten an der Macht halten können und entwickelten sich zum Vorbild für kommunistische Parteien weltweit.

Erst drei Jahre nach Luxemburgs Tod veröffentlichte Levi ihren Text, der in den nächsten Jahrzehnten die jeweilige kommunistische Parteispitze immer wieder in Verlegenheit brachte, insbesondere, als sie nach dem Zweiten Weltkrieg in Ostdeutschland an die Macht kam. Einerseits brauchte die DDR die Parteigründerin als »Märtyrerin der Revolution«, was sich in einem wahren Personenkult um Luxemburg niederschlug, andererseits wurden kritische Schriften von ihr bis in die 1980er-Jahre tabuisiert – ein Widerspruch, der die Kluft zwischen idealistischem

ROSA LUXEMBURG

Anspruch und diktatorischer Wirklichkeit im real existierenden Sozialismus der DDR widerspiegelte. Nur allzu gut wussten die DDR-Machthaber, dass man Luxemburgs Revolutionsschrift gegen den eigenen Staat wenden konnte. Ihr Plädoyer für Demokratie und Sozialismus war immer Inspiration nicht nur, aber besonders für Linke, die von einem dritten Weg zwischen Kapitalismus und Leninismus, nämlich von einem Sozialismus mit menschlichem Antlitz träumten. So wurde die griffige Formel von der Freiheit der Andersdenkenden zur zentralen Parole der DDR-Bürgerrechtsbewegung, die das morsche Regime im Herbst 1989 nolens volens zu Fall brachte.

Das Zitat ist so auch im wiedervereinigten Deutschland populär geblieben und wird heute in erster Linie als Ermahnung zur allgemeinen Toleranz im politischen Diskurs verwendet – und als Beleg der eigenen Liberalität. Darüber wäre Luxemburg mit Sicherheit sehr befremdet. Eine Liberale war sie trotz ihrer Opposition zu Lenins Parteidiktatur nie. So sehr sie davon überzeugt war, dass Sozialismus individuelle Freiheit braucht, so sehr glaubte sie, dass der ausbeuterische Kapitalismus historisch überwunden werden muss.

ROSA LUXEMBURG

Selbstbestimmte Frau, Jüdin und Sozialistin: In der patriarchalen, autoritären Gesellschaft des deutschen Kaiserreichs war die 1871 in Polen geborene Tochter eines Holzhändlers in vielerlei Hinsicht eine Provokation. Aber selbst Gegner sprachen der promovierten Nationalökonomin ihre intellektuelle und rhetorische Brillanz nicht ab. In Opposition zur Parteiführung stieg Rosa Luxemburg Anfang des 20. Jahrhunderts zur Sprecherin des linken Flügels der deutschen Sozialdemokratie auf, warb für Massenstreiks und auch nach Kriegsbeginn für konsequenten Pazifismus. Nach dem Sturz der Monarchie strebte sie statt einer Parlaments- eine Rätedemokratie an. Im Zuge des »Spartakus-Aufstands« im revolutionären Nachkriegsberlin des Januar 1919 wurde sie zusammen mit Karl Liebknecht von extremistischen Freikorpssoldaten aufgegriffen, misshandelt und erschossen.

»Das Alte, Morsche ist zerbrochen!«

PHILIPP SCHEIDEMANN

Anfang November 1918 überstürzten sich die Ereignisse. Die Soldaten waren kriegsmüde, sie wollten Frieden und endlich wieder satt werden. Die Menschen zu Hause waren zum Teil verarmt und hungerten ebenfalls. Immer mehr begehrten gegen die Obrigkeit auf und forderten den Sturz des Kaisers. In Wilhelmshaven und Kiel verweigerten sich Matrosen einem Marschbefehl, Arbeiter- und Soldatenräte übernahmen unter dem Banner der roten Fahne die Macht. Von der Küste sprang der revolutionäre Funken schnell ins Landesinnere über und entfachte einen Flächenbrand: Am 9. November kollabierte in der Reichshauptstadt Berlin die jahrhundertealte Monarchie unter den Demonstrationszügen der Massen. Kurz nachdem Prinz Max von Baden eigenmächtig die Abdankung des Kaisers verkündet hatte, trat der Sozialdemokrat Philipp Scheidemann am frühen Nachmittag an ein Fenster des Reichstags, wo sich zahlreiche protestierende Arbeiter und Soldaten versammelt hatten. In einer flammenden Rede proklamierte er den Sieg des deutschen Volkes »auf ganzer Linie« und rief der jubelnden Menge zu: »Das Alte und Morsche, die Monarchie ist zusammengebrochen. Es lebe das Neue! Es lebe die Deutsche Republik!«

Diese Sätze wurden berühmt, weil sie prägnant den Übergang von der Monarchie zur demokratischen Republik in Deutschland beschrieben. Tatsächlich war zu diesem Zeitpunkt offiziell noch gar keine Entscheidung über die Staatsform gefallen. Und es ist nicht einmal klar, ob diese Rede wirklich in dem Wortlaut gehalten wurde, wie sie Scheidemann später auf Schallplatte sprach und in seinen Memoiren wiedergab. Die zeitgenössischen Berichte unterscheiden sich teilweise erheblich, wenn sie die Rede überhaupt erwähnen. Es ist nicht einmal gesichert, ob er damals wirklich im wörtlichen Sinn die Republik ausrief oder »nur« den Sturz der Dynastie, des »Alten und Morschen«, verkündete; womöglich fügte der spätere Ministerpräsident seiner Rede erst im Nachhinein die pathetische Proklamation der Republik hinzu, und zwar mit Kenntnis der weiteren Entwicklung.

Viele Sozialdemokraten trieb in diesen wirren Revolutionstagen im November vor allem die Angst vor Verhältnissen wie in Russland um, wo ein Jahr zuvor der Zar im Namen des Kommunismus gestürzt worden war und seitdem Gewalt und Terror herrschten. Zudem verkündete fast zeitgleich mit Scheidemann an jenem

9. November nur wenige Meter entfernt sein ehemaliger Parteigenosse Karl Liebknecht vom Balkon des Berliner Schlosses die »Freie Sozialistische Republik Deutschlands«. Scheidemann wollte wohl mit seiner nicht mit Parteigenossen abgestimmten, spontan improvisierten Rede die Kontrolle über die revolutionären Massen wiedergewinnen und den Aufstand in Richtung der angestrebten parlamentarischen Demokratie lenken. Dass Sozialdemokraten auch bereit waren, mit den Kräften des »Alten, Morschen« zusammenarbeiten, um dieses Ziel durchzusetzen, wurde schnell deutlich. Bei der brutalen Niederschlagung des kleinen kommunistischen Aufstands in Berlin im Januar 1919, des »Spartakusaufstands« unter Führung von Liebknecht und Luxemburg, setzten Sozialdemokraten auch gezielt auf die Hilfe monarchistisch eingestellter Militärverbände.

Mit der Inkraftsetzung der Weimarer Reichserfassung am 14. August 1919 etablierte sich in Deutschland die erste Demokratie der Geschichte, die allerdings auf weitgehend alten gesellschaftlichen Fundamenten aufbaute. Ein Staat entstand, der nicht nur die Grundrechte, sondern allen das Wahlrecht und arbeitsrechtliche Mindeststandards sicherte. In Bürokratie, Militär und auch Wirtschaft änderte sich aber nur wenig. Dass das monarchistische »Alte, Morsche« so viel Macht behielt, sollte sich als schwere Hypothek für die Weimarer Republik erweisen.

PHILIPP SCHEIDEMANN

Philipp Scheidemann, 1865 geboren, stammte aus einer Kasseler Handwerksfamilie und durchlief im Kaiserreich eine sozialdemokratische Musterkarriere. Der gelernte Schriftsetzer und begabte Redner arbeitete zunächst als Redakteur in Parteiorganen, bevor er als Vertreter des gemäßigten »pragmatischen« Flügels ab 1911 Führungsaufgaben in der Partei übernahm. Er verteidigte die Zustimmung der Sozialdemokraten zu den Kriegskrediten 1914 und gehörte im Oktober 1918 zu den sozialdemokratischen Mitgliedern der letzten monarchistischen Regierung unter Prinz Max von Baden. In den Wirren der Revolution wurde er im Februar 1919 erster Ministerpräsident der Republik, trat aber aus Protest gegen den Versailler Vertrag schon vier Monate später wieder zurück. Nach der Machergreifung Hitlers 1933 musste Scheidemann emigrieren und starb 1939 in Dänemark.

»Die deutsche Armee ist von hinten erdolcht worden«

PAUL VON HINDENBURG

Die erste deutsche Demokratie ging aus der katastrophalen Niederlage des Ersten Weltkriegs hervor. Das machte es ihren Gegnern leicht, sie zu diffamieren. Die fast taggenaue Gleichzeitigkeit von Revolution und Kriegsende schien das eine Ereignis zur Bedingung des anderen zu machen. Früh streuten politisch frustrierte Anhänger und Nutznießer des untergegangenen Kaiserreichs die Legende, nicht die Überlegenheit des Gegners und militärisch-politische Fehlentscheidungen, sondern mangelnder Rückhalt an der Heimatfront – in Form von Streikbewegungen und Friedensbemühungen linker Parteien – hätte die deutsche Niederlage verschuldet. »Die deutsche Armee ist von hinten erdolcht worden«, ereiferte sich am 18. November 1919 Generalfeldmarschall Paul von Hindenburg vor dem parlamentarischen Untersuchungsausschuss, wobei er die Aussage eines englischen Generals zitierte. In seinen Memoiren von 1920 griff Hindenburg die Metapher erneut auf und verband sie mit dem mittelalterlichen *Nibelungenlied,* dem Nationalmythos der Deutschen: »Wie Siegfried unter dem hinterlistigen Speerwurf des grimmigen Hagen, so stürzte unsere ermattete Front«.

Das einprägsame Bild vom Dolchstoß, das Assoziationen von Feigheit und Hinterlist weckte, verbreitete sich schnell in der Öffentlichkeit und entwickelte eine folgenschwere Langzeitwirkung. Denn Hindenburg, der populäre »Sieger von Tannenberg«, galt für viele als glaubhafter Kronzeuge der »Dolchstoßlegende«, die bereits gegen Ende des Kriegs in rechten Kreisen die Runde machte. Ihr zufolge waren die im Felde unbesiegten Soldaten von der im Oktober 1918 gebildeten parlamentarischen Regierung verraten und dadurch um ihren verdienten Sieg gebracht worden. Hindenburg, der selbst bis zum Ende des Kriegs an der Spitze der Heeresleitung stand, wusste genau, dass er mit seinem Satz die historischen Tatsachen verdrehte. Nach dem Scheitern der großen Frühjahrsoffensive im Westen 1918 war ihm klar gewesen, dass eine deutsche Niederlage unvermeidlich war. Im Oktober drängte er höchstpersönlich zu Verhandlungen über den Waffenstillstand, die er dann wohlweislich von Zivilisten führen ließ, um von seiner Verantwortung abzulenken – vielleicht das erfolgreichste, wenn auch fatalste Manöver seiner Laufbahn.

Die an antisemitische Verschwörungsmythen erinnernde Legende entwickelte sich zum erfolgreichsten Slogan der antirepublikanischen Propaganda, die bis in das gebildete Bürgertum hinein Resonanz fand. Sie untergrub die moralische Legitimität von Demokratie und Parlamentarismus in den 1920er-Jahren nachhaltig und diente nicht zuletzt als Rechtfertigung für rechtsradikale Mordanschläge. Der als »Novemberverbrecher« beschimpfte Unterzeichner des Versailler Vertrags, der Zentrumspolitiker Matthias Erzberger, starb im Sommer 1921 bei einem Spaziergang im Schwarzwald im Kugelhagel. Auch Adolf Hitler bediente sich der Legende vom Dolchstoß, um der Republik ihre Rechtmäßigkeit abzusprechen. 1933 versetzte er mit seiner Nationalsozialistischen Arbeiterpartei dem demokratischen »Dolchstoß-System« seinerseits den Todesstoß.

Die »Dolchstoßlegende« ist Geschichte geworden, doch die Metapher vom »Dolchstoß von hinten« wird bis heute gerne in der politischen Kommunikation verwendet, wenn ein ambitioniertes Vorhaben wegen interner Widerstände nicht verwirklicht werden kann.

PAUL VON HINDENBURG

Der 1847 geborene Offizierssohn aus altem ostpreußischem Adel machte nach 1871 eine steile Karriere in der kaiserlichen Armee. Als erfolgreicher Oberbefehlshaber Ost wurde Paul von Hindenburg zum populärsten Heerführer des Ersten Weltkriegs. 1916 übernahm er zusammen mit Erich Ludendorff die Oberste Heeresleitung und faktisch auch das politische Ruder des Kaiserreichs. Dessen Zusammenbruch 1918 und die Einsetzung der Republik änderten nichts am Siegermythos Hindenburgs in der breiten Bevölkerung. Trotz seiner Skepsis gegenüber der Weimarer Demokratie wurde er auf Betreiben der Konservativen, später auch unter Zustimmung der Sozialdemokraten, zweimal zum Reichspräsidenten gewählt. Wie groß seine Rolle wirklich bei der verhängnisvollen Ernennung Hitlers zum Reichskanzler am 30. Januar 1933 war, ist umstritten. Sicher ist: Als Hindenburg am 2. August 1934 starb, war die nationalsozialistische Diktatur endgültig errichtet.

»Der Untergang des Abendlandes«

OSWALD SPENGLER

Finanzkrise, Bildungskrise, Migrationskrise, Eurokrise und nicht zuletzt die Coronakrise – seit Jahren herrscht in Deutschland ein starkes Krisenbewusstsein auf fast allen Ebenen. Wir sind Zeugen eines tiefen Wandels, der bei nicht wenigen Menschen Ängste auslöst und vielfach als Zerfall des Bekannten und Bewährten empfunden wird. »Der Untergang des Abendlandes« scheint bevorzustehen. Diese Wendung ist auch der Titel eines berühmten, aber heute kaum noch gelesenen kulturphilosophischen Monumentalwerks von 1918/22. Als Kurzformel für extremen Pessimismus ist sie lange Zeit meist ironisch und eher im privaten Kontext verwendet worden, wenn jemand einen Vorfall allzu wichtig nimmt. In den letzten Jahren wurde sie insbesondere von Rechtspopulisten aufgegriffen, die Furcht vor einer »Islamisierung des Abendlandes« und damit vor seinem Untergang schüren wollen. Der Begriff des (christlichen) Abendlandes hat seither als Abgrenzung zum Islam wieder an zweifelhafter Popularität gewonnen.

Das Werk Oswald Spenglers verdankte seine enorme Beliebtheit und Wirkmächtigkeit in den 1920er-Jahren wesentlich der Tatsache, dass große Teile der bürgerlichen Bildungselite die Weimarer Demokratie verachteten und sie als System des Verfalls betrachteten. In seinem über tausendseitigen Wälzer versuchte der Münchner Privatgelehrte, die gesamte Weltgeschichte als eine organische Abfolge von Hochkulturen darzulegen. Analog zu den Altersstufen eines Menschen durchlaufen sie einen immer gleichen Reifungsprozess, der vom Aufstieg über die Blütezeit schließlich zum Untergang führt. Die abendländische Kultur sei ab dem 19. Jahrhundert in eine Phase des kulturellen Zerfalls eingetreten, der mit einem zunehmenden Bedeutungsverlust der Religion und moralischer Werte einherginge. Als konkrete Auswirkungen dieser Tendenzen sah er den Kapitalismus und die liberale Demokratie an. Die Herrschaft des Geldes und die Herrschaft des Parlaments waren für Spengler gleich verachtenswert, weil sie beide den Niedergang der Kultur zu einer seelen- und geschichtslosen Zivilisation symbolisierten.

Spenglers Verfallstheorien trafen den Nerv eines nach der Katastrophe des Ersten Weltkriegs zutiefst verunsicherten Bürgertums. Für diese Menschen war die Ablösung der traditionellen monarchischen Ordnung mit ganz konkreten Verlustängsten verbunden. Der Philosoph wurde zum Aushängeschild der »konservativen

Revolution«, einer doch heterogenen nationalkonservativen Sammelbewegung in den 1920er- und frühen 1930er-Jahren, in der auch der Staatsrechtler Carl Schmitt oder der Schriftsteller Ernst Jünger ihren Platz fanden. Sie einte die Gegnerschaft zu »undeutscher« Demokratie und Liberalismus.

Wegen ihrer antidemokratischen Opposition zur Weimarer Republik gelten die »konservativen Revolutionäre« heute als wichtige intellektuelle Wegbereiter der Nationalsozialisten. Spengler selbst hatte die nationalistische Diktatur eines Cäsaren vorhergesagt. Doch anders als er glaubte, bedeuteten die zwölf Jahre des Nationalsozialismus in Deutschland tatsächlich den moralischen Untergang des Abendlandes. Den Nachkriegsjahren in der Bundesrepublik kam dann die Aufgabe zu, die humanistischen geistig-kulturellen Grundlagen des Abendlandes glaubhaft wieder zu reanimieren.

OSWALD SPENGLER

Oswald Spengler, 1880 geboren, war ein sensibler geistiger Seismograf seiner Zeit. Universell interessiert wie er war, studierte er neben geisteswissenschaftlichen Fächern auch Mathematik und Naturwissenschaften. Nach seiner Promotion zum Doktor der Philosophie arbeitete Spengler zunächst als Gymnasiallehrer, bis er sich dank einer Erbschaft nach 1911 in dem Münchner Künstlerviertel Schwabing als Privatgelehrter niederlassen konnte. In den folgenden zehn Jahren schrieb er an seinem monumentalen kulturphilosophischen Werk *Der Untergang des Abendlandes*, dessen Erscheinen ihn nach der Katastrophe des Weltkriegs in ganz Deutschland schlagartig berühmt machen sollte. Trotz ideologischer Nähe verweigerte Spengler sich stets einer aktiven Mitarbeit in der NSDAP. Er verachtete die Rohheit der Parteiführer und Primitivität des Antisemitismus. Vom NS-Regime weitgehend totgeschwiegen, starb er 1936 in München völlig vereinsamt.

»Der Feind steht rechts!«

JOSEPH WIRTH

Am 25. Juni 1922 war die Stimmung im Reichstag äußerst aufgeheizt. Einen Tag zuvor hatten rechtsextremistische Attentäter Außenminister Walther Rathenau während der Fahrt von seiner Villa in Berlin-Grunewald ins Ministerium mit mehreren Schüssen getötet. Der liberale Politiker war Teil der Regierung Wirth gewesen, die wenige Monate zuvor die horrenden Reparationsverpflichtungen der Siegermächte des Ersten Weltkriegs akzeptiert hatte. Wegen seiner jüdischen Herkunft wurde er in der rechten Presse als personifiziertes Feindbild einer »Erfüllungspolitik« dargestellt, die die deutschen Interessen verraten hätte. Die Hetze gegen ihn gipfelte in einer gereimten Aufforderung zum Attentat: »Knallt ab den Walther Rathenau. Die gottverfluchte Judensau.«

Bereits seit einem Jahr hielt der militante Rechtsextremismus die junge Republik in Atem. Der Sozialdemokrat Philipp Scheidemann etwa war bei einem Anschlag nur knapp dem Tod entkommen. Doch erst der Mord an dem hochangesehenen Rathenau wühlte die breite deutsche Öffentlichkeit wirklich auf. »Mörder«-Rufe schallten durch das Plenum, als Reichskanzler Joseph Wirth eine Rede im Parlament zur Abrechnung mit der politischen Rechten nutzte. Er bezichtigte sie der hemmungslosen Hetze gegen die Republik und warf ihr vor, ein Klima geschaffen zu haben, in dem auch Mord als legitimes Mittel im politischen Kampf erschien. Leidenschaftlich rief er zur Verteidigung einer Demokratie auf, die auf Toleranz, Zusammenarbeit, Frieden und Verständigung basiert. Am Ende zeigte er auf die Fraktion der Deutschnationalen Volkspartei (DNVP) zu seiner Rechten und rief erregt: »Da steht der Feind, der sein Gift in die Wunden eines Volkes träufelt – Da steht der Feind – und darüber ist kein Zweifel: Dieser Feind steht rechts!«.

»Der Feind steht rechts!« Bisher hatten nur Sozialdemokraten wie Philipp Scheidemann und Friedrich Ebert mit dieser Parole in ihren Reden und Schriften klar Position gegen Antidemokraten im »nationalen« Lager bezogen. Nun aber warf auch ein Zentrumspolitiker offen der nationalen Rechten den politischen Fehdehandschuh hin. Eine starke republikanische Front nicht nur gegen die Kommunisten, sondern auch gegen die Demokratiefeinde von rechts erschien damit plötzlich möglich. Einen Monat später wurde erstmals ein »Republikschutzgesetz« verabschiedet, das politisch motivierte Mordverschwörungen unter schwere

Strafe stellte und das Verbot extremistischer Organisationen erlaubte. Doch gerade in der Justiz gab es viele Sympathisanten der politischen Rechte, sodass das Gesetz gegen sie oft nicht wirksam angewandt wurde. Auch scheiterte bereits im November 1922 der Versuch, alle demokratischen Kräfte von SPD bis zur Deutschen Volkspartei in einer »Weimarer Koalition« zusammenzuführen. In der Folge gewannen die staatstragenden Parteien (SPD, Zentrum, DDP) kaum noch parlamentarische Mehrheiten. Selbst als sich ab 1924 die Republik stabilisierte und viele Menschen zu relativem Wohlstand gelangten, blieben große Teile des Bürgertums auf Distanz zum »System«.

Seit in Deutschland mit der AfD wieder rechtsnationalistische Kräfte im Bundestag sitzen, ist die Parole Wirths nicht nur unter sozialdemokratischen Abgeordneten wieder populär geworden. Nach der Ermordung des Kasseler Regierungspräsidenten Walter Lübcke durch Rechtextremisten im Juni 2019 sprach der ehemalige CDU-Generalsekretär Peter Tauber in der *Welt* von der Gefahr der neuen rechtsextremen Netzwerke für die Demokratie. Der Titel des Artikels zitierte Wirth: »Dieser Feind steht rechts«.

JOSEPH WIRTH

Der studierte Sozialökonom und Mathematiklehrer Joseph Wirth, geboren 1879 in Freiburg im Breisgau, galt innerhalb der Zentrumspartei wegen seines kompromisslosen Bekenntnisses zur Republik und einer konsequenten Sozial- und Verständigungspolitik als politischer Außenseiter. Während seiner kurzen Kanzlerschaft 1921/22 war er wesentlich am Abschluss des Rapallo-Vertrags mit Russland beteiligt, der die Anerkennung der Sowjetrepublik bedeutete. Nach der Machtergreifung Hitlers emigrierte Wirth in die Schweiz, blieb aber als Exilpolitiker auf dem internationalen diplomatischen Parkett präsent. Auch nach dem Zweiten Weltkrieg hielt der Anhänger eines militärisch neutralen Gesamtdeutschlands intensiven Kontakt mit Ostberlin und Moskau. Ein Jahr vor seinem Tod 1956 erhielt er den Stalin-Friedenspreis der DDR.

»Ich bin von Kopf bis Fuß auf Liebe eingestellt«

MARLENE DIETRICH

In einer verruchten Varieté-Bar sitzt sie mit einem Zylinder auf dem Kopf auf einem Holzfass. Lasziv winkelt sie ihr rechtes Bein an, der Rock rutscht hoch, sodass die Strapse zu sehen sind. Sie blickt in den Zuschauerraum und beginnt zu singen: »Ich bin von Kopf bis Fuß auf Liebe eingestellt, denn das ist meine Welt, und sonst gar nichts«. In dieser Szene aus dem Film *Der blaue Engel* von Josef von Sternberg aus dem Jahr 1930 verfällt der steife Professor Unrat der Sängerin Lola Lola. Und mit ihm verliebte sich ein Millionenpublikum in die bis dahin fast unbekannte Schauspielerin Marlene Dietrich. Ihr Erfolg war eng verknüpft mit dem Siegeszug des Kinos, der in Deutschland nach dem Krieg einsetzte. In der Weimarer Republik hatte sich der Film zu einem einflussreichen Massenmedium entwickelt, mit dem Weltbilder transportiert und Schauspieler und Schauspielerinnen zu umjubelten Stars gemacht werden konnten. In keinem Land gab es in den Goldenen Zwanzigern mehr Kinos als in Deutschland. Nur im kalifornischen Hollywood wurden mehr Filme produziert als in den UFA-Studios von Berlin-Babelsberg.

Die ikonische Szene aus dem *Blauen Engel* – einem der ersten Tonfilme und längst ein Klassiker der deutschen Filmgeschichte – machte »die Dietrich«, wie sie bald nur noch genannt wurde, nicht nur zu einem Star, sondern auch zu einem Symbol. Sie galt von nun an als Prototyp der modernen emanzipierten Frau, die ihre Wünsche und Ansprüche offen artikuliert – hier in ihrer erotischen Variante als verführerische Femme fatale. So wie Kunst und Kultur durch die weitgehende Aufhebung von Zensur in den 1920er-Jahren insbesondere in den Großstädten eine neue Blüte erlebten und sich avantgardistische Strömungen neue Freiräume erobern konnten, brachte die erste deutsche Demokratie einen ersten Durchbruch auf dem Weg zur rechtlichen und politischen Emanzipation der Frau. In der Weimarer Verfassung war die staatsbürgerliche Gleichberechtigung von Mann und Frau festgeschrieben worden: Frauen durften jetzt wählen und somit an politischen Entscheidungsprozessen mitwirken. Auch gingen sie nun vermehrt einer Erwerbsarbeit nach, wobei ihnen erstmals auch bislang verwehrte freie bzw. akademische Berufe wie Rechtsanwältin, Richterin oder Börsenmaklerin offenstanden. Doch nach wie vor waren sie aber bei Berufswahl und -ausübung von dem Einverständnis des Vaters oder Ehemanns abhängig.

Das neue Lebensgefühl der modernen, selbstbewussten, unabhängigen Frau sprach vor allem die jungen Frauen an. Es fand seinen Ausdruck unter anderem in einem androgyn-sportlichen Modestil, wie er vermehrt in den Massenmedien wie den zahllosen Zeitschriften jener Zeit oder eben dem Film propagiert wurde. Bevorzugt mit einer Zigarette in der Hand, trugen Frauen in der Freizeit kniekurze, taillenlose Hängerkleider (»Charlestonkleid«) oder sogar Hosen – insbesondere die weit geschnittenen »Marlene-Dietrich-Hosen« – und einen kurzen »Bubikopf«. Nicht zuletzt äußerte sich die neue Freiheit bzw. Freizügigkeit aber auch in einer Lockerung der öffentlichen Sexualmoral. Im vibrierenden Nachtleben von Berlin sah man Frauen Alkohol trinken, (fast) nackt tanzen – man denke an Josephine Baker – und offen flirten. Lesbische Frauen konnten, anders als schwule Männer, ihre Neigung straffrei in der Öffentlichkeit ausleben. Das alles war mit der Machtübernahme der Nazis schnell wieder vorbei. »Ich bin von Kopf bis Fuß auf Liebe eingestellt« – die Zeile aus dem berühmten Chanson von Friedrich Hollaender hat sich als Erinnerung an die kurze wilde Zeit zwischen den Kriegen ins kollektive Gedächtnis eingebrannt und wird bis heute zitiert, wenn sich jemand einer Sache voll und ganz verschrieben hat. Dabei muss es nicht einmal die Liebe sein.

MARLENE DIETRICH

Die Rolle der Lola in *Der blaue Engel* machte Marlene Dietrich (geboren 1901) zur Stilikone des noch jungen Mediums Film und ebnete ihr den Weg nach Hollywood. Die ausgebildete Konzertgeigerin aus einer Berliner Offiziersfamilie drehte in den USA ab den 1930er-Jahren zahllose Filme unter Regiegrößen wie Alfred Hitchcock oder Ernst Lubitsch. Alle Angebote aus dem ihr verhassten nationalsozialistischen Deutschland lehnt die schnell etablierte Hollywood-Diva ab. Stattdessen trat sie 1942/43 – inzwischen US-Staatsbürgerin – vor amerikanischen Truppen auf. Ihr Verhältnis zur Heimat blieb auch nach dem Krieg schwierig. Ab 1976 zog sie sich in ihre Pariser Wohnung zurück, wo sie 1992 starb. Ihre letzte Ruhe fand sie wunschgemäß in Berlin-Friedenau.

»In zwei Monaten haben wir Hitler in die Ecke gedrückt, dass es quietscht«

FRANZ VON PAPEN

Jahreswende 1932/33: Seit gut zwei Jahren bestand die Weimarer Demokratie eigentlich nur noch auf dem Papier. Im Reichstag war die Nationalsozialistische Arbeiterpartei Adolf Hitlers stärkste Fraktion. Die Macht hatte sich vom Parlament auf die Träger der alten Machteliten um Reichspräsident Paul von Hindenburg verlagert, die alles daransetzten, die sozialen und demokratischen Errungenschaften der Revolution von 1918 zurückzunehmen. Ihr Ziel war die Einsetzung eines autoritären antidemokratischen Präsidialregimes. Intern umstritten war dabei, wie weit die Nationalsozialisten eingebunden werden sollten. Es war vor allem Hindenburgs Vertrauter Franz von Papen, der nach dem Scheitern seines eigenen Präsidialkabinetts Ende 1932 glaubte, politisch von der Popularität Hitlers profitieren zu können, und ihm damit in den Januarwochen 1933 hinter den Kulissen den Weg in die Berliner Reichskanzlei ebnete. In einem Koalitionsgespräch am 4. Januar in Köln akzeptierte er den Führungsanspruch Hitlers – und fühlte sich dennoch als Sieger, als Hindenburg am 30. Januar 1933 das neue Kabinett mit ihm als Vizekanzler vereidigte. Von Papen glaubte, Hitler mithilfe der großen Mehrheit von deutschnationalen Ministern in Schach halten zu können. Zu einem konservativen Kritiker, dem späteren Widerstandskämpfer Ewald von Kleist-Schmenzin, sagte er die Worte, die als fatalstes Fehlurteil in die deutsche Geschichte eingegangen sind: »Was wollen sie denn? Ich habe das Vertrauen Hindenburgs. In zwei Monaten haben wir Hitler in die Ecke gedrückt, dass es quietscht.«

Tatsächlich redete zwei Monate später kein Mensch mehr über von Papen und seine deutschnationalen Kabinettskollegen. Es wurde sehr schnell klar, wohin der Weg führte: Hitler wollte eine nationalsozialistische Diktatur, woraus er ja auch keinen Hehl gemacht hatte. Nicht er, sondern von Papen wurde in die Ecke gedrückt und verlor schnell jeglichen politischen Einfluss. Am 1. Juli 1934 trat er aus der Regierung aus. Einen Tag zuvor waren im Zuge der von den Nationalsozialisten als »Röhm-Putsch« verschleierten Mordaktion parteiinterne Hitlergegner, aber auch konservative Regimekritiker wie der letzte Reichskanzler der Weimarer Republik Kurt von Schleicher von der SS beseitigt worden. Nur seinen guten Beziehungen zu den höchsten Kreisen verdankte von Papen sein Leben.

Von Papens Fehleinschätzung steht stellvertretend für die Ignoranz großer Teile der konservativen Eliten gegenüber dem absoluten Machtanspruch Hitlers. Bis zuletzt glaubten viele fest an ihre politische Überlegenheit und hielten Hitler für ein willkürlich manipulierbares Werkzeug zur Durchsetzung der eigenen Ziele. Reichspräsident Hindenburg soll noch im Januar 1933 abfällig von Hitler als »böhmischem Gefreiten« gesprochen haben, den er »nicht einmal zum Postminister« ernennen wolle. Hitler, der keinen regulären Schulabschluss besaß und keine Ausbildung abgeschlossen hatte, ja bis 1932 noch nicht einmal deutscher Staatsbürger war, wurde er so lange unterschätzt, bis es zu spät war.

Ein anderes Mitglied im ersten Kabinett Hitler erkannte schnell seinen Irrtum. So soll der Vorsitzende der Deutschnationalen und Hitlers erster Wirtschaftsminister, der Pressezar der Weimarer Republik Alfred Hugenberg am 31. Januar gesagt haben: »Ich habe gestern die größte Dummheit meines Lebens gemacht: ich habe mich mit dem größten Demagogen der Weltgeschichte verbündet.«

FRANZ VON PAPEN

Aus einer alteingesessenen westfälischen Adelsfamilie stammend durchlief Franz von Papen (1879–1969) im Kaiserreich eine standesgemäße militärische Ausbildung, die ihn 1913 bis in den Generalstab brachte. Nach aktiver Teilnahme im Ersten Weltkrieg erklärte er 1918 seinen Abschied vom Militär, weil er der Weimarer Republik nicht als Soldat dienen wollte. Stattdessen kämpfte er als Rechtsaußen der Zentrumspartei im Parlament für die langfristige Wiederherstellung einer christlichen Monarchie. 1946 wurde er im Nürnberger Kriegsverbrecherprozess zwar freigesprochen, aber wenig später in einem Entnazifizierungsverfahren zu acht Jahre Arbeitslager verurteilt, wobei er nach drei Jahren freikam. Seine beiden Autobiografien von 1952 und 1968 gelten als Musterbeispiele politisch naiver Rechtfertigungsliteratur.

»Ich kann gar nicht so viel essen, wie ich kotzen möchte«

MAX LIEBERMANN

Berlin, 30. Januar 1933: Mit Fackeln in der Hand zogen Tausende uniformierte SA-Angehörige in der Dunkelheit des Abends über die Allee Unter den Linden und sangen nationalsozialistische Kampflieder. Mit tiefer Sorge beobachtete der langjährige Präsident der Preußischen Akademie der Künste, Max Liebermann, von seinem Haus am Pariser Platz aus das gruselige Spektakel. Wenige Stunde zuvor war Adolf Hitler von Reichspräsident Paul von Hindenburg zum Reichskanzler des Deutschen Reichs ernannt worden. Dass die braunen Schlägertruppen der sogenannten Sturmabteilung, die auf den Straßen vieler deutscher Großstädte Angst und Schrecken verbreitet und Linke und andere Nazigegner terrorisiert hatten, nun als eine Art neuer Staatsschutz auftraten, ließ den deutschen Maler als Jude das Schlimmste befürchten. Angewidert soll er das Treiben mit derber »Berliner Schnauze« kommentiert haben: »Ich kann gar nicht so viel essen, wie ich kotzen möchte.«

Ob er diese Worte an jenem historischen Tag wirklich sagte, weiß keiner so genau. Doch sie machten schnell unter Zeitgenossen die Runde und fanden sich in Publikationen der nächsten Jahre immer wieder in verschiedenen Varianten (»man kann nich halb so viel essen, wie man kotzen möchte«). So verselbstständigten sich die Worte. Treffender konnte die Abscheu vieler Intellektueller und kritischer Geister vor den Nationalsozialisten und ihren Taten gar nicht ausgedrückt werden. Und schneller, als selbst die ärgsten Gegner prophezeit hatten, setzte Hitler seine Absichten in die Tat um. Bereits im März 1933 waren mit dem »Ermächtigungsgesetz« die Grundrechte außer Kraft gesetzt, hatte das Parlament der Regierung die volle gesetzgebende Gewalt übertragen. Im Sommer wurden konkurrierende Parteien verboten bzw. lösten sich freiwillig auf. Zu dieser Zeit hatte auch die Verfolgung politisch oder anderweitig unerwünschter Personen längst begonnen. In Dachau bei München hatte die Schutzstaffel (SS) das erste »ordnungsgemäße« Konzentrationslager errichtet, das zum Prototyp der zahlreichen Lager wurde, die in den Jahren bis zum Kriegsausbruch nach und nach im ganzen Land entstanden. Erste Leidtragende waren auch die deutschen Juden. Begleitet von einer immer offener betriebenen antisemitischen Hetzkampagne begann mit dem Machtantritt der Nationalsozialisten 1933 ihre systematische Entrechtung und Diskriminierung, bis sie schließlich 1939 gesellschaftlich völlig isoliert waren.

Diese katastrophalen Entwicklungen erlebte Liebermann nicht mehr mit. 1935 starb er – inzwischen gemieden von der Berliner Gesellschaft – verbittert in seinem Stadthaus. Als die Nationalsozialisten im Frühjahr 1933 mit der »Säuberung« der deutschen Kunstszene begannen, war auch er mit Berufsverbot belegt worden. Liebermann trat aus der Akademie der Künste aus und zog sich ins Privatleben zurück. Sein drastischer Satz »Ich kann gar nicht so viel fressen, wie ich kotzen möchte« wird heute noch als Ausdruck von heftigem Missfallen zitiert. Doch was auch immer der Auslöser für den Frust sein mag, dem man mit diesen Worten Ausdruck verleihen will – selten handelt es sich wohl um eine so tiefe existenzielle Bedrohung und Ratlosigkeit, wie sie Liebermann damals empfand.

MAX LIEBERMANN

Liberaler Großbürger, Modernist und Jude: Für die Nationalsozialisten verkörperte der national wie international hochgeachtete Maler Max Liebermann (1847–1935) all das, was sie an der Weimarer Republik hassten. Anfangs vor allem als Realist und Naturalist an der Darstellung der vermeintlichen Wirklichkeit interessiert, wurde der Berliner Künstler später zum wohl bedeutendsten Vertreter des deutschen Impressionismus, der die subjektive Wahrnehmung ins Zentrum der Malerei stellt. Als Mitbegründer der »Berliner Secession« im deutschen Kaiserreich und Organisator der Großen Berliner Kunstausstellungen der Jahrhundertwende war er mitverantwortlich, dass sich die deutsche Kunstwelt modernen internationalen Stilrichtungen öffnete. Ab Mitte der 1920er-Jahre zog er sich immer mehr in sein Landhaus am Wannsee zurück – nur wenige Meter von der Villa entfernt, in der am 20. Januar 1942 Ablauf und Organisation der Ermordung der europäischen Juden beschlossen wurde.

»Dort, wo man Bücher verbrennt, verbrennt man auch am Ende Menschen«

HEINRICH HEINE

Neue Ideen verändern die Sicht auf die Welt. Sie können Machtstrukturen gefährden, wenn sie in der Gesellschaft verbreitet werden – öffentlich gemacht in Schriften oder Büchern. Bis weit in die Neuzeit hinein griffen die Mächtigen gerne zum Mittel der publikumswirksamen Bücherverbrennung, um symbolisch das zu zerstören, was nicht gedacht, geglaubt, gehofft bzw. wofür nicht gekämpft werden durfte. Bis zum 18. Jahrhundert war es vor allem die Kirche, die mit dem Verbrennen ketzerischer Schriften deren vermeintlich gefährliche Inhalte zu bannen hoffte. Zu Hochzeiten der heiligen Inquisition im Mittelalter wurden oft auch die Menschen, die missliebige Gedanken in die Welt setzten, auf dem Scheiterhaufen verbrannt. Ketzer durch den Feuertod von ihrer vermeintlichen Schuld zu »reinigen«, war gerade im Spanien Ende des 15. Jahrhunderts gängige Praxis, als Katholiken nach und nach muslimische Gebiete »zurückeroberten«. Zu dieser Zeit ließ Heinrich Heine seine Tragödie *Almansor* spielen, die er als Parabel für religiöse Toleranz im Jahr 1823 schrieb. Als darin der Muslim Hassan hört, dass im Zuge der christlichen Eroberung von Granada auch der Koran öffentlich verbrannt wurde, lässt ihn Heine in böser Vorausahnung sagen: »Das war ein Vorspiel nur, dort wo man Bücher verbrennt, verbrennt man auch am Ende Menschen.«

Ein Zitat, das sprichwörtlich geworden ist, allerdings im Zusammenhang mit einem viel späteren historischen Ereignis aus der Anfangszeit der Naziherrschaft, das wie kein anderes den vormodernen, inquisitorischen Charakter der nationalsozialistischen Ideologie offenbarte: die öffentlichen Bücherverbrennungen in siebzig deutschen Städten, vor allem in Universitätsstädten. Die Deutsche Studentenschaft organisierte diese mittelalterlich anmutenden Säuberungen zwischen Mai und Oktober 1933 als Höhepunkte der »Aktion wider den undeutschen Geist«. Ab Ende April durchforsteten Studenten und Lehrerschaft öffentliche und private Bibliotheken nach »zersetzendem undeutschem Schrifttum«. Auf »Schwarzen Listen« indizierte Bücher – vor allem Werke jüdischer, liberaler oder linker Autoren wie Karl Marx, Heinrich Heine, Heinrich und Thomas Mann, Erich Kästner oder Alfred Kerr – wurden von einem Stoßtrupp abtransportiert, an repräsentativen Orten der Stadt gesammelt und in nächtlicher Dunkelheit unter

»Feuersprüchen den Flammen übergeben«. Allein in Berlin wurden unter Begleitung des Reichspropagandaministers Goebbels in der Nacht des 10. Mai über 20 000 Bücher verbrannt.

»Dort wo man Bücher verbrennt, verbrennt man auch am Ende Menschen« – Heines Zitat hat sich vor allem deswegen so ins kollektive Gedächtnis eingeprägt, weil sich seine Prophezeiung über hundert Jahre später bewahrheitete: Aus den lodernden Scheiterhaufen voller Papier des Jahres 1933 wurden in der ersten Hälfte der 1940er-Jahren aufgestapelte Leichenberge und rauchende Verbrennungsöfen in den nationalsozialistischen Vernichtungslagern. Auf die geistige folgte die physische Vernichtung. Der Satz Heines steht heute auch auf einer Bronzeplatte neben dem Mahnmal auf dem Bebelplatz in der Mitte Berlins, dem historischen Ort der Bücherverbrennung – als zeitlose Mahnung dafür, in welche Barbarei geistige Intoleranz führen kann.

HEINRICH HEINE

Ob *Buch der Lieder* (1827), *Die Harzreise* (1826), *Die romantische Schule* (1836) und vor allem *Deutschland. Ein Wintermärchen* (1844): Mit seinen Gedichten, Epen, Reiseberichten und politisch-historischen Essays prägte Heinrich Heine (1797–1856) maßgeblich die deutsche Publizistik und Literatur des 19. Jahrhunderts. Der große Ironiker und begnadete Polemiker brachte eine neue Leichtigkeit in die deutsche Sprache und gilt heute als Begründer des Feuilletons. Aufgrund seiner jüdischen Herkunft und seiner liberal-demokratischen Haltung war der Sohn einer Düsseldorfer Kaufmannsfamilie und studierte Jurist im restaurativen Deutschland der ersten Hälfte des 19. Jahrhunderts ständigen Anfeindungen und Zensurmaßnahmen ausgesetzt. 1831 ging er nach Paris ins Exil, wo er, lange Zeit schwer krank, bis zu seinem Tod, fern von Deutschland, blieb. Er ist auf dem Pariser Friedhof Montmartre begraben.

»Seit 5.45 Uhr wird jetzt zurückgeschossen!«

ADOLF HITLER

Alles habe er versucht, um die seit dem Versailler Vertrag unter internationaler Kontrolle stehende Stadt Danzig friedlich wieder dem Deutschen Reich einzugliedern. Doch die Gegner Deutschlands hätten ihm letztlich eine Gewaltlösung aufgezwungen. Obwohl Hitler seit seinem Machtantritt 1933 alle außenpolitischen Ambitionen auf den geplanten großen Krieg ausrichtete, gab sich der deutsche Reichskanzler öffentlich stets als Mann des Friedens. Auch in der Rede am 1. September 1939 vor NS-Parteigängern im Reichstag, die den Militäreinsatz in Polen rechtfertigen sollte, reihte sich eine Lüge an die andere. »Polen hat heute Nacht zum ersten Mal auf unserem eigenen Territorium auch mit bereits regulären Soldaten geschossen«, ereiferte sich Hitler, bevor er unter dem Jubel der Anwesenden die Sätze herausschrie, die heute den Ausbruch des Zweiten Weltkriegs markieren: »Seit 5.45 Uhr wird jetzt zurückgeschossen! Und von jetzt ab wird Bombe mit Bombe vergolten!«

Nichts davon entsprach der Wahrheit. Weder hatten polnische Soldaten deutsches Territorium betreten, geschweige denn Bomben geworfen, noch hatten sie Deutsche beschossen, die sich nun wehren mussten. Einen Tag zuvor hatte eine Gruppe von SS-Leuten mehrere Grenzüberschreitungen vermeintlich polnischer Soldaten inszeniert, um einen propagandistischen Vorwand für den lange geplanten Überfall auf Polen zu liefern. Ja, noch nicht einmal die von Hitler genannte Uhrzeit stimmte. Die Uhr zeigte 4.47 Uhr, als im Danziger Hafen das deutsche Schulschiff »Schleswig-Holstein« ein polnisches Munitionslager auf der nördlich gelegenen Westerplatte unter Beschuss nahm und damit den Kampf um die strategisch wichtige Halbinsel eröffnete. Augenzeugenberichten zufolge war schon zehn Minuten zuvor eine deutsche Bomberstaffel aufgestiegen, um die damals an der Reichsgrenze zu Schlesien gelegene Kleinstadt Wielun unter Beschuss zu nehmen. Einen Tag später waren rund 1000 Polen und Polinnen bei insgesamt drei Luftangriffen getötet worden.

Den skrupellosen Angriff bewerten einige Historiker als erstes Kriegsverbrechen der Deutschen – verübt am ersten Tag eines »Blitzkriegs«, der sich bereits zwei Tage später durch die militärischen Solidaritätserklärungen Frankreichs und Großbritanniens zu einem europäischen Großkonflikt ausweitete. Im

Polenfeldzug zeigte sich schnell, was Hitler bereits in einer Geheimrede vor deutschen Offizieren 1933 verkündet hatte: Sein eigentliches Ziel war die »Eroberung neuen Lebensraums im Osten und dessen rücksichtslose Germanisierung«. Hinter der Front agierten denn auch von SS-Chef Heinrich Himmler zusammengestellte Einsatzgruppen, die gezielt »rassisch« oder politisch missliebige Personen beseitigten.

»Seit 5.45 Uhr wird jetzt zurückgeschossen«: Mit dieser sprichwörtlich gewordenen Lüge begann Hitler einen Krieg gegen Polen, der allein dort bis zu seinem Ende 1945 insgesamt 5,6 Millionen Menschen das Leben kostete, von denen mehr als 95 Prozent Zivilisten waren. Keine andere Nation hatte im Verhältnis zur Gesamtbevölkerung mehr Opfer zu beklagen.

ADOLF HITLER

Der Aufstieg Adolf Hitlers (1889–1945) wäre ohne sein Rednertalent kaum denkbar gewesen. Von den Bierzeltauftritten in München Anfang der 1920er-Jahre bis zu den großinszenierten Propagandareden vor Massenpublikum in den Wahlkämpfen der späten 1920er- und 1930er-Jahre: Seine Polemiken gegen Demokratie, Liberalismus und Judentum machten ihn zum unbestrittenen Agitator der »nationalsozialistischen Bewegung«, zum »Trommler« und Publikumsmagneten. Dabei waren Hitlers Redeauftritte genau geplant; die rhetorischen Inszenierungen seiner Demagogie folgten meist klaren Regeln. Zur Perfektionierung seiner Vortragskunst gab ihm der Operntenor Paul Devrient wohl 1932 Stimm- und Sprachunterricht. Hitlers Sprechpausen waren gezielt gesetzt, seine Argumentationskette folgte einem klaren Spannungsaufbau, vorgetragen in einem Tonfall, der sich von gelassen und ruhig am Anfang bis ins Hysterische am Ende steigerte. Nach 1933 sprach »der Führer« vor allem regelmäßig über den »Volksempfänger« zu seinem Volk. Seine Reden wurden mit Kriegsbeginn spürbar seltener. Nach dem Attentat vom 20. Juli 1944 verschwand Hitler fast vollständig aus der Öffentlichkeit.

»Es lebe die Freiheit!«

HANS SCHOLL

Es war der letzte Satz, den der 25-jährige Hans Scholl am 22. Februar 1943 etwa um 17 Uhr im Gefängnis München-Stadelheim sagte. Sekunden später trennte das Fallbeil den Kopf von seinem Körper. Er wurde wie seine Schwester Sophie und sein Freund Christoph Probst hingerichtet. Alle drei waren Mitglieder der antinazistischen Gruppierung »Weiße Rose« gewesen und vier Tage vorher verhaftet worden, als sie im Lichthof der Münchner Universität ein regimekritisches Flugblatt verteilten. Im Schnellverfahren verurteilte der »Volksgerichtshof« unter seinem Präsidenten Roland Freisler sie wegen »Wehrkraftzersetzung« und »Vorbereitung des Hochverrats« zum Tode. In der Folge wurden noch weitere Mitglieder der Widerstandsgruppe festgenommen, zu Haftstrafen verurteilt oder hingerichtet.

Bis heute sind die Geschwister Scholl als vor allem jugendliche Stimme des deutschen Gewissens die bekanntesten zivilen Protagonisten des Widerstands gegen das Naziregime – viele Filme erzählen von ihrem tragischen Schicksal, in keiner größeren Stadt fehlt ein Denkmal oder eine nach ihnen benannte Straße. Dass sie so populär wurden, liegt auch an der Motivation ihres Kampfes: einer konsequent liberal-humanistischen Haltung, an die die Bundesrepublik 1949 ideell anknüpfen wollte. Sie handelten aus der christlich fundierten Überzeugung, dass jede zivilisierte Herrschaft nicht auf Unterdrückung und Gleichschaltung, sondern auf der Gewissens- und Entscheidungsfreiheit des Einzelnen aufbauen müsse: »Im Namen der ganzen deutschen Jugend fordern wir vom Staat Adolf Hitlers die persönliche Freiheit, das kostbarste Gut der Deutschen zurück, um das er uns in der erbärmlichsten Weise betrogen hat«, hieß es im sechsten Flugblatt der »Weißen Rose«. Auch die letzten Worte Hans Scholls waren ein Plädoyer für den bis heute zentralen Wert des Grundgesetzes: »Es lebe die Freiheit!«

Bei anderen antinazistischen Gruppen fällt es oft schwerer, so eindeutige Anknüpfungspunkte für die Gegenwart zu finden. Nicht immer stand eine liberaldemokratische oder christliche Gesinnung hinter der Ablehnung des Naziregimes. Das galt etwa für den kommunistischen Widerstand, der bis 1990 in der DDR einseitig überhöht, in der Bundesrepublik dagegen marginalisiert, wenn nicht sogar gänzlich ignoriert wurde. Das galt aber auch mit Abstrichen für den bedeutendsten Akt des deutschen Widerstands: den gescheiterten Staatsstreich vom 20. Juli 1944. Monatelang hatten Hitler-Gegner im Militär um Graf Claus von Stauffenberg mit verschiedenen Gruppen und Personen aus dem politischen Widerstand konspirativ kooperiert, um nach dem Tod des »Führers« eine neue Regierung bilden zu können. Doch die Bombe, die kurz vor 13 Uhr unter dem Besprechungstisch in der polnischen Lagerbaracke »Wolfschanze« explodierte, tötete Hitler nicht, wodurch alle weiteren Planungen vereitelt worden waren. Noch am gleichen Abend wurden Stauffenberg und die wichtigsten Mitverschwörer gefangengenommen und erschossen.

»Es lebe das heilige Deutschland«. Die letzten überlieferten Worte von Stauffenberg geben einen Hinweis darauf, worum es ihm bei dem vielzitierten »Aufstand des Gewissens« vor allem gegangen war: um die Ehre Deutschlands. Stauffenberg war erst angesichts der drohenden Kriegsniederlage zu der Überzeugung gelangt, dass nur der Tod des Diktators einen Weg zur Rettung des Vaterlandes eröffnen könnte. Ein Demokrat war Stauffenberg wie viele seiner Mitverschwörer nicht. Er bleibt positive Identifikationsfigur, weil er den Mut hatte zu handeln und aller Welt zeigte, dass es auch ein anderes Deutschland gab. In der bundesrepublikanischen Demokratie, die nach dem Krieg in Westdeutschland entstand, wurden jedoch vor allem die Geschwister Scholl zu echten Vorbildern. Erst Jahrzehnte später wurde entdeckt, was Sophie Scholl seinerzeit auf die Rückseite der Anklageschrift geschrieben hatte. Nur ein Wort: »Freiheit«.

DIE GESCHWISTER SCHOLL

Sophie (1921–1943) und Hans Scholl (1919–1943) wuchsen behütet im schwäbischen Städtchen Forchtenberg in einem christlich geprägten Elternhaus auf, in dem Liberalität und Individualität großgeschrieben wurden. Beide waren anfangs begeisterte Nationalsozialisten und Mitglieder der Jugendorganisationen, wandelten sich aber mit Beginn des Kriegs kontinuierlich zu Kritikern und aktiven Gegnern des Systems. Seit 1939 bzw. 1942 als Studierende in München organisierten sie sich ab Juni 1942 in der »Weißen Rose«, um vor allem Intellektuelle zum Widerstand zu bewegen. Zuvor hatte Hans Scholl als kurzzeitiger Hilfsarzt an der Ostfront Kenntnis von den dortigen Verbrechen an den Juden gewonnen. Dass eine aktive Mitarbeit am Widerstand das Todesurteil bedeuten konnte, wussten die Scholls. Sie nahmen das Risiko aus Gewissensgründen bewusst in Kauf.

»Der Tod ist ein Meister aus Deutschland«

PAUL CELAN

Mehrmals wiederholt Paul Celan diese Phrase in den letzten Strophen seines Gedichts *Todesfuge* und verdichtet damit die dramatische Aussage. Aus der Klage wird eine Anklage, ein Urteil: »Der Tod ist ein Meister aus Deutschland«. Selbst nur knapp dem Holocaust entkommen, verfasste er bereits 1944/45 sein berühmtestes, 1948 in deutscher Sprache veröffentlichtes Gedicht. In ihm verarbeitete er literarisch nicht nur die eigenen traumatischen Erfahrungen in einem Arbeitslager, sondern vor allem sein Entsetzen über die Deportation und die Ermordung seiner Eltern im Konzentrationslager. Celans ausdrucksstarke Verse verdichten das unaussprechbare Geschehen, die Ohnmacht der KZ-Häftlinge gegenüber der mörderischen Willkür der selbsternannten Herren über Leben und Tod und verleihen dem realen Grauen eine eindringliche ästhetische Ausdrucksform.

»Der Tod ist ein Meister aus Deutschland« ist zur poetischen Metapher geworden für die industrielle Ermordung des europäischen Judentums im Zweiten Weltkrieg, den beispiellosen Zivilisationsbruch der Nationalsozialisten. Je länger der Krieg dauerte, desto effizienter lief die Tötungsmaschinerie in den besetzten Gebieten in Osteuropa, desto mehr NS-Dienststellen und Befehlsempfänger wirkten daran mit, noch mehr Menschen in die Vernichtungslager zu transportieren und dort noch schneller töten zu können. Elf Millionen Juden in Europa sollten laut den Planungen, die hochrangige Funktionsträger unter Leitung von SS-Führer Reinhard Heydrich im Januar 1942 auf der Konferenz am Wannsee vorlegten, getötet werden. Sechs Millionen überlebten die Naziherrschaft nicht. Auch als die militärische Lage immer prekärer wurde und im Kampf eigentlich jeder Mann gebraucht wurde, ging das Morden unvermindert weiter, rollten die Massentransporte quer durch Europa nach Polen in die Todesfabriken von Auschwitz-Birkenau, Majdanek, Treblinka, Belzec, Sobibor und Chelmno. Der ideologisch motivierte Massenmord schien wichtiger oder zumindest ebenso wichtig wie kriegstaktische Erwägungen. In der Tat: Der Tod war ein Meister aus Deutschland.

Im Verlauf des Kriegs hatte sich die antijüdische Politik der NS-Machthaber sogar kontinuierlich radikalisiert und verschärft. Durch die schrittweise Eroberung Polens und von Teilen der Sowjetunion nach 1939 bzw. 1941 waren Millionen von Juden unter deutsche Herrschaft gelangt, die, wenn sie nicht gleich hinter der

Front von speziellen SS-Mordkommandos erschossen wurden, in Ghettos zusammengepfercht und zur Zwangsarbeit herangezogen wurden. Ab Sommer 1941 begannen in speziellen Vernichtungslagern die Tötungen vor allem mittels Abgasen bzw. Ungeziefermitteln. Auch Hunderttausende andere »unerwünschte« Menschen wie Sinti und Roma fielen dem systematischen Massenmord zum Opfer.

Als alliierte Truppen näherrückten, versuchten die NS-Verantwortlichen, die Spuren ihrer monströsen Verbrechen zu beseitigten. Heute können nur noch wenige Überlebende Zeugnis von dem Grauen ablegen; bald werden nur noch Gedenkstätten und Mahnmale daran erinnern. Was außerdem bleibt, ist Literatur und Poesie. »Nach Auschwitz ein Gedicht zu schreiben, ist barbarisch«, hatte der Kulturphilosoph Theodor W. Adorno 1951 in einem Essay geschrieben – ein Diktum, das er später abschwächte. Das Werk von Celan erkannte Adorno ausdrücklich an. Heute gehört die *Todesfuge* nicht allein wegen ihrer herausragenden literarischen Qualität zur Pflichtlektüre an Schulen.

PAUL CELAN

Paul Celan (1920–1979) war einer der bedeutendsten deutschsprachigen Dichter der Nachkriegszeit, doch er lebte nie in Deutschland. Der Sohn deutschsprachiger Juden wuchs in seiner rumänischen, multikulturell geprägten Geburtsstadt Czernowitz (heute Tschernowzy) auf. Nach der Eroberung durch deutsche Truppen 1941 geriet er in die Maschinerie des NS-Terrors. Celans Eltern wurden von den Nazis ermordet, während er selbst in einem Arbeitslager überlebte. Nach der Befreiung durch die Rote Armee 1944 arbeitete er als Übersetzer und Lektor in Bukarest und Wien, bis er 1948 nach Paris zog, wo er bis zu seinem Suizid in der Seine lebte. In seinen Gedichten bearbeitete Celan immer wieder das Motiv der Fremde und die dauerhafte Erfahrung des Exils. Der hermetische Sprachstil, der sich durch sein poetisches Werk zieht, erklärt sich auch aus der Unmöglichkeit, das Erlebte adäquat in Worte zu fassen.

»Wollt ihr den totalen Krieg?«

JOSEPH GOEBBELS

Anfang 1943 häuften sich die Hiobsbotschaften für die NS-Führung. Mit der Kapitulation in Stalingrad geriet die deutsche Armee in Russland endgültig in die Defensive. Dazu trafen immer häufiger amerikanisch-britische Bomberangriffe deutsche Städte und brachten den Krieg dorthin, wo er begonnen worden war. Doch je unausweichlicher die militärische Niederlage und je schlechter die Stimmung in der Bevölkerung wurde, desto fanatischer forderte die Staatsführung die Heimatfront zu noch härteren Anstrengungen auf. Es galt, sämtliche personellen und materiellen Ressourcen für Hitlers proklamierten »Endsieg« zu aktivieren. Das war die Stunde der Propaganda und des dafür verantwortlichen Ministers.

Mit großer Akribie bereitete Joseph Goebbels für den 18. Februar 1943 seine Rede im Berliner Sportpalast vor, die als böses Meisterstück nationalsozialistischer Verhetzung in die deutsche Geschichte eingegangen ist. Vor Tausenden sorgfältig ausgewählten Parteigenossen und -genossinnen in der riesigen Veranstaltungshalle in Berlin-Schöneberg – sonst Schauplatz zahlloser, vor allem sportlicher Großereignisse in der Weimarer Republik – sollte nicht zuletzt dem Ausland die unverbrüchliche Einheit von Volk und Partei demonstriert werden. Hier sei ein Volk zu allen Opfern bereit, um die Ausbreitung des »jüdischen Bolschewismus« in Europa zu verhindern.

In der über hundert Minuten dauernden Rede warnte Goebbels immer wieder eindringlich vor dem Untergang der europäischen Kultur, um am Ende mit der berühmt gewordenen Suggestivfrage die Zustimmung der gesamten Nation zum »totalen Krieg« zu simulieren: »Wollt ihr den totalen Krieg? Wollt ihr ihn, wenn nötig, totaler und radikaler, als wir ihn uns heute überhaupt noch vorstellen können?«, schrie er in den Saal. Die Bilder, wie die »Volksgenossen und Volksgenossinnen« daraufhin kollektiv von ihren Stühlen sprangen, den Hitlergruß zeigten und laut »Ja« schrien, verstören heute immer noch. Ob die damals schreienden »hundertprozentigen« Parteigenossen wirklich das wollten, was in den folgenden zwei Jahren über das »deutsche Volk« hereinbrach, lässt sich mit Recht bezweifeln. Doch Goebbels hatte geschickt die gesamte Bevölkerung in aller Öffentlichkeit zu Komplizen gemacht für den Schrecken, der tatsächlich totaler und radikaler war, als man ihn sich bis dahin überhaupt vorstellen konnte.

»Wollt ihr den totalen Krieg?« Diese Phrase der Nazipropaganda steht bis heute wie keine andere für den nationalsozialistischen Durchhaltewahn. Trotz einer immer auswegloseren militärischen Lage wurden noch Millionen Menschenleben in einem Krieg geopfert, der erst 1945 im nationalen Untergang, in der totalen Zerstörung endete. Alle gesellschaftlichen Bereiche hatten sich den Bedürfnissen der deutschen Kriegswirtschaft und Rüstungsproduktion unterzuordnen, Männer und Frauen wurden vom Jugend- bis zum Rentenalter zur Reichsverteidigung eingezogen. Dies änderte jedoch nichts an der personellen und materiellen Überlegenheit der Alliierten, vor allem in der Luft.

Heute gilt der »totale Krieg« als einer von vielen kontaminierten Nazi-Begriffen, der in Deutschland tabuisiert ist und im politischen Diskurs, wenn überhaupt, nur als Provokation bzw. zur Aufmerksamkeitssteigerung eingesetzt wird. Dabei hat Goebbels den Begriff keineswegs erfunden. Carl von Clausewitz theoretisierte bereits 1816 über den »absoluten Krieg«, der alle gesellschaftlichen Ressourcen beanspruche. Zum nationalsozialistischen Stichwortgeber wurde wohl Erich Ludendorff, der 1935 seiner Kriegsschrift den Titel *Der totale Krieg* gab. Der ehemalige Oberbefehlshaber des deutschen Heeres von 1916 bis 1918 wusste, wovon er sprach. Der Erste Weltkrieg wird heute gern als erster »totaler Krieg« bezeichnet, der ganze Völker erfasste.

JOSEPH GOEBBELS

Der gebürtige Rheinländer Joseph Goebbels (1897–1945) stammte aus einfachen Verhältnissen, war klein von Statur und litt unter einer Gehbehinderung. Zeit seines Lebens war er stolz auf seine umfassende akademische Bildung und seinen Doktortitel, den er mit einer Dissertation in Germanistik 1921 erwarb. Sein Aufstieg in der NSDAP war eng an die Person Adolf Hitler geknüpft, dessen Willen er sich bis in die letzten Tage im Führerbunker im April 1945 bedingungslos unterwarf. 1926 zum Parteileiter von Berlin ernannt, wurde Goebbels zum wichtigsten intellektuellen Kopf hinter dem Propagandafeldzug, der die NS-Ideologie popularisierte und Hitler an die Macht führte. Ab 1933 als Minister für Volksaufklärung und Propaganda stand er an der Spitze eines Apparats, der alles kontrollierte, was in Deutschland gedruckt, gesendet oder ausgestellt werden durfte. Am 1. Mai 1945 verübte er mit Frau und Kindern im Führerbunker Selbstmord.

7

»Auferstanden aus Ruinen«

Kalter Krieg und Teilung: Die zwei Deutschlands

»Ich liebe Deutschland. Ich liebe es so sehr, dass ich zufrieden bin, weil es gleich zwei Deutschland gibt.« Das Bonmot des französischen Literaturnobelpreisträgers François Mauriac von 1966 brachte ironisch die sonst nicht öffentlich artikulierte Erleichterung vieler Europäer zum Ausdruck, dass es nach 1945 den deutschen Machtkoloss im Herzen Europas so nicht mehr gab.

Nach der totalen Niederlage des Deutschen Reichs hatten die vier alliierten Besatzungsmächte das Land in Einflusszonen aufgeteilt und bestimmten gemeinsam über seine Zukunft. Doch der politisch-ideologische Grundkonflikt der neuen Supermächte USA und Sowjetunion führte innerhalb weniger Jahre zur Teilung Deutschlands. Aus den drei westlichen Besatzungszonen entstand 1949 die Bundesrepublik Deutschland, eine marktwirtschaftlich organisierte Demokratie westlichen Zuschnitts, nach und nach fest eingebunden in die westeuropäischen Gemeinschaften und das transatlantische Militärbündnis NATO. Im gleichen Jahr gründete sich in der sowjetischen Besatzungszone die Deutsche Demokratische Republik, eine planwirtschaftlich organisierte Parteidiktatur sowjetischen Zuschnitts, auch sie voll integriert in die Bündnisse des Ostblocks. Die gemeinsame Grenze beider deutscher Staaten markierte die Frontlinie des Kalten Kriegs, der ganz Europa in den »freien Westen« und den »kommunistischen Osten« teilte.

Teilung und Kalter Krieg

Zum Brenn- und Kristallisationspunkt des Ost-West-Konflikts wurde Berlin, das als Miniatur Gesamtdeutschlands nach dem Krieg in vier alliierten Besatzungssektoren aufgeteilt worden war. Trotz mehrerer Versuche gelang es den Sowjets nicht, die gesamte in ihrer Zone liegende Stadt zu vereinnahmen. Während der Berlin-Blockade 1948 waren die Westalliierten sogar bereit, die eingeschlossene Bevölkerung der Westsektoren monatelang über eine Luftbrücke mit allem Lebensnotwendigen zu versorgen. 1961 riegelte die DDR-Führung ihren Machtbereich in Ostberlin hermetisch ab. Die durch Stacheldraht, elektrische Signalzäune, Hundelaufanlagen und schießbereite Grenzsoldaten gesicherte Mauer, die sich mitten durch Berlin zog, wurde zum Symbol für die Teilung Deutschlands, die Teilung Europas, ja die Teilung der Welt. Und genauso wurde der Fall der Berliner Mauer im November 1989 zum Sinnbild für das Ende der Ost-West-Konfrontation, als die Sowjetunion nicht mehr in der Lage und vor allem auch nicht mehr willens war, das moralisch, politisch und ökonomisch bankrotte Regime der DDR zu stützen. Mit dem Sieg des »freien Westens« im Kalten Krieg konnte die europäische und damit auch die deutsche Teilung 1990 überwunden werden.

Im Verlauf der vier Jahrzehnte dauernden Trennung hatten sich die beiden deutschen Gesellschaften stark auseinanderentwickelt. Während die Westalliierten den Westdeutschen neue Freiheiten gewährten und einen demokratischen Neuanfang in Gang setzten, zwangen die Sowjets den Ostdeutschen ihr staatssozialistisches Modell auf, das politisch repressiv und wirtschaftlich ineffizient war. In der ab 1955 weitgehend souveränen Bundesrepublik ermöglichte die Einführung der sozialen Marktwirtschaft das »Wirtschaftswunder«, und auch der Sozialstaat wurde ausgebaut. So konnte die Demokratie dauerhaft in der Bevölkerung verankert werden.

Vom deutschen Herbst bis zum Mauerfall

Im Gegensatz zur nach Westen hin abgeriegelten DDR, wo das SED-Regime in seinen Dogmen erstarrte und ein offenes zivilgesellschaftliches Eigenleben unterdrückte, gelang es in der Bundesrepublik, sozialen Wandel in tatsächlichen Politikwechsel zu überführen. Wenn auch der linksextremistische Terror insbesondere im Jahr 1977 das Land in Atem hielt, wirkte die sozialliberale Ära der 1970er-Jahre doch integrierend auf wesentliche Teile der antiautoritären Gruppierungen der späten 1960er-Jahre und modernisierte die Gesellschaft. Soziale Bewegungen, wie die Umwelt- oder die Friedensbewegung, organisierten sich in der neuen Partei der Grünen, die ab den 1980er-Jahren in die Parlamente einzog. Zu dieser Zeit hatte sich die im Rahmen der Entspannungspolitik der 1970er-Jahre eingeleitete, zunächst vorsichtige Annäherung beider deutscher Staaten bereits intensiviert. Wovon sich die DDR mehr Hilfe und internationale Anerkennung erhoffte, führte Ende der 1980er-Jahre zu ihrem gewaltlosen Zusammenbruch, als die oppositionelle Bürgerbewegung die Einlösung der Reformversprechen des sowjetischen Generalsekretärs und späteren Präsidenten Michail Gorbatschow einforderte.

»Auferstanden aus Ruinen«

JOHANNES R. BECHER

Die nationalsozialistische Gewaltherrschaft endete in einem Inferno. In den aussichtslosen Kämpfen der letzten Kriegsmonate verloren noch Zehntausende Deutsche ihr Leben. Als Anfang Mai 1945 endlich die Waffen schwiegen, lagen insbesondere die Großstädte in Schutt und Asche. Millionen Menschen hatten ihr Zuhause verloren, die Infrastruktur war weitgehend zusammengebrochen, und elementare Existenzängste bestimmten den Alltag – und doch war überall neue Lebenslust spürbar. Überlebt zu haben und nicht mehr jeden Tag in Todesangst verharren zu müssen, wurde als großes Glück empfunden. Endlich konnte wieder ein neues Leben beginnen, noch einmal ein neuer Anfang gewagt werden!

Das Bedürfnis nach Orientierung und Wissen war nach den Jahren der Propaganda groß. Unter gezielter politischer Aufsicht und mit Unterstützung der alliierten Besatzungsmächte erlebte daher auch die Kultur einen neuen Aufschwung. Kinos, Theater und Konzerte waren überfüllt, wegen der Papiernot konnte der Bedarf nach Zeitungen, Büchern und Zeitschriften kaum gedeckt werden. Vor allem in der Rückbesinnung auf die Werke klassischer deutscher Dichtergrößen wie Schiller oder Goethe suchten viele Menschen neue Leitlinien nach der moralischen Katastrophe des Nationalsozialismus.

»Auferstanden aus Ruinen, und der Zukunft zugewandt« – keine anderen poetischen Worte drückten diese Aufbruchsstimmung und das Pathos des Neuanfangs prägnanter aus als die beiden ersten Zeilen des dreistrophigen Gedichts von Johannes R. Becher, das er im Oktober 1949 im Auftrag von DDR-Präsident Wilhelm Pieck innerhalb weniger Tage verfasste. Es wurde wenig später durch den Brecht-Vertrauten Hanns Eisler zur Nationalhymne des gerade gegründeten sozialistischen deutschen Staats vertont. Der Text ist weitgehend frei von den sonst in Arbeiterliedern üblichen klassenkämpferischen Tönen. Er handelt vor allem vom gemeinsamen Aufbau des zerstörten Landes im Licht der Hoffnung auf Frieden und Freiheit – eine Vision, die prinzipiell nicht nur Sozialisten vertraten. Becher wollte eine volksliedhafte »Friedenshymne« dichten, die von allen Schichten des Volkes leidenschaftlich tief empfunden gesungen werden konnte.

»Lasst uns pflügen, lasst uns bauen, lernt und schafft wie nie zuvor, und der eignen Kraft vertrauend, steigt ein frei Geschlecht empor.« Nur in diesen Versen der dritten Strophe schimmert die kommunistische Zukunftsvision von der Befreiung der ausgebeuteten Arbeiterschaft durch. Diese war allerdings durchaus kompatibel mit dem allgemeinen enormen Wiederaufbauwillen in ganz Deutschland, für den im Westen die »Trümmerfrauen« zum Symbol wurden. Die Hymne beschwört sogar wörtlich die nationale Einheit: »Laß uns dir zum Guten dienen, Deutschland, einig Vaterland.« – Zeilen, die später vergessen wurden. Denn je mehr der Geist des gemeinsamen Neuanfangs schwand und sich die deutschen Staaten ideologisch-politisch auseinanderlebten, desto mehr störte sich die DDR-Führung an dem gesamtdeutschen Pathos des Lieds. Seit Beginn der 1970er-Jahre wurde die Hymne weitgehend ohne Text gespielt. Später wandelte sie sich zum Zeichen des Widerstands. Insbesondere die Zeile »Deutschland, einig Vaterland« bewies politische Sprengkraft in den revolutionären Wendemonaten 1989/90, als die DDR als Staat vor den politischen Ruinen stand, aus denen sie nicht mehr auferstehen sollte.

Im allgemeinen Sprachgebrauch hat sich vor allem die erste Zeile erhalten. Sie wird – meist ohne jegliche politische Anspielung – mehr oder weniger ironisch zitiert, um die überraschende Wiederkehr eines Trends, etwa einer Mode oder Musikrichtung, zu kommentieren, oder auch das Comeback eines Künstlers, Politikers oder Sportlers, mit dem niemand mehr gerechnet hatte.

JOHANNES R. BECHER

Lyrik war Johannes R. Becher (1891–1958), Sohn eines Münchner Richters, immer ein wichtiger Halt in seinem Leben, das von seelischen Krisen, privaten Eskapaden und politischem Aufstieg gekennzeichnet war. Nach einem gescheiterten Suizid 1910 verkehrte er in den expressionistischen Künstlerszenen Berlins, Leipzigs und Münchens, wurde aber drogenabhängig und kam immer wieder in die Psychiatrie. Nach dem Ersten Weltkrieg war Becher Gründungsmitglied der KPD und trommelte in der Weimarer Republik literarisch und publizistisch an vorderster Front für die jeweils gültige Parteilinie. Ab 1935 in Moskau im Exil, war er nach 1945 maßgeblich am Aufbau des Kulturlebens in der sowjetischen Besatzungszone beteiligt. Als Präsident der von ihm mitgegründeten Deutschen Akademie der Künste und erster Minister für Kultur spielte er bis 1956 eine führende Rolle in der Kulturpolitik der DDR, bevor er 1957 politisch entmachtet wurde.

»Es muss demokratisch aussehen, aber wir müssen alles in der Hand haben«

WALTER ULBRICHT zugeschrieben

Bereits während des Kriegs organisierte das sowjetische Regime die politische Nachkriegsordnung in Deutschland, u. a. mit der Gründung eines »Nationalkomitees Freies Deutschland«, bestehend aus deutschen Exil-Kommunisten und Intellektuellen. Unmittelbar nach der blutigen Eroberung Berlins durch sowjetische Truppen wurden einige von ihnen ausgewählt und in verschiedene Regionen Ostdeutschlands geflogen, um die Besatzungsmacht beim Aufbau von neuen Regierungsstrukturen tatkräftig zu unterstützen. Unter ihnen waren viele, die später in der DDR führende Positionen einnehmen sollten: Rudolf Herrnstadt, Wilhelm Pieck und vor allem Walter Ulbricht. Er war hauptverantwortlich dafür, dass in Berlin ab Mai 1945, noch vor der Ankunft der Westalliierten, eine neue Stadtverwaltung im Sinne der angestrebten »antifaschistisch-demokratischen Umgestaltung« eingesetzt wurde. Um dem Neuaufbau einen liberal-demokratischen Anstrich zu geben und das Misstrauen der Bevölkerung gegenüber dem Kommunismus abzubauen, wurden vor allem Sozialdemokraten und auch bürgerliche Gegner des Naziregimes mit repräsentativen Posten in der Verwaltung betraut. Schlüsselpositionen wie Erziehung oder Sicherheit besetzten in der Regel Kommunisten. Einer der engsten Mitarbeiter von Ulbricht war der damals 23-jährige, glühende Kommunist Wolfgang Leonhard. Er überlieferte in seinem autobiografischen Bericht 1955 die »letzte abschließende Direktive« des Leiters der Gruppe: »Es ist doch ganz klar: Es muss demokratisch aussehen, aber wir müssen alles in der Hand haben«. Sie fasste nicht nur das geplante Vorgehen im Nachkriegsberlin prägnant zusammen, sondern wurde auch zum Prinzip der Herrschaftspraxis in der sowjetisch besetzten Ostzone (SBZ) und ab 1949 in der DDR.

Tatsächlich förderten die Kommunisten nur so lange ein »bürgerliches Demokratiemodell«, wie sie glaubten, davon profitieren zu können. Als deutlich wurde, dass sie nicht wie erhofft zu einer Massenpartei werden würden und in der ersten Wahl zur Stadtverordnetenversammlung für Groß-Berlin 1946 keine Chancen auf eine Mehrheit hatten, setzten sie auf ihr Bündnis mit den sowjetischen Besatzern, um ihren alleinigen Machtanspruch durchzusetzen. Unter der Losung »Einheit der Arbeiterklasse« zwangen die Genossen die Sozialdemokraten in der SBZ zur parteipolitischen Vereinigung. Am 20. April 1946 fusionierten SPD und KPD in Ostberlin zur »Sozialistischen Einheitspartei Deutschlands« (SED), die bald nichts Sozialdemokratisches mehr hatte. Als sich ab 1947 die Fronten im Kalten Krieg immer weiter verhärteten, wandelte sich die SED vollends zu einer diktatorischen Kaderpartei nach sowjetischem Vorbild, die ihre strenge innerparteiliche Hierarchie als »demokratischen Zentralismus« ausgab. Auch nach der Gründung der DDR im Jahr 1949 versuchte man, die demokratische Fassade zu wahren, und band andere Parteien und Verbände offiziell in die politischen Entscheidungen ein (»Nationale Front«). Doch die führende Rolle der SED als Staatspartei war in der Verfassung festgelegt. Es sollte demokratisch aussehen, aber die Partei hatte alles in der Hand. Wie gering die Zustimmung der Bevölkerung zur SED-Diktatur wirklich war, zeigte sich während der Unruhen um den 17. Juni 1953, die nur mithilfe sowjetischer Panzer niedergeschlagen werden konnten. Erst als Partei und Politbüro 1989 immer mehr Macht aus der Hand geben musste, konnten sich demokratische Strukturen entwickeln. »Es muss demokratisch aussehen«: Bis heute wird die Ulbricht zugeschriebene Direktive gerne aufgegriffen, um nur vordergründig demokratische Entscheidungen oder Zustände zu benennen.

WOLFGANG (EIGENTLICH WLADIMIR) LEONHARD

Wolfgang Leonhard (1921–2014), den seine Mutter aus Verehrung für Lenin den Vornamen Wladimir gab, durchlief eine kommunistische Musterkarriere. Schon als Kind war er Mitglied der »Jungen Pioniere« und besuchte in Moskau, wohin die Familie 1935 geflohen war, die Parteischule. Nach dem Überfall Nazi-Deutschlands auf die Sowjetunion wurde er zum Politkommissar der Roten Armee ausgebildet, der die Soldaten weltanschaulich schulen sollte. Nach Kriegsende in führender Position am Aufbau einer sowjetischen Neuordnung in Ostberlin beteiligt, wuchs langsam sein Unbehagen am diktatorischen Gebaren der SED. Zunächst Anhänger des vermeintlich freiheitlicheren Wegs Jugoslawiens zum Sozialismus schwor er schließlich ganz dem Stalinismus ab. Über Belgrad floh er 1950 in die Bundesrepublik. Seine autobiografische Abrechnung mit dem Stalinismus, *Die Revolution entlässt ihre Kinder,* machte ihn 1955 mit einem Schlag weltberühmt, und der Titel wurde zum geflügelten Wort. In Yale (USA) lehrte er 1966–1987 Geschichte des Kommunismus und der Sowjetunion.

»Ihr Völker der Welt! Schaut auf diese Stadt!«

ERNST REUTER

Im Sommer 1948 hatten die demokratischen Westmächte jede Hoffnung auf eine gemeinsame Politik mit der Sowjetunion gegenüber dem besiegten Deutschland aufgegeben. Der sowjetische Vertreter hatte den Alliierten Kontrollrat verlassen, und die Viermächte-Regierung war gescheitert. Nach der Erweiterung von einer Bi- zur Trizone rückten die westlichen Alliierten immer enger zusammen, um ein Gegengewicht zur kommunistischen Vorherrschaft im Osten des Landes zu schaffen. Ein eigener Weststaat war im Entstehen, der auch einer neuen Währung bedurfte. Spätestens als die Währungsreform auf die westlichen Sektoren von Berlin ausgedehnt werden sollte, stellte sich die Frage: Wem aber gehört diese Stadt, dieses Symbol des gemeinsamen Sieges über den Nationalsozialismus, die Hauptstadt inmitten der sowjetischen Besatzungszone, die säuberlich in eigene Machtsphären der vier Siegermächte aufgeteilt war?

Als die Sowjets am 24. Juni begannen, alle Landverbindungen zwischen Berlin und den Westzonen zu kappen, verfolgten sie ein klares Ziel: Sie wollten den Abzug der Westalliierten erzwingen, um ganz Berlin in Besitz zu nehmen. Doch Stalin schätzte die Lage falsch ein – unterschätzte vor allem den Durchhaltewillen der Berliner und Berlinerinnen. 200 000 Menschen standen am 9. September 1948 vor den Ruinen des Reichstags, als der demokratisch gewählte, aber von den Sowjets nicht anerkannte Oberbürgermeister Ernst Reuter mit viel rhetorischem Pathos an die ganze (westliche) Welt appellierte: »Ihr Völker der Welt, ihr Völker in Amerika, in England, in Frankreich, in Italien! Schaut auf diese Stadt und erkennt, dass ihr diese Stadt und dieses Volk nicht preisgeben dürft und nicht preisgeben könnt!« Zu diesem Zeitpunkt hatte die westliche Führungsmacht USA bereits entschieden, die Herausforderung der Sowjets anzunehmen und die Stadt zum Prüfstein zu machen für die Widerstandsbereitschaft der freien Welt gegenüber der kommunistischen Expansion, der »Macht der Finsternis« (Ernst Reuter).

»Schaut auf diese Stadt«: Berlin wurde zum spektakulären Schauplatz des ersten großen Kräftemessens im Kalten Krieg, das mit einem Triumph des Westens endete. Dank ungeheurer logistischer und menschlicher Anstrengungen gelang es den USA, eine Luftbrücke nach Berlin zu installieren, über die sogenannte Rosinenbomber in den folgenden Monaten Lebensmittel, Kohle und andere lebensnotwendige Dinge des Alltags einflogen. Und auch die eingeschlossene Westberliner Bevölkerung widerstand dem Druck aus dem Osten der Stadt – und ihren Lockangeboten. Vergleichsweise wenige Menschen aus den Westsektoren kauften im anderen Teil der Stadt Lebensmittel oder Brennstoffe. Im Mai 1949 gaben die Sowjets auf und beendeten die Blockade. Berlin blieb eine geteilte Stadt. Der Ostteil wurde nach der Staatsgründung der DDR 1949 zur Hauptstadt erklärt, und Westberlin blieb eine Insel inmitten der DDR, die westliche Demokratiewerte hochhielt.

Der sprichwörtlich gewordene Appell Ernst Reuters mag heute auch ironisch in Anspielung auf die Berliner Großmäuligkeit verwendet werden. Historisch steht er stellvertretend für den Freiheitswillen der Stadt, aber auch für den Zusammenhalt der westlichen Mächte. Diesen beschwor auch Barack Obama, als er 2008 in seiner Rede an der Siegessäule das Zitat aufnahm: »Völker der Welt – schaut auf Berlin, wo eine Mauer fiel, ein Kontinent sich vereinigte und der Lauf der Geschichte bewies, dass keine Herausforderung zu groß ist für eine Welt, die zusammensteht.«

ERNST REUTER

Ernst Reuters Leben war von politischen Brüchen, von persönlichem Mut und Leidenschaft gekennzeichnet. Geboren 1889, wuchs er im konservativen bildungsbürgerlichen Milieu des Kaiserreichs auf. Als er sich während des Studiums der Arbeiterbewegung zuwandte und 1912 erstmals in die SPD eintrat, vollzog er einen bewussten Bruch mit seiner Herkunft. 1919 schloss Reuter sich kurzfristig den Kommunisten an, bevor er 1922 endgültig der SPD beitrat, in der er sich vor allem als Berliner Kommunalpolitiker einen Namen machte. 1935 emigrierte er in die Türkei und kehrte 1946 zurück nach Berlin, wo er ab 1947 als gewählter Oberbürgermeister zur Symbolfigur für den Freiheitswillen Westberlins gegenüber der sowjetischen Aggression wurde. Bis zu seinem plötzlichen Tod 1953 kämpft er für die enge Anbindung Berlins an die neu gegründete Bundesrepublik.

»Bonn ist nicht Weimar«

FRITZ RENÉ ALLEMANN

1949 wurde der CDU-Kandidat Konrad Adenauer vom Deutschen Bundestag zum ersten Bundeskanzler der Bundesrepublik Deutschland gewählt – mit gerade einmal einer Stimme Mehrheit. Vier Jahre später bestätigte die Bundestagswahl mit 14 Prozent Stimmenzuwachs die unumstrittene Führungskraft der CDU/CSU im bürgerlich-konservativen Lager, und die Wiederwahl Adenauers war reine Formsache. Nicht zuletzt dank des wachsenden Wohlstands und steigender Sozialleistungen fanden sich immer mehr Bundesbürger im katholischen Antikommunismus und in der konsequenten Westorientierung des »Alten aus Rhöndorf« wieder. Die Zustimmung zu seiner Politik war so groß, dass sich die SPD als große parlamentarische Oppositionspartei 1959 in ihrem »Godesberger Programm« von ihren Wurzeln als marxistische Klassenpartei löste und sich eindeutig zur Marktwirtschaft, zur NATO-Mitgliedschaft und zur Landesverteidigung, kurz: zum Westen bekannte. Im Parlament herrschte also ein Grundkonsens aller dort vertretenen Parteien über das staatliche Wertefundament. Statt einer Vielzahl kompromissunfähiger Interessenparteien wie in der Weimarer Republik standen sich zwei große Volksparteien gegenüber, die weitgehend ideologiefrei das Meinungsspektrum von links und rechts abzudecken und in pragmatische Politik zu übersetzen versuchten.

So wuchs bereits in den 1950er-Jahren die Zuversicht, dass die Demokratie im Westteil Deutschlands tatsächlich einen anderen Verlauf nehmen könnte als die gescheiterte erste deutsche Demokratie, die mit der Machtübernahme Hitlers endete – eine Hoffnung, die 1956 ein Schweizer Journalist in einem Buchtitel zur rhetorischen Kurzformel verdichtete: »Bonn ist nicht Weimar«. Die beeindruckende Stabilität und demokratische Integrationsfähigkeit des politischen Systems seit den 1950er-Jahren bestätigten seine These im Nachhinein.

Sprachlich handelt es sich bei der Formel um eine Metonymie, bei der ein Ausdruck durch einen verwandten ersetzt wird: Bonn und Weimar stehen jeweils für eine Ausprägung einer demokratischen Republik in Deutschland. Da die Formulierung so griffig und die Aussage allgemein verständlich war, entwickelte sich »Bonn ist nicht Weimar« zum prägenden Schlagwort für das wachsende demokratische Selbstbewusstsein der Westdeutschen seit den 1950er-Jahren: Wir haben das Richtige getan und aus den Fehlern der Weimarer Republik gelernt! Die Mütter und Väter des Grundgesetzes hatten sich an der Anforderung orientiert: Bonn darf nicht Weimar werden. Im Gegensatz zur Weimarer Verfassung wurden die Grundrechte daher als unmittelbar geltend und einklagbar zum Fundament aller staatlicher Entscheidungen erklärt. Wo in der Weimarer Verfassung starke Elemente der direkten Demokratie wie Volksabstimmungen eingebaut waren, setzte man nun konsequent auf den Gedanken der repräsentativen Demokratie, in der die Entscheidungen in dem vom Volk regelmäßig neu gewählten Parlament gefällt werden. Die Kompromissbereitschaft der Parteien ermöglichte stets neue parlamentarische Mehrheitsbildungen, die den sich wandelnden gesellschaftlichen Gesamtwillen adäquat abbildeten. So wurde auch nach der politischen und kulturellen Revolte von »1968« aus Bonn nicht Weimar, selbst dann nicht, als aus dem kleinen Bonn 1991 das große Berlin und die Parteienvielfalt wieder größer wurde. Durch den Aufstieg politisch radikaler Parteien in den letzten Jahren weicht die vermeintliche Gewissheit allerdings wieder mehr dem Auftrag: Auch Berlin darf nicht Weimar werden!

FRITZ RENÉ ALLEMANN

Die griffige optimistische Gegenwartsdiagnose der jungen Bonner Republik stammte überraschenderweise aus der Feder eines Intellektuellen, der eher dem linken Politspektrum angehörte, das damals in der Regel über eine konservative gesellschaftliche Restauration klagte und alte Naziseilschaften verurteilte. Der Schweizer Journalist Fritz René Allemann (1910–1996) war während seiner Berliner Studienzeit noch radikalsozialistischen Ideen zugeneigt. Ab 1941 wurde der gebürtige Basler als Auslandskorrespondent der Schweizer Tageszeitung *Die Tat* einer der angesehensten deutschsprachigen Publizisten der Nachkriegszeit. Seine Reportagen und Essays zeichneten sich durch gründliche Recherche, stilistische Eleganz und umfassende Bildung aus.

»*Wohlstand für alle*«

LUDWIG ERHARD

Ludwig Erhard war ein leidenschaftlicher Fußballfan. Kein Wunder, dass er seinen Lesern und Leserinnen die Funktionsweise einer prosperierenden Marktwirtschaft mithilfe des Fußballspiels zu erklären versuchte: Wie die Mannschaften auf dem Rasen wetteifern die Unternehmen auf dem Markt um den Erfolg beim Kunden; der Staat hat dabei nur die Rolle des Schiedsrichters zu übernehmen. Er nimmt nicht aktiv am Wettkampf teil, stellt allerdings die für alle Spieler geltenden Wettbewerbsregeln auf und sorgt dafür, dass sie von allen eingehalten werden. Wenn ein Unternehmen diese Regeln verletzt, bestraft ihn den Staat – wie ein Schiedsrichter einen foulspielenden Spieler.

Es waren nicht zuletzt solche leicht verständlichen Vergleiche, die das von ihm veröffentlichte Buch so populär machten. Sein Titel wurde gar zum Inbegriff des bundesrepublikanischen »Wirtschaftswunders« in den 1950er-Jahren und steht bis heute sprichwörtlich für das Versprechen einer erfolgreichen Marktwirtschaft: »Wohlstand für alle«. Von dem jahrelangen Wirtschaftsaufschwung mit fast zweistelligen Wachstumsraten nach der Währungsreform 1948 profitierten auch wirklich fast alle in der jungen Bundesrepublik. Wo nach dem Krieg Hunger und Mangel geherrscht hatten, gab es nun einen Lebensmittelüberfluss, sorgten technische Innovationen wie Waschmaschine oder Kühlschrank für Erleichterungen im Alltag. 1957 herrschte Vollbeschäftigung, und vor allem die Mittelschicht erhielt kontinuierlich mehr Gehalt oder erwirtschaftete hohe Gewinne. Viele konnten sich ein Auto und einen Urlaub leisten. Wenn auch nicht alle in gleichem Ausmaß am Wohlstand teilhatten, stärkte doch der allgemeine private Wohlstandsgewinn das breite Vertrauen in die von den Westalliierten »geschenkte« parlamentarische Demokratie.

Das in der ersten Auflage von 1957 fast 400 Seiten starke Werk mit dem Titel *Wohlstand für alle* wurde eigentlich vom Wirtschaftsjournalisten und späteren wissenschaftlichen Mitarbeiter Erhards, Wolfram Langer, verfasst. Es enthielt den theoretischen Hintergrund für Erhards Politik, der 1949 erster Wirtschaftsminister der Bundesrepublik wurde, und fasste seine bisherigen Reden, Gedanken und Schriften prägnant zusammen. Das Buch sollte seinerzeit vor allem der Unterstützung Adenauers im Bundestagswahlkampf (mit dem Slogan »Keine

Experimente!«) dienen. Inhaltlich nahm es deswegen gegen planwirtschaftliche und reglementierende staatliche Einflussnahme auf die Wirtschaft Stellung, die man üblicherweise der SPD zuschrieb, obwohl sie von immer weniger Sozialdemokraten eingefordert wurde. Im »Godesberger Programm« von 1959 bekannte sich auch die SPD offiziell zu Privateigentum und Marktwirtschaft. Das Bekenntnis zur »sozialen Marktwirtschaft« wurde zentraler Bestandteil des Selbstverständnisses der Republik, wobei unter diesem Etikett im Laufe der Zeit der Wohlfahrtsstaat immer stärker ausgebaut und damit das eigentliche (ordo-)liberale Konzept Erhards immer mehr verwässert wurde.

Sein Credo »Wohlstand für alle« durch Freiheit, Wettbewerb und Eigenverantwortung verlor seit dem Ende des Wirtschaftsbooms durch eine wirtschaftliche Rezession 1966/67 spürbar an politischem Rückhalt. Es wurde deutlich, dass längst nicht alle von einer Wettbewerbswirtschaft profitierten und die Schere zwischen Arm und Reich immer weiter auseinanderging. Heute ist der Staat selbst ein starker Akteur, der gezielt in Wirtschaftsabläufe eingreift. Jedoch besitzt Erhards Parole »Wohlstand für alle« weiterhin eine solche positive Strahlkraft im öffentlichen Diskurs, dass Politiker oder Lobbyisten aus unterschiedlichen politischen Lagern sie weiter gern verwenden, um ihre Agenden zu bewerben.

LUDWIG ERHARD

Der Sohn eines Fürther Textilwarenhändlers war mehr Wissenschaftler als Politiker, mehr überparteilicher Gestalter als Machtpolitiker. Ludwig Erhard (1897–1977) promovierte in Betriebswirtschaft und Nationalökonomie und war bis in die 1940er-Jahre hinein in der Wirtschaftsforschung tätig. Zunächst als Direktor des Wirtschaftsrats der Bizone (der vereinigten Besatzungszonen von Briten und Amerikanern), dann von 1949 bis 1963 als CDU-Wirtschaftsminister prägte er maßgeblich den Wirtschaftsaufschwung der Nachkriegs-Bundesrepublik und ist bis heute die Symbolfigur des Wirtschaftswunders. Doch so populär Erhard mit seiner Körperfülle und seiner Leidenschaft für Fußball, Kartenspiel und Zigarren auch war, so wenig Akzente konnte er in seiner kurzen Zeit als Bundeskanzler (1963–1966) setzen. Ihm fehlte es an politischer Durchsetzungskraft gegenüber Interessengruppen – und auch innerhalb seiner eigenen Partei.

»Deutschland braucht Europa, aber Europa braucht auch Deutschland«

THEODOR HEUSS

Als der Freidemokrat Theodor Heuss am 12. September 1949 in Bonn zum ersten Bundespräsidenten der gerade gegründeten Bundesrepublik Deutschland gewählt wurde, befand sich das besetzte Land noch inmitten der geistigen und materiellen Trümmer, die das Hitler-Regime in Europa hinterlassen hatte. Ob die junge von den Westalliierten verordnete bzw. »geschenkte« Demokratie eine wirkliche Chance haben würde, hing auch davon ab, dass sich Deutschland mit seinen europäischen Nachbarn versöhnte – und diese sich mit Deutschland. Davon war Heuss überzeugt. In seiner Antrittsrede erinnerte er an die gemeinsamen kulturellen Wurzeln aller europäischen Völker, die zum Ausgangspunkt einer neuen »europäischen Gesamtstaatlichkeit« sowie eines demokratischen Deutschlands werden sollten. Nur im engen Austausch mit den europäischen Nachbarn könne sich in Deutschland ein »neues Nationalgefühl bilden«, das »zum Maß, zum Gemäßen« zurückfindet. Nur wenn Deutschland seinen Platz in der Mitte Europas wiedergewönne, könne auch Europa wieder erstarken. Denn »ohne das, was Deutschland bedeutet«, würden auch »die anderen ... ärmer werden«.

»Deutschland braucht Europa, aber Europa braucht auch Deutschland« – die markante Aussage über die gegenseitige Abhängigkeit von Europa und Deutschland ist seitdem von deutschen Regierungschefs in Teilen bzw. in immer neuen Varianten regelmäßig wiederholt worden, wobei sie sich dann oft ganz vordergründig auf politische und ökonomische Notwendigkeiten bezog. Ob von Helmut Kohl 2014: »Europa ist unsere Zukunft. Europa ist unser Schicksal«, von Hans-Dietrich Genscher 2015: »Unsere Zukunft ist Europa – eine andere haben wir nicht« oder von Angela Merkel 2017: »Wer Europa stärkt, stärkt auch Deutschland« – das pathetische Bekenntnis zu Europa ist zur Standardfloskel der deutschen Politrhetorik geworden. Dass das Wohlergehen und der Einfluss der Bundesrepublik, die gemeinsame Grenzen mit neun europäischen Staaten hat, wesentlich von einer engen wirtschaftlichen und institutionellen Kooperation mit den Nachbarstaaten abhängen, war nach 1945 ein Grundpfeiler der deutschen Außenpolitik. 1957 schloss sich die Bundesrepublik mit Frankreich, Italien und den Beneluxstaaten zur Europäischen Wirtschaftsgemeinschaft (EWG) zusammen, was das Land nicht nur ökonomisch stärkte. Politisch trug dieser Integrationsschritt maßgeblich dazu bei, die internationale Isolation Deutschlands zu überwinden und seine Rückkehr in die westliche Staatengemeinschaft als anerkanntes und gleichberechtigtes Mitglied zu fördern.

Ohne ihn hätte auch während des Zerfalls des sowjetischen Imperiums 1989/90 die breite internationale Unterstützung gefehlt, die die rasche Wiedervereinigung Deutschlands ermöglichte. Zurück in der geografischen Mitte des Kontinents, entwickelte sich die geeinte Republik ab den 1990er-Jahren zur treibenden Kraft hinter der Erweiterung der Europäischen Union nach Osten und ihrer vertieften Integration. Mit der Schaffung einer Wirtschafts- und Währungsunion und der Einführung des Euro als Landeswährung band sich Deutschland enger denn je an die anderen europäischen Staaten.

Unabhängig von der weltpolitischen Großwetterlage gilt bis heute als politisches Axiom: Je besser die Zusammenarbeit innerhalb Europas funktioniert, desto mehr kann Deutschland seine nationalen Interessen wahren. Je mehr allerdings das bevölkerungsreichste und wirtschaftsstärkste Land in die gemeinsamen transnationalen Strukturen Europas eingebunden ist, desto stärker müssen die Interessen der kleineren und schwächeren europäischen Staaten berücksichtigt werden, damit auch sie über die Europäische Union adäquat nach außen vertreten sind. So wie Deutschland Europa braucht, braucht Europa auch Deutschland.

THEODOR HEUSS

Der im tiefen Schwaben aufgewachsene Theodor Heuss (1885–1963) – seine Aussprache verriet zeitlebens seine Herkunft – war ein Homme de lettres, der seinem Beruf als Journalist stets treu blieb. Neben seiner politischen Arbeit als Abgeordneter der liberalen DDP bzw. später der FDP publizierte er regelmäßig und lehrte zudem an Hochschulen. Mit seiner profunden Bildung und seiner zurückhaltenden, leisen Art personifizierte der erste Präsident der Bundesrepublik gerade im Ausland das neue demokratische Deutschland. Im Inneren wurde er zum Sinnbild der gebildeten Bürgerlichkeit, zum väterlichen Demokratielehrer, was ihm den Spitznamen »Papa der Nation« einbrachte – ein Image, das dem Intellektuellen persönlich immer zuwider war. Er wollte weniger als gütiger Landesvater, als vielmehr als kritischer Kopf wahrgenommen werden.

»Samstags gehört Vati mir«

Slogan des Deutschen Gewerkschaftsbundes

»Ein Volk, das diese wirtschaftlichen Leistungen vollbracht hat, hat ein Recht darauf, von Auschwitz nichts mehr hören zu wollen.« Franz-Josef Strauß bestritt 1969 heftig, diesen ihm zugeschriebenen Satz gesagt zu haben, der in seiner Forderung moralisch skandalös ist. Tatsächlich aber kann man in der Arbeitswut, mit der die Westdeutschen nach dem Zweiten Weltkrieg an den Wiederaufbau gingen, durchaus auch eine unbewusste kollektive Kompensation des noch verdrängten nationalen Traumas sehen. Sie war die Triebfeder des sagenhaften Wirtschaftsaufschwungs, der ab 1952 vor allem von der exportorientierten Industrie (Automobil, Maschinenbau, Chemie) ausging und jahrelang für teilweise sogar zweistellige Wachstumsraten sorgte. Die Deutschen arbeiteten nach 1949 mindestens acht Stunden am Tag – sechs Tage die Woche, von Montag bis Samstag; oft kamen noch Überstunden dazu, sodass die tatsächliche durchschnittliche Wochenarbeitszeit nicht selten bei 55 Stunden lag. In vielen Industriebranchen handelte es sich dabei um körperlich anstrengende Arbeit. Als sich ab Mitte der 1950er-Jahre der Aufschwung auch spürbar in einem zunehmenden Wohlstand der Menschen widerspiegelte, wuchs das Bedürfnis nach Freizeit, nach einem Leben jenseits der Arbeit. Man verlangte nicht nur mehr Lohn, sondern wollte insgesamt weniger arbeiten müssen und damit mehr Zeit für Erholung, Hobbys und nicht zuletzt die Familie haben.

Mehr Zeit statt »nur« mehr Geld – ein blonder Junge auf einem Plakat des Gewerkschaftsbundes zum 1. Mai 1956 personifizierte diesen mentalen Wandel. Lachend wies er mit seinem Zeigefinger aus dem Bild heraus wohl auf den Chef seines Vaters und forderte unmissverständlich: »Samstags gehört Vati mir«. Wenigstens am Wochenende sollte der werktätige Vater anwesend sein; damals oblagen die alltägliche Versorgung und Erziehung noch selbstverständlich der Mutter, der Hausfrau. Die emotionale Parole unterfütterte die Kampagne der Gewerkschaften in den nächsten Jahren, die offizielle Wochenarbeitszeit von 48 auf 40 Stunden zu verkürzen. Eine Umfrage ergab, dass den Arbeitnehmern ein komplett freier Samstag wichtiger war als eine reduzierte tägliche Arbeitszeit. Ihn flächendeckend durchzusetzen dauerte fast bis zum Ende der 1960er-Jahre. Dabei zeigte sich schnell, dass eine kürzere Arbeitszeit nicht prinzipiell das Wachstum abschwächte, sondern vor allem den privaten Konsum massiv ankurbelte. Die Menschen hatten nun auch Zeit, das verdiente Geld auszugeben.

»Samstags gehört Vati mir« – keine Parole einer Gewerkschaftskampagne ist so nachwirkend in das gesellschaftliche Gedächtnis eingedrungen. Sie stand nicht zuletzt stellvertretend für die Mitte der 1950er-Jahre einsetzenden Bemühungen der Politik, einen Sozialstaat aufzubauen, der möglichst alle am wachsenden Wohlstand teilhaben ließ. Die an Lohn- und Preissteigerungen gekoppelte dynamische Rente als zentrale sozialpolitische Reform etwa wurde 1957 verabschiedet. Bis heute ist der Slogan immer wieder zu hören – wenn auch eher in einem anderen Kontext, etwa wenn es um eine größere Beteiligung von Vätern an Care-Arbeit und Erziehung geht.

GEWERKSCHAFTSPAROLEN

Seit 1950 kreierte der Deutsche Gewerkschaftsbund jedes Jahr zum Maifeiertag ein Motto. Dabei wechselten sich Forderungen nach sozialen Verbesserungen für Arbeitnehmer und -nehmerinnen mit allgemeinpolitischen Zielen ab. Betonten Parolen wie »Das Erreichte behalten – mehr soziale Sicherheit« (1963), »Arbeit für alle« (1982) oder »Gerechte Löhne, soziale Sicherheit« (2012) im engeren Sinn Interessen der eigenen Klientel, setzten andere auf gesamtgesellschaftliche Themen. »Wir gehören zusammen« (1966) oder »Wiedervereinigung, Freiheit, Sicherheit« (1959) zielten auf die nationale Einheit, »Europa – jetzt aber richtig!« (2019) oder »Globalisierung gerecht gestalten« (2002) auf die Weltpolitik. Vor dem Hintergrund der zunehmenden sozialen Polarisierung wird heute vor allem der Wert der Solidarität in verschiedenen Varianten betont: »Solidarisch ist man nicht allein« (2020), »Solidarität ist Zukunft« (2021).

»Niemand hat die Absicht, eine Mauer zu errichten«

WALTER ULBRICHT

Am 15. Juni 1961 sagte der DDR-Staats- und -Parteichef Walter Ulbricht im »Haus der Ministerien« in Ostberlin vor Hunderten von internationalen Journalisten diesen berüchtigten Satz, der nicht nur von Bundespräsident Frank-Walter Steinmeier in seiner Rede zum 60. Jahrestag des Mauerbaus 2021 »als eine der dreistesten Lügen in der deutschen Geschichte« bezeichnet worden ist. Bis heute wird der Satz gern zitiert, wenn man eine eindeutige Lüge entlarven oder auf die Tradition vermeintlich neuartiger politischer Fake News verweisen will. Dabei ist umstritten, ob Ulbricht damals wirklich bewusst log oder welchen Zweck er mit dieser Aussage verfolgte. Sicher ist, dass die Lage im Sommer 1961 für die DDR dramatisch war und aus Sicht der SED etwas getan werden musste, um ihren Staat zu retten. Täglich flohen Hunderte Bürger aus der DDR durch das Nadelöhr Westberlin in den Westen, wo nicht nur persönliche Freiheit, sondern auch ein wirtschaftlicher Wohlstand lockte, der in der östlichen Planwirtschaft trotz aller kreativer Parteiparolen (»Überholen ohne einzuholen«) nicht möglich war.

Sagte Ulbricht an diesem Junitag der Presse die Wahrheit und wurde er Wochen später von dem großen sozialistischen Bruder, der Sowjetunion, gegen den eigenen Willen zum Mauerbau gezwungen? So stellten es DDR-Politiker später gern beschönigend dar. Oder wollte der Staatsratsvorsitzende die Bevölkerung einfach beruhigen und hoffte, sie so zum Bleiben zu bewegen? Wahrscheinlich waren die Planungen für einen »antifaschistischen Schutzwall« – wie die Mauer später propagandistisch genannt wurde – bereits unter größter Geheimhaltung vorangeschritten. Insofern war Ulbricht wohl eher irritiert, dass das Thema »Grenze« angesprochen wurde, und ihm rutschte der Satz womöglich einfach aus Versehen heraus. Denn am Ende der Pressekonferenz, die ansonsten bekannte Forderungen nach Abzug der Westalliierten aus Berlin und die Umwandlung von Westberlin in eine »Freie Stadt« wiederholte, fragte eine westdeutsche Journalistin nach Verlauf und Ausgestaltung einer potenziellen Staatsgrenze in Berlin. Ulbricht begann seine Antwort mit einer Interpretation der Frage: »Ich verstehe Ihre Frage so, dass es Menschen in Westdeutschland gibt, die wünschen, dass wir die Bauarbeiter der Hauptstadt der DDR mobilisieren, um eine Mauer aufzurichten, ja?« Kurz stockte er und sagte dann klar und eindeutig: »Niemand hat die

WALTER ULBRICHT

Absicht, eine Mauer zu errichten.« Der Begriff »Mauer« war bis dahin in der Öffentlichkeit nie gefallen.

Der Satz fand in der Presse am folgenden Tag keine besondere Beachtung; er wurde nur in einer einzigen West-Publikation überhaupt erwähnt. Die meisten Journalisten mögen gedacht haben, dass Ulbricht bloß eine Metapher verwendete, als er von einer Mauer sprach. Eine militärisch bewachte Betonwand mitten durch Berlin, wie sie dann ab Sommer 1961 tatsächlich Stück für Stück entstand, lag außerhalb der Vorstellungskraft.

Man erinnerte sich erst wieder daran, als in der Nacht zum 13. August mit Straßensperren und Drahtverhau systematisch begonnen wurde, den östlichen Sektor vom Westteil total und rücksichtslos abzusperren. Tausendfach über Postkarten und Flugblättern verbreitet und auf unzähligen Plakaten direkt neben der neuen innerstädtischen Grenze angebracht, entwickelte sich das Zitat zur Anklage, zum Symbol für die Verlogenheit eines Regimes, das nur dadurch überleben konnte, dass es seine Bewohner einsperrte. Die Mauer war eine moralische Bankrotterklärung.

WALTER ULBRICHT

Walter Ulbricht (1893–1973) stammte aus einer sächsischen sozialdemokratisch geprägten Handwerkerfamilie. Bereits als Jugendlicher war er Mitglied der Sozialistischen Arbeiterjugend, trat 1912 in die SPD ein und schloss sich 1919 den Kommunisten an. In der KPD machte er dank seines Organisationstalents, seiner ideologischen Wendigkeit und seines Durchsetzungsvermögens gegenüber innenparteilichen Widersachern ab den 1920er-Jahren eine steile Karriere machte. Nach seiner Rückkehr aus dem Moskauer Exil war er maßgeblich dafür verantwortlich, die DDR nach 1949 auf einen strikt sowjettreuen Kurs zu trimmen. Ab 1960 vereinte er in seiner Person die gesamte Staatsmacht der DDR. Seine vorsichtigen Versuche in den 1960er-Jahren, die DDR von der Sowjetunion zu emanzipieren, scheiterten. 1971 fiel er einer politischen Intrige seines Nachfolgers Erich Honecker zum Opfer und wurde Stück für Stück entmachtet.

»Ich bin ein Berliner«

JOHN F. KENNEDY

Bis zuletzt hatte in Westberlin keiner glauben können oder wollen, was ab dem 13. August 1961 geschah. Nie wurde den Politikern in den Westsektoren ihre eigene Machtlosigkeit so vor Augen geführt wie mit dem Mauerbau. Eine Stadt wurde gewaltsam geteilt. Von einem Tag auf den anderen wurden gewachsene Straßenverläufe zerstört, Menschen voneinander getrennt, Familien auseinandergerissen. Es kam zu dramatischen Flucht- und Trennungsszenen – und der Regierende Bürgermeister Willy Brandt konnte nichts tun außer zuzusehen. Die westliche Schutzmacht USA hatte seine Bitten einzugreifen ignoriert. Präsident John F. Kennedy entschied, nicht gegen den Mauerbau vorzugehen – mitten im Kalten Krieg wollte man einen »heißen« Krieg mit der Sowjetunion, der Schutzmacht der DDR, nicht riskieren. Damit wurde in Berlin bereits 1961 Realität, was nach der Kuba-Krise 1962 weltweit zum Credo der offiziellen »Friedenspolitik« der beiden Supermächte werden sollte: Solange die eigene Macht- und Einflusssphäre gewahrt blieb, durfte der Gegner in seinem Bereich machen, was er wollte.

Der Groll über die Tatenlosigkeit der Verbündeten war in Westberlin groß und drohte, das Ansehen insbesondere der USA nachhaltig zu beschädigen. Es lag also auch im Interesse der Amerikaner, die moralische Autorität und das Vertrauen der Westberliner Bevölkerung zurückzugewinnen, als Präsident Kennedy der Stadt am 26. Juni 1963 einen Besuch abstattete. Und tatsächlich: Der perfekt inszenierte Auftritt wurde ein Triumph. Er gilt heute als ein erster Höhepunkt der US-Begeisterung der Westdeutschen und vor allem der Bürger der geteilten Stadt – besonders dank der Rede des Präsidenten vor dem Rathaus Schöneberg. Überwältigt von dem begeisterten Empfang in der Stadt, hatte Kennedy kurzfristig das vorbereitete Manuskript verworfen und sich ein paar Stichworte notiert, um rhetorisch die ganz große historische Brücke zu schlagen. Mit nichts weniger als dem antiken Rom setzte er Berlin gleich. War es damals der größte Stolz, freier Bürger Roms zu sein, sei es heute in der freien Welt der größte Stolz, ein freier Bürger Berlins zu sein. »All free men, wherever they may live, are citizens of Berlin. And therefore, as a free man, I take pride in the words ›Ich bin ein Berliner.‹«

»Ich bin ein Berliner« – der Satz auf Deutsch, mit dem er seine Rede beendete – die Aussprache hatte er bis zuletzt im Rathaus fieberhaft mit seinem Dolmetscher geübt –, schrieb Geschichte. Er wurde emotional zum Symbol der tiefen Verbundenheit zwischen Westberlin und den USA und stand politisch für die Bedeutung der Stadt im Freiheitskampf des Westens gegen den Kommunismus. Entsprechend formulierte es auch Kennedy selbst: »Wenn es in der Welt Menschen geben sollte, die nicht verstehen oder nicht zu verstehen vorgeben, worum es heute in der Auseinandersetzung zwischen der freien Welt und dem Kommunismus geht, dann können wir ihnen nur sagen, sie sollen nach Berlin kommen.«

Wie es um die Freiheit in der Welt bestellt ist, zeigte sich in Berlin wie unter einem Brennglas. Die Überzeugung wurde seit 1961 bei US-Staatsbesuchen in der Stadt immer wieder betont und fand ihre glänzende Bestätigung, als der Fall der Berliner Mauer den Zusammenbruch des SED-Regimes und letztlich des Sowjetimperiums einleitete. Immer wieder versuchten amerikanische Präsidenten in ihren Reden an den Mythos Kennedy anzuknüpfen – entweder mit visionären Forderungen wie 1987 Ronald Reagan (»Tear down the Wall«) oder mit pathetischen deutschen Sätzen wie 1994 Bill Clinton: »Berlin ist frei«. Die magische Wirkung von damals erreichte keiner dieser Sätze wirklich.

JOHN F. KENNEDY

Der 1917 geborene Sohn des ehrgeizigen irischstämmigen Botschafters »Joe« Kennedy war nach Politikstudium und mehreren Auslandsaufenthalten ab 1953 demokratischer Senator von Massachusetts. 1960 wurde John F. Kennedy mit hauchdünnem Vorsprung vor dem Republikaner Richard Nixon zum 35. und mit 44 Jahren bis heute jüngsten Präsidenten der Vereinigten Staaten gewählt. Er galt als erster moderner Politiker, der sich geschickt im neuen Massenmedium Fernsehen zu präsentieren wusste. Vor allem junge Amerikaner setzten in den smarten Demokraten ihre Hoffnung auf politisch-gesellschaftliche Erneuerung. Unter dem Schlagwort »New Frontier« wollte er z.B. den Bildungsbereich reformieren, Armut stärker bekämpfen und auch die Diskriminierung der Schwarzen im Land beenden. Seine Ermordung am 22. November 1963 in Dallas versetzte nicht nur Berlin einen Schock.

»Wir riefen Arbeitskräfte, und es kamen Menschen«

MAX FRISCH

Gerade war Max Frisch von einem mehrjährigen Aufenthalt in Rom wieder nach Zürich zurückgekehrt. Eigentlich wollte sich der Schriftsteller nicht mehr zur Politik seiner Heimat äußern, doch die offene Feindseligkeit vieler Schweizer gegenüber den italienischen Arbeitskräften empörte ihn zu sehr. Nach dem Zweiten Weltkrieg waren Tausende italienische »Fremdarbeiter« zur Unterstützung vor allem der heimischen Land- und Bauwirtschaft angeworben worden, die in der Regel isoliert und oft unter unmenschlichen Bedingungen in Baracken hausten. In dem Vorwort zu *Siamo Italiani – Die Italiener*, der gedruckten Veröffentlichung zahlreicher Interviews, die der Regisseur Alexander J. Seiler ein Jahr zuvor mit italienischen Gastarbeitern geführt und in einem Film dokumentiert hatte, rechnete Frisch 1965 mit der geistigen Enge und dem offenen Rassismus seiner Landsleute gegenüber den Saisonarbeitern ab. Ausgestattet mit zeitlich begrenztem Bleiberecht, waren sie ihnen zur Arbeit gut genug, sollten aber ansonsten nicht in Erscheinung treten, weil sie anders aßen, anders redeten, generell von der »Norm« abwichen: »Ein kleines Herrenvolk sieht sich in Gefahr«, diagnostizierte Frisch spitz, um dann lakonisch hinzuzufügen: »Wir riefen Arbeitskräfte, und es kamen Menschen«.

Der Satz ist ikonisch geworden und fehlt heute im gesamten deutschsprachigen Raum praktisch in keiner Rede oder keinem Beitrag, um die mangelnde Anerkennung und Integration der ersten Generation von Arbeitsmigranten und -migrantinnen herauszustellen. Auch Deutschland schloss ab Mitte der 1950er-Jahre in der Zeit des »Wirtschaftswunders« zunächst mit Italien, später auch mit Griechenland, Spanien und der Türkei Anwerbeabkommen ab, die den Unternehmen erlaubten, den ständig steigenden Bedarf an Arbeitskräften gezielt aus dem Ausland zu decken. Auch in der Bundesrepublik weigerte sich die Mehrheit der Gesellschaft lange Zeit zu akzeptieren, dass mit den neuen Arbeitern Menschen mit eigenem kulturellem Hintergrund und eigenen Bedürfnissen kamen, die die Gesellschaft veränderten und nachhaltig prägten.

Der Satz von Frisch wird in Deutschland vor allem mit den fast 900 000 türkischen Gastarbeitern verbunden, die nach 1961 bis zum Anwerbestopp 1973 ins Land geholt wurden. Er ist bereits in den 1970er-Jahren von politischen

Organisationen wie der IG Metall aufgegriffen worden, um den Umgang mit dieser Migrationsgruppe zu kritisieren, die als am »fremdartigsten« empfunden wurde. »Die Kanaken«, die erste türkische Deutschrock-Band, integrierte Frischs Worte 1984 in mehrere Songs, die das deutsche Unverständnis gegenüber den »anderen« fremden Mitbürgern thematisierten. Als die Bundesrepublik die Aufenthaltsbedingungen der »Gastarbeiter« nach und nach lockerte und auch den Familiennachzug erlaubte, war Deutschland für viele Türken zu einer neuen Heimat geworden, besonders für die hier Geborenen. 2019 lebten 4,8 Millionen Menschen mit türkischer Herkunft hier, davon 2,8 Millionen mit deutschem Pass, »Deutsch-Türken« in der Türkei genannt.

»Wir riefen Arbeitskräfte, und es kamen Menschen« – in dieser Form wird das Frisch-Zitat heute meist verwendet und damit eindeutig in die Vergangenheit verlegt. So wird suggeriert, dass inzwischen alles anders ist und Arbeitsmigranten heute besser und schneller in die Gesellschaft integriert werden. Tatsächlich ist die große Mehrheit im Land kulturell offener und liberaler geworden, und politische Integrationsangebote und Einwanderungsbedingungen für ausländische Facharbeiter wurden verbessert. Hartnäckig und teils offen geschürt halten sich in der Gesellschaft aber bis heute Rassismus und Ressentiments gegenüber Fremden und vor allem anders aussehenden und religiös geprägten Geflüchteten. Über die Jahre ist Deutschland ein »Land mit Migrationsvergangenheit« (Bundespräsident Steinmeier) geworden, aber auch eines mit neuen Integrationsherausforderungen.

MAX FRISCH

Ob in *Homo Faber* (1957) oder *Mein Name sei Gantenbein* (1964) – die Frage nach der eigenen Identität war ein Hauptthema der Romane des Schweizers Max Frisch (1911–1991), eines der wichtigsten deutschsprachigen Schriftsteller der Nachkriegszeit. Sein literarisches Werk umfasste auch Dramen wie *Andorra* (1961) oder *Biedermann und die Brandstifter* (1958), die sich zeitkritisch mit Aufarbeitung der Vergangenheit, Rassismus und Opportunismus auseinandersetzten. Frisch eröffnete zunächst nach einem Fachstudium 1942 in Zürich ein Architekturbüro, bis er sich nach dem Erfolg seines Romans *Stiller* 1954 entschloss, von nun an als freier Schriftsteller zu arbeiten. Im Jahr 1976 erhielt Frisch den Friedenspreis des deutschen Buchhandels für seine »Beharrlichkeit beim Bekämpfen von Machtmissbrauch und ideologischer Demagogie«.

»Wenn es der Wahrheitsfindung dient«

FRITZ TEUFEL

Im Westberlin Ende der wilden 1960er-Jahre kannte ihn jeder und jede, Freund und Feind: Fritz Teufel, den Medienstar, »Bürgerschreck« und »Politclown« aus dem studentischen Rebellenmilieu, Gründer der legendären Kommune 1, die unter dem Schlagwort »Das Private ist politisch« neue gleichberechtigte Lebensformen zwischen Mann und Frau suchte und bei vielen Bürgern moralische Empörung (und Fantasien von Sodom und Gomorrha) auslöste. Kein Mitglied der studentischen Protestbewegung der »68er« setzte mehr auf Provokation, aber vor allem auch auf Humor als politische Waffe, um überkommene Gesellschaftskonventionen im wahrsten Sinn des Wortes lächerlich zu machen. Der bayerische Linksintellektuelle Hans Magnus Enzensberger, in dessen Wohnung sich zeitweise die Kommune 1 einnistete, bezeichnete Teufel später einmal als einen der großen Humoristen Deutschlands. Aus der Protestbewegung der USA waren neue Protestformen wie Sit-Ins, Blockaden oder Hausbesetzungen nach Westdeutschland herübergeschwappt, die auf maximale Öffentlichkeit setzten und häufig eher fröhlichen, anarchistischen Happenings glichen. Sponti-Aktionen wie das »Pudding-Attentat« auf den amerikanischen Vizepräsidenten 1967 machten Kommunarden wie Teufel schlagartig bekannt. Ziel war nicht zuletzt die Provokation der Staatsmacht, um so den autoritären und reaktionären Gesellschaftscharakter zu »entlarven«. Humor, Geist und Fantasie gegen bürokratische Förmlichkeit, bürgerliche Enge und ängstlichen Kleinmut.

1967 hatte sich der damals 24-jährige Teufel mehrfach wegen tatsächlicher oder vermeintlicher Gesetzesverstöße vor Gericht in Berlin-Moabit zu verantworten. Mit subtilem Wortwitz gelang es ihm regelmäßig, die Staatsanwälte und Richter bloßzustellen und die oft hohlen Rituale der Nachkriegsjustiz offenzulegen – nicht zuletzt, als er sich im November 1967 wegen eines Steinwurfs bei der legendären Demonstration gegen den Schah-Besuch in Berlin verantworten sollte. Beim Eintritt der Richter in den Gerichtssaal stand er nicht wie alle anderen Anwesenden auf, sondern blieb ebenso gelangweilt wie demonstrativ sitzen. Erst nach mehrmaligen Aufforderungen erhob sich Teufel langsam mit einer spöttischen Bemerkung, die zu einem geflügelten Wort geworden ist: »Wenn's der Wahrheitsfindung dient.« Denn natürlich spielt es prinzipiell keine Rolle für eine sachgerechte Urteilsbildung, ob der Angeklagte nun steht oder sitzt, wenn das Gericht zusammentritt.

Der Wunsch, anders, freier, selbstbestimmter zu leben, nicht alles nur deshalb zu machen, weil es die ältere Generation für richtig und wichtig hielt, einte die Anhänger der Studentenbewegung viel mehr als eine konkrete gemeinsame Gesellschaftsvision. Es war das Unbehagen gegenüber einer Gesellschaft, die den wirtschaftlichen Aufschwung genoss, aber dabei den Untertanengeist des Nationalsozialismus konservierte, der eine Generation zuvor die Verbrechen gegen die Menschlichkeit ermöglicht hatte. Teufels provokantes Verhalten vor Gericht demonstrierte nicht zuletzt wohlkalkuliert seine mangelnde Respektbezeugung gegenüber einer Justiz, die immer noch mit ehemaligen Nationalsozialisten besetzt war.

Es wird heute kaum noch bestritten, dass die 68er-Proteste maßgeblich zu einer gesellschaftlichen Liberalisierung beigetragen haben; die Toleranz gegenüber alternativen Lebensentwürfen und auch Minderheiten ist seither viel größer geworden. Bei Eintritt des Gerichts und bei Urteilsverkündung nicht aufzustehen, gilt allerdings weiterhin als sanktionierbares Fehlverhalten. »Wenn es der Wahrheitsfindung dient.« Der Satz ziert heute den Grabstein von Fritz Teufel auf dem Dorotheenstädtischen Friedhof in Berlin-Mitte. Er wird bis heute gern zitiert, wenn man etwas nur sehr widerstrebend tut, weil man es für überflüssig und für reinen Formalismus hält.

FRITZ TEUFEL

Geboren 1943 und im Schwäbischen aufgewachsen, zog Fritz Teufel 1963 zum Studium nach Westberlin, wo er sich schnell politisierte und zur »Ikone der Spaßguerilla« (*Der Spiegel*, 1980) wurde. Im Zuge der 68er-Bewegung geriet er immer stärker in den Sog der radikalen, gewalttätigen Linken und schloss sich u. a. der »Bewegung 2. Juni« an. Ohne dass man ihm konkrete Mittäterschaft an der Entführung des CDU-Politikers Peter Lorenz und mehreren Banküberfällen hatte nachweisen können, saß er ab 1975 als Terrorist in Untersuchungshaft. Nach seiner Entlassung 1980 zog er sich immer mehr aus der Öffentlichkeit zurück und hielt sich als Kolumnist, Fahrradkurier oder Bäcker in Berlin mehr schlecht als recht über Wasser. 2010 starb er an den Folgen einer Parkinson-Erkrankung.

»Wir wollen mehr Demokratie wagen«

WILLY BRANDT

»Nein, wir stehen nicht am Ende unserer Demokratie, wir fangen erst richtig an«: Die letzten Worte der Regierungserklärung gingen im Lärm des Bundestagsplenums am 28. Oktober 1969 fast unter. Während die Neukoalitionäre von SPD und FDP in frenetischen Jubel ausbrachen, war die Empörung in der CDU/CSU-Fraktion groß. »Unglaublich! Unerhört!«, schallte es dem neuen Bundeskanzler Willy Brandt wütend entgegen. Die neuen Oppositionsparteien empfanden die Aussage als diffamierend und ehrenrührig. Wollte Brandt sagen, es hätte unter ihrer Führung an Demokratie gefehlt? Die neue Regierung wollte jedoch der Union nicht ihre Verdienste um die Etablierung eines demokratischen Systems absprechen. Es ging ihr vielmehr um eine weiter gefasste Demokratisierung, um mehr Mitsprache, aktive Mitarbeit und Mitverantwortung in Wirtschaft, Wissenschaft und Kultur, um eine Reformierung der Gesellschaft in größerem Ausmaß. Und letztlich – so der Gedanke – stellt die Verwirklichung von Demokratie auch immer ein Wagnis dar, da sie elementar von der Bereitschaft der Menschen lebt, sich in das Gemeinwesen aktiv einzubringen – eine Bereitschaft, die nicht angeordnet und garantiert werden kann.

»Wir wollen mehr Demokratie wagen« – der sprichwörtlich gewordene, vermutlich vom Schriftsteller Günter Grass formulierte Schlüsselsatz am Anfang der Rede Brandts wurde weder von der Zuhörerschaft noch von der Presse seinerzeit viel beachtet. Erst im Lauf der folgenden Jahre wurde er zur Chiffre für die Reformpolitik der ersten sozialliberalen Koalition von 1969 bis 1974 und stand für die Aufbruchsbewegung in den 1960er- und 1970er-Jahren, die die Gesellschaft nachhaltig liberalisierte und für neue demokratische Partizipationsformen öffnete. Bereits die Regierungsbildung nach der Bundestagswahl im September 1969 war ein demokratisches Novum, ein Wagnis. Erstmals kam es zu einem echten Machtwechsel, stellte nicht die Union, sondern die SPD den Regierungschef. Obwohl der Vorsprung an Mandaten hauchdünn war und es in beiden Parteien viele Vorbehalte gab, schmiedete Brandt mit der FDP unter Walter Scheel ein sozialliberales Bündnis, das er als historische Versöhnung zwischen Arbeiterbewegung und Liberalismus verstand. Gemeinsam wollten die fortschrittlichen Kräfte beider Parteien dem Veränderungsbestrebungen der Studierenden politisch Rechnung tragen. Die Jugendprotestbewegung stellte vor dem Hintergrund der Nazi-Vergangenheit der Elterngeneration seit Jahren die kulturellen, sozialen und politischen Verhältnisse der Nachkriegszeit infrage. So wie Brandt in der Außenpolitik die Aussöhnung mit dem Osten suchte, so wollte er auch nach innen die Gesellschaft versöhnen und Kritiker in den demokratischen Staat einbinden, indem er Freiheitsrechte und soziales wie politisches Mitspracherecht stärkte: Das Wahlalter wurde auf 18 Jahre gesenkt, der Zugang zu Bildung und Wissenschaft erleichtert, Mitbestimmung von Arbeitnehmern und Arbeitnehmerinnen verbessert, das Demonstrationsrecht liberalisiert, die Emanzipation der Frauen gefördert und Sozialleistungen wurden erhöht.

Das berühmte Zitat Brandts »Mehr Demokratie wagen« wird bis heute von Linksliberalen mit gesellschaftlichem Aufbruch und dem Glauben an eine bessere Zukunft verbunden. Als sich 2021 eine »Ampelkoalition« aus Sozialdemokraten, Grünen und Liberalen bildete, demonstrierte sie den eigenen gesellschaftspolitischen Reformwillen durch eine Variante von Brandts Worten: »Mehr Fortschritt wagen« lautete der Titel des gemeinsamen Regierungsprogramms.

WILLY BRANDT

Der 1913 geborene, uneheliche Sohn einer Lübecker Verkäuferin wuchs in den 1920er-Jahren in einem sozialdemokratisch geprägten Arbeitermilieu auf und schloss sich 1930 der SPD an. 1933 musste Willy Brandt vor den Nationalsozialisten über Dänemark nach Norwegen fliehen und ging später nach Schweden, wo er u. a. als Journalist gegen die Diktatur Hitlers kämpfte. Nach dem Krieg erwarb sich Brandt als Regierender Bürgermeister von Westberlin internationales Ansehen als Vorkämpfer demokratischer Freiheit. Dies verschaffte ihm die Rückendeckung im westlichen Bündnis für seine Friedenspolitik gegenüber dem Ostblock ab 1969. Für seine Entspannungs- und Ostpolitik wurde er 1971 mit dem Friedensnobelpreis ausgezeichnet. Auch nach seinem erzwungenen Rücktritt als Bundeskanzler 1974 blieb er als SPD-Vorsitzender (bis 1987) und Vorsitzender der Sozialistischen Internationale prägende Figur der demokratischen Linken. 1992 erlag Brandt einem Krebsleiden.

»Natürlich kann geschossen werden«

ULRIKE MEINHOF

Die langjährige Journalistin Ulrike Meinhof setzte auch im Untergrund auf ihre Kontakte in die Medienbranche. Seit sie am 14. Mai 1970 maßgeblich an der gewaltsamen Befreiung ihres linksextremistischen Gesinnungsgenossen Andreas Baader beteiligt gewesen war, bei der drei Menschen zum Teil lebensgefährliche Verletzungen erlitten, wurde sie steckbrieflich von der Polizei gesucht. Immer wütender, immer verzweifelter hatte die linke Publizistin in den Monaten zuvor gegen die vermeintlichen faschistischen Tendenzen in der Bundesrepublik angeschrieben. Erschüttert von der Wahl des ehemaligen Goebbels-Referenten Kurt Georg Kiesinger zum Bundeskanzler 1966, dem Tod Benno Ohnesorgs bei der Anti-Schah-Demonstration 1967 und dem Attentat auf Rudi Dutschke Ostern 1968 war sie schließlich zu der Überzeugung gelangt, dass man nur noch mit Waffengewalt der Staatsmacht adäquat entgegentreten konnte.

Über Mittelsmänner bot sie Hamburger Medien die Tonbandaufnahme eines kurz zuvor gegebenen Interviews mit einer französischen Journalistin an, in dem sie nicht nur die Waffengewalt bei der Befreiung Baaders rechtfertigte, sondern den Aufbau einer »Roten Armee« zur Befreiung des unterdrückten Proletariats ankündigte. Am 15. Juni veröffentlichte *Der Spiegel* unredigiert Auszüge der Aufnahme, die einen ungewöhnlich offenen Einblick in die menschenverachtende Gedankenwelt des Linksterrorismus gaben, dessen Taten die Republik von nun an jahrelang in Atem halten sollten. Hatte Meinhof noch acht Jahre zuvor in einem Aufsatz das »total freiheitliche und total antimilitärische« Grundgesetz hervorgehoben, glaubte sie jetzt in der Bundesrepublik ein prinzipiell unmenschliches System zu sehen, dessen Repräsentanten es als Feinde rücksichtlos zu bekämpfen galt. »Wir sagen, natürlich, die Bullen sind Schweine, wir sagen, der Typ in der Uniform ist ein Schwein, das ist kein Mensch, und so haben wir uns mit ihm auseinanderzusetzen. Das heißt, wir haben nicht mit ihm zu reden, und es ist falsch, überhaupt mit diesen Leuten zu reden, und natürlich kann geschossen werden.«

»Natürlich kann geschossen werden«: Auch frühere Sympathisanten aus der linksintellektuellen Szene waren entsetzt von Meinhofs radikaler Militanz und gingen zu ihr auf Distanz. Davon völlig unbeeindruckt begann der verschworene Kreis um Andreas Baader, Gudrun Ensslin und Ulrike Meinhof – die

»Baader-Meinhof-Bande«, wie die Rote Armee Fraktion (RAF) zunächst medial genannt wurde – nun den Krieg gegen den Staat bzw. deren Repräsentanten in Politik, Wirtschaft und Gesellschaft. Heinrich Böll bezeichnete ihn später zugespitzt als »Krieg von 6 gegen 60 Millionen«. Nach diversen Brand- und Sprengstoffanschlägen sowie Banküberfällen wurden alle Führungsmitglieder in einer konzertierten Aktion im Juni 1972 festgenommen; 1975 machte man ihnen im Hochsicherheitstrakt der JVA Stuttgart-Stammheim der Prozess. Die folgenden Attentate und Gewalttaten der zweiten Generation der RAF zielten im Kern vor allem auf die Befreiung führender Mitglieder; sie erreichten ihren Höhepunkt im »Deutschen Herbst« 1977, als kurz nacheinander Generalbundesanwalt Siegfried Buback, der Dresdner-Bank-Vorstand Jürgen Ponto und der Arbeitergeberpräsident Hanns Martin Schleyer ermordet wurden. In den 1980er-Jahren folgte noch eine Reihe von Anschlägen, deren Hintergründe aber immer rätselhafter wurden, bevor die RAF 1998 offiziell ihre Auflösung bekannt gab. Aber natürlich war all die Jahre geschossen worden. Und es wurde immer deutlicher, was diese Taten waren: willkürliche Morde oder Gewalttaten an einzelnen Menschen – ein unmoralischer, letztlich völlig unpolitischer Akt. So ist das berüchtigte Meinhof-Zitat auch bekannt und titelgebend für Publikationen über die RAF geworden. Es verdichtet den als selbstverständlich angesehenen verblendeten Irrglauben der Linksterroristen, dass Gewalt eine gesellschaftliche Revolution auslösen könnte.

ULRIKE MEINHOF

Nach dem frühen Tod ihrer Eltern wuchs Ulrike Meinhof (1934–1976) bei der linken Universitätshistorikerin Renate Riemeck in Oldenburg auf. Sie galt als ernsthaft, gewissenhaft, intellektuell und rhetorisch hochbegabt; ihr 1955 in Marburg aufgenommenes Psychologie- und Pädagogik-Studium wurde von der Studienstiftung des deutschen Volkes gefördert. 1960 wurde sie Chefredakteurin der linken Zeitschrift *konkret* und entwickelte sich an der Seite ihres Mannes Klaus Rainer Röhl zum linken Journalistenstar in der Hamburger Gesellschaft. Ab 1969 radikalisierte sie sich in Berlin, ging 1970 in den terroristischen Untergrund. Nach diversen Banküberfällen und Sprengstoffattentaten wurde sie 1972 festgenommen und 1974 wegen Mordversuchs zu acht Jahren Gefängnis verurteilt. Unter nie ganz geklärten Umständen beging sie zwei Jahre später Suizid in Stuttgart-Stammheim. Sie wurde in Berlin-Mariendorf begraben.

»Entscheidend ist, was hinten rauskommt«

HELMUT KOHL

Die Wende – dieser politische Begriff wurde vor der »Friedlichen Revolution« 1989 in der alten Bundesrepublik vor allem mit dem Regierungswechsel von SPD/FDP zu CDU/CSU/FDP im Oktober 1982 verbunden. Er markierte das Ende der sozialliberalen Ära in Bonn. Die FDP hatte die politischen Seiten gewechselt und so den Sturz des SPD-Kanzlers Helmut Schmidt ermöglicht. Ganz ähnlich wie Margaret Thatcher in Großbritannien oder Präsident Ronald Reagan in den USA sprach der neue CDU-Kanzler Helmut Kohl von der Notwendigkeit einer »geistig-moralischen Wende« im Land, von neuer wirtschaftlicher Freiheit, aber auch von einer Renaissance konservativer Werte wie Heimat, Familie und Autorität. Nach den von sozialen und gesellschaftlichen Reformen geprägten 1970er-Jahren war im Land das Bedürfnis nach Stabilität und Ruhe gewachsen, nach einer volkstümlichen Bodenständigkeit, die Kohl perfekt zu verkörpern schien. Er war weder charismatisch wie Willy Brandt noch weltmännisch wie Helmut Schmidt. In Bonn galt er als Provinzpolitiker mit einer merkwürdigen Vorliebe für Saumagen und einer Neigung zu verunglückten Formulierungen, die hin und wieder politische Irritationen (»Gnade der späten Geburt«, 1984 in Israel), oft aber vor allem Heiterkeit auslösten. Legendär wurde seine Antwort bei der Pressekonferenz am 31. Oktober 1984, als er zu seiner Haltung in Bezug auf das umweltpolitische Hickhack um das umstrittene Kohlekraftwerk Buschhaus befragt wurde: »Ich habe keine Probleme, entscheidend ist, was hinten rauskommt.«

Das rhetorisch hilflos wirkende, salopp formulierte Statement löste bei seinen Gegnern Hohn und Spott aus, und sein öffentliches Image als politischer Tölpel verfestigte sich. Der Satz war so beliebig und lapidar, dass er schnell in den allgemeinen Sprachgebrauch einging und noch heute dann fällt, wenn vor allem das Ergebnis zählt, ob beim Kochen oder beim Fußball. In Karikaturen wurde Kohl gern als Birne verhöhnt. Doch Häme prallte an dem selbstbewussten Kanzler ab. Und sie band seine Anhänger nur noch stärker an ihn, die sich in seiner vermeintlichen Schlichtheit bzw. Kleinbürgerlichkeit wiederfanden. Vor allem aber unterschätzte man seine politische Durchsetzungskraft, die ihn sechzehn Jahre an der Spitze des Landes hielt. Für ihn zählte das Ergebnis, das, was politisch durchsetzbar war, das, was schließlich »hinten rauskam«. Selten handelte es sich dabei um große

Umbrüche. Den großspurigen Ankündigungen am Beginn seiner Amtszeit folgten innenpolitisch nur vorsichtige liberal-konservative Veränderungen. Außenpolitisch setzte er ausdrücklich auf Kontinuität und intensivierte sogar noch die Beziehungen zur DDR und der Sowjetunion, was sich in der Umbruchphase Ende der 1980er-Jahr auszahlen sollte. In diesem historischen Ausnahmezustand bewies Kohl seine strategische Fähigkeit, »Dinge vom Ende her zu denken«, wie es von Kohls bester Schülerin Angela Merkel später genannt werden sollte. Entschlossen, die Gunst der Stunde zu nutzen, gelang es ihm, die Vorbehalte der Nachbarn gegenüber einem größeren Deutschland abzubauen und im Einklang mit den Alliierten die staatliche Wiedervereinigung der beiden deutschen Staaten zu erreichen. Nie war es wichtiger und folgenreicher, »was hinten rauskam«.

HELMUT KOHL

Der aus einer Pfälzer Beamtenfamilie stammende Helmut Kohl (1930–2017) trat bereits während seiner Schulzeit 1946 in die CDU ein und verfolgte gezielt seine politische Karriere. Der später promovierte Historiker war ein Meister des politischen Machtspiels. Tief in der CDU verwurzelt, gelang es ihm immer wieder, Allianzen zu schmieden, die ihm den Aufstieg ermöglichten bzw. ihn oben hielten. Bis in die Spätzeit seiner Kanzlerschaft hinein soll er detailliert über Vorgänge an der Basis informiert gewesen sein. 1969 war Kohl in Rheinland-Pfalz mit 39 Jahren jüngster CDU-Ministerpräsident der Republik geworden und entledigte sich nach 1976 als CDU-Oppositionsführer im Bundestag mit Geduld und strategischem Geschick auch Widersachern aus dem eigenen Lager wie etwa Franz-Josef Strauß, der ihn 1976 als »total unfähig« bezeichnet hatte.

»Wir haben die Erde von unseren Kindern geborgt«

Slogan der GRÜNEN

»Vor 40 Jahren haben wir gesagt, wir haben die Erde von unseren Kindern nur geborgt, und heute müssen wir sagen, es ist an der Zeit, sie ihnen endlich zurückzugeben«, sagte die designierte Parteivorsitzende Annalena Baerbock auf dem Parteitag der Grünen/Bündnis 90 im November 2019 unter großem Jubel der anwesenden Mitglieder. Für die spätere Kanzlerkandidatin schloss sich ein Kreis. Was am Anfang eine grüne Utopie gewesen war, sollte nun endlich mehrheitsfähig und in einem großen gesellschaftlichen Bündnis umgesetzt werden. Entsprechend dem legendären Slogan aus der Gründungsphase der Grünen »Wir haben die Erde von unseren Kindern nur geborgt«, der Anfang der 1970er-Jahre von einem US-amerikanischen Umweltaktivisten geprägt wurde und im Wahlkampf 1983, unterlegt mit Kindermalereien von Sonne und Erde, die Wahlplakate zierte, galt es, endlich praktische Handlungsstrategien umzusetzen.

Kein anderer politische Leitsatz drückte so entschieden die grüne Idee der Nachhaltigkeit aus, die Umweltschützer und -schützerinnen – gleich aus welchen politischen Lagern sie ursprünglich kamen – seit den 1970er-Jahren verband: dass der Raubbau an den natürlichen Lebensgrundlagen der Erde (Boden, Wasser, Luft, Klima) ein Ende haben muss, wenn die nächsten Generationen noch gut auf der Erde leben können sollen. Die eingängige emotionale Botschaft verlegt somit die große »Weltaufgabe« auf die private Ebene eines jeden und macht so das Abstrakte konkret. Als ein Wendepunkt, der zumindest in der westlichen Welt die Diskussion um ein gesamtgesellschaftliches Umdenken entfachte, erwies sich 1972 die Veröffentlichung der vom »Club of Rome« in Auftrag gegebenen Studie *Grenzen des Wachstums*, nach der die natürlichen Ressourcen an Rohstoffen, Energie und Boden spätestens in hundert Jahren zur Neige gehen werden. Sie stärkte auch in Deutschland die Umweltbewegung, die sich parteipolitisch ab Anfang der 1980er-Jahre vor allem in der neuen grünen Partei organisierte.

Je mehr die Grünen im Lauf der Jahre an Wählerstimmen gewannen und parlamentarisch vertreten waren, desto wichtiger wurde die Umweltpolitik auch in den etablierten Parteien. Dabei lag der Fokus anfangs darauf, eingetretene Umweltschäden im Nachhinein zu reparieren bzw. umwelttechnisch zu minimieren (Klär- und Filteranlagen, Mülltrennung und Recycling etc.). Erst gegen Ende des 20. Jahrhunderts mit der ersten rot-grünen Bundesregierung begann die konsequente Förderung energie- und rohstoffsparender Technologien, um Umweltbelastungen bzw. -schäden schon im Vorfeld zu vermeiden. Inzwischen steht nachhaltiges, ressourcenschonendes Wirtschaften in vielen Ländern auf der politischen Agenda. Zumindest rhetorisch streben fast alle relevanten politischen Kräfte Deutschlands den Umbau hinsichtlich einer umweltverträglichen Wirtschaft und gleichzeitig die Reduzierung schädlicher Aktivitäten und Branchen an. Die nachfolgenden Generationen werden den Erfolg dieser Bemühungen beurteilen. Angesichts des weltweit immer stärker spürbaren Klimawandels wird auch der politische Druck der jüngeren Generation immer größer: »Ich mache das, weil ihr Erwachsenen auf meine Zukunft scheißt.« Die drastischen Worte von Greta Thunberg, Begründerin der »Fridays-for-Future«-Bewegung, können durchaus als negatives Echo auf die Grünen-Losung verstanden werden.

EINE INDIANISCHE WEISHEIT

Bis heute liest man häufig, dass das Zitat auf eine indianische Weisheit zurückgeht. Bisweilen wird es sogar Sitting Bull (um 1831–1890) persönlich, einem spirituellen Führer der Sioux und langjährigen Widerstandskämpfer gegen die US-Regierung Ende des 19. Jahrhunderts zugeschrieben. Schriftlich findet man die dem Zitat zugrundeliegende Aussage erstmals 1936 in einem Buch über den Besuch Oscar Wildes in Amerika nach dem Bürgerkrieg 1882. Darin wird der Dichter zitiert: »The things of nature do not really belong to us; we should leave them to our children as we have received them.« (»Die Dinge der Natur gehören nicht wirklich uns, wir sollten sie unseren Kindern so hinterlassen, wie wir sie empfangen haben.«) Der uns bekannte Wortlaut schließlich entstammt einem Essay des amerikanischen Umweltaktivisten Wendell Berry von 1971: »We do not inherit the earth from our ancestors; we borrow it from our children.« (»Wir haben die Erde nicht von unseren Eltern geerbt, sondern nur von unseren Kindern geborgt.«)

»*Schwerter zu Pflugscharen*«

Motto der Friedensbewegung

Am Ende der Welt wird ein Friedensreich auf Erden entstehen, in dem alle Menschen auf Gottes Wort hören und alle Waffen der Völker überflüssig werden. »Sie werden ihre Schwerter zu Pflugscharen machen und ihre Spieße zu Sicheln. Es wird kein Volk wider das andere das Schwert erheben, und sie werden hinfort nicht mehr lernen, Krieg zu führen.« So heißt es in den Verheißungen der Propheten Jesaja und Micha im Alten Testament. »Schwerter zu Pflugscharen« – ausgerechnet die atheistische Sowjetunion wählte dieses biblische Zitat als Motiv einer bombastischen Bronzeskulptur, um der Welt den eigenen Friedenswillen zu demonstrieren. Seit 1959 steht ein muskulöser Mann auf dem Gelände der UNO in New York, der ein Schwert in einen Pflug umschmiedet. Durch das Kunstwerk des russischen Bildhauers Jewgeni Wiktorowitsch Wutschetitsch mit dem Titel *We shall beat our swords into plowshares* wurde aus einer biblischen Prophezeiung ein irdischer Auftrag an die Politik. Vor dem Hintergrund des real existierenden Rüstungswettlaufs im Kalten Krieg erschien keine Forderung erstrebenswerter, allerdings auch keine zu dieser Zeit realitätsferner.

Das Bildmotiv der Skulptur fand Eingang in viele DDR-Geschichtsbücher – und wurde in Verbindung mit dem Bibelzitat zum Symbol und Erkennungszeichen der DDR-Friedensbewegung. Diese bildete sich zusammen mit einer Umweltbewegung Anfang der 1980er-Jahre vor allem unter dem Dach der Kirchen und wurde zum Sammelort der politischen Opposition in der DDR. Mit keinem Motto konnte man besser dem System seinen Spiegel vorhalten, die Diskrepanz zwischen pazifistischem Anspruch und oft militarisierter Wirklichkeit in der DDR aufzeigen. Gleichzeitig symbolisierte es die enge Verbindung zwischen der Opposition und der evangelischen Kirche in der DDR, die sich als einzige Großorganisation relative Freiräume gegenüber dem totalen Machtanspruch der SED bewahren konnte (»Kirche im Sozialismus«) und 1989 zum Ausgangs- und Anlaufpunkt der »Friedlichen Revolution« wurde. Bis heute ist das Zitat ein identitätsstiftendes Erkennungszeichen von Abrüstungs- und Friedensinitiativen aus allen Milieus.

Das erneute Drehen an der Rüstungsspirale ließ an der Wende zu den 1980er-Jahren den Pazifismus in beiden Teilen Deutschlands erstarken – dort, wo sich im

Kriegsfall das zentrale Schlachtfeld der beiden Supermächte USA und Sowjetunion befunden hätte. Als Reaktion auf die sowjetische Aufrüstung kündigte die NATO 1979 die Aufstellung weiterer Mittelstreckenwaffen in Westdeutschland an, was die Friedensbewegung dort für einige Jahre zu einer echten Massenbewegung machte. Auf beiden Seiten der Grenze kämpften Aktivisten und Aktivistinnen aber zunehmend auch gemeinsam für eine Demilitarisierung des Landes. Anknüpfend an die Ostermärsche der 1960er-Jahre, wurde die Bewegung im Westen vor allem von den Grünen, kirchlichen und gewerkschaftlichen Gruppen sowie Teilen der SPD getragen, während die Anhänger im Osten vor allem dem kirchlichen Umfeld entstammten. Unter der Überschrift »Frieden schaffen ohne Waffen« forderte der evangelische Pastor Rainer Eppelmann zusammen mit dem Dissidenten Robert Havemann die DDR-Regierung zur Abrüstung auf. Dass dieser »Berliner Appell« in Westmedien publiziert wurde, empörte die DDR-Staatsmacht. Bereits 1981 hatte sie das öffentliche Zeigen des Symbols »Schwerter zu Flugscharen«, z. B. auf den bei Jugendlichen beliebten Aufnähern, als Zeichen von politischer Opposition und »Zersetzung« faktisch verboten. Das änderte aber nichts an dessen Wirkmächtigkeit, nicht zuletzt, weil die westdeutsche Friedensbewegung den Slogan und das Symbol teils übernahm und weiterverbreitete. Schließlich entwickelte es sich zu einer zentralen Parole in den »Wendemonaten« 1989. Nach einem Verfassungsentwurf vom April 1990 sollte das Motto sogar im Staatswappen einer erneuerten DDR stehen.

DIE FRIEDENSTAUBE

Es gibt zahlreiche Zeichen und Symbole, die den Wunsch bzw. die Forderung nach Frieden ausdrücken. Das bekannteste ist wohl die Friedenstaube, die auf die biblische Geschichte von Noah zurückgeht. Noah überstand in seiner Arche die Sintflut, die Gott aus Zorn über die sündigen Menschen auf die Erde geschickt hatte. Als von drei Tauben, die Noah aussandte, eine mit einem Ölzweig im Mund zurückkam, wusste er, dass es wieder Land gab und Gott mit den Menschen wieder Frieden geschlossen hatte. Weltweite Popularität gewann das Symbol der Friedenstaube (mit und ohne Ölzweig) durch die Darstellung auf einem Plakat für einen kommunistischen Weltfriedenskongress 1949. Der dafür verantwortliche Maler hieß Pablo Picasso.

»Ich gebe Ihnen mein Ehrenwort!«

UWE BARSCHEL

Es war einer der größten und rätselhaftesten Politskandale der alten Bundesrepublik. Seit am 7. September 1987 durchsickerte, dass *Der Spiegel* eine Woche vor der Landtagswahl in Schleswig-Holstein »schmutzige Wahlkampftricks« von Uwe Barschel veröffentlichen würde, überschlugen sich die Ereignisse in Kiel. Der CDU-Ministerpräsident sollte seinen Medienreferenten Reiner Pfeiffer beauftragt haben, seinen populären SPD-Rivalen Björn Engholm so gut es geht öffentlich zu diskreditieren; u.a. habe er im Auftrag Barschels eine anonyme Steueranzeige initiiert und Sex-Gerüchte gestreut, berichtete der »Kronzeuge« im Interview mit dem Magazin. Ungeheuerliche Vorwürfe, die Barschel nicht nur starke Stimmenverluste bei der Wahl einbrachten, sondern seine moralische Eignung als Politiker grundsätzlich infrage stellte. In einer Pressekonferenz am 18. September bestritt er alle Vorwürfe vehement und kündigte mehrere eidesstattliche Aussagen auch seiner Mitarbeiter an. Dramatisch um Vertrauen flehend, schloss er seine Erklärung mit den Worten: »Über diese Ihnen gleich vorzulegenden eidesstattlichen Versicherungen hinaus gebe ich Ihnen, gebe ich den Bürgerinnen und Bürgern des Landes Schleswig-Holstein und der gesamten deutschen Öffentlichkeit mein Ehrenwort – ich wiederhole: Ich gebe Ihnen mein Ehrenwort! – dass die gegen mich erhobenen Vorwürfe haltlos sind.« Doch die Zweifel auch innerhalb der eigenen Partei wuchsen, als Mitarbeiter angaben, zu Meineiden gezwungen worden zu sein. Auch als Barschel am 2. Oktober als Ministerpräsident zurücktrat, übernahm er nur die »politische Verantwortung« und versprach, alles dafür zu tun, um seine Unschuld zu beweisen. Am 11. Oktober 1987 entdeckte ein Journalist ihn tot in der Badewanne eines Genfer Hotels. Offizielles Untersuchungsergebnis: Suizid aufgrund von Medikamentenvergiftung. Bis heute halten sich Mordtheorien, die aber nie belegt werden konnten.

Das tragische Ende Barschels wurde anfangs als indirektes Schuldeingeständnis aufgefasst. Einen Tag später wäre vor dem Untersuchungsausschuss sein Ehrenwort nicht mehr zu halten gewesen. Er stand also vor dem beruflichen, politischen und persönlichen Ruin. Als sicher gilt heute, dass Barschel auf der Pressekonferenz zwar nicht die ganze Wahrheit sagte, aber wohl auch selbst Opfer von Intrigen war.

»Ich gebe Ihnen mein Ehrenwort!« – die berüchtigten Worte Barschels sind zum Synonym für Lügen und moralische Abgründe im politischen Betrieb geworden. Die »Barschel-Affäre«, vom *Spiegel* reißerisch als »Waterkantgate« bezeichnet, weitete sich im Laufe der Jahre zu einem Skandal aus, in den auch die SPD wesentlich verstrickt war und der ein dunkles Licht auf die gesamte politische Landschaft nicht nur Schleswig-Holsteins, sondern der ganzen Bundesrepublik warf. So stellte sich heraus, dass die SPD und auch Björn Engholm schon weit vor der Veröffentlichung durch das Nachrichtenmagazin von Pfeiffers Machenschaften gewusst hatte, die dieser wohl mindestens teilweise auf eigene Faust unternahm. Außerdem waren wohl Geldzahlungen von der SPD an den Referenten geflossen, deren Zweck unklar blieben. Mehr und mehr entpuppte sich Pfeiffer als »Doppelagent«. Engholm musste 1993 im Nachgang von allen seinen politischen Ämtern zurücktreten.

Als Politiker sein »Ehrenwort« abzugeben, gilt inzwischen fast als Schuldeingeständnis. Noch Helmut Kohl wollte mit einem Ehrenwort von der Existenz schwarzer CDU-Kassen ablenken. Gesundheitsminister Jens Spahn gab im Januar 2021 immerhin nur »sein Wort«, dass es im Zuge der Coronakrise keine Impfpflicht geben werde.

UWE BARSCHEL

Uwe Barschel (1944–1987) wuchs in einer Flüchtlingsbaracke im schleswig-holsteinischen Geesthacht bei seinen Großeltern auf. Er galt als hochintelligent, extrem ehrgeizig und skrupellos. Als Schülersprecher seines Gymnasiums lud er den Nachfolger Hitlers, Großadmiral Karl Dönitz, zu einem Vortrag über den Nationalsozialismus ein, was einen Skandal auslöste. Auf seine beispiellose Karriere in der CDU Schleswig-Holsteins hatte das aber keinen Einfluss. Der promovierte Jurist war stets der Erste: mit 27 Jahren der jüngste Abgeordnete im Landtag, mit 29 der jüngste CDU-Fraktionsvorsitzende, mit 38 schließlich der jüngste Ministerpräsident eines Bundeslandes. Am 31. Mai 1987 überlebte er als Einziger einen Flugzeugabsturz.

»Das tritt nach meiner Kenntnis … ist das sofort, unverzüglich«

GÜNTER SCHABOWSKI

Es handelt sich wohl um den berühmtesten und folgenreichsten Versprecher, die wohl positivste Fake News der deutschen Geschichte. Ausgerechnet der Sekretär für Informationswesen der neuen SED-Regierung unter Egon Krenz verirrte sich in den Revolutionstagen des Jahres 1989 im Behördenkauderwelsch und sorgte ungewollt für den Fall der Berliner Mauer, der das Ende der DDR und damit die deutsche Wiedervereinigung einläutete. Das live im Fernsehen übertragene Gestammel von Günter Schabowski am Abend des 9. November war bezeichnend für den Zustand eines Staates, dessen Bevölkerung nicht mehr wollte und dessen Führungselite erkennbar nicht mehr konnte. Die dilettantische Verkündung der neuen Reiseregelungen beschleunigte letztlich nur den Zerfallsprozess in den Jahren 1989/90, der so oder so wohl nicht mehr zu verhindern gewesen wäre.

Denn egal, was die SED im Herbst 1989 auch an Änderungen versprach und welche Führungsfiguren sie auch auswechselte – die einst allmächtige Staatspartei hatte bereits für jeden sichtbar die Kontrolle über den Staat verloren. Seit dem Abbau der Grenzbefestigungen in Ungarn zu Österreich im Mai 1989 und dem Angebot auf Asyl des westdeutschen Außenministers Hans-Dietrich Genscher an die DDR-Flüchtlinge in der Prager Botschaft waren die Löcher im Eisernen Vorhangs immer größer geworden, durch die täglich mehr und mehr Bürger und Bürgerinnen aus dem Land flohen. Dem Regime liefen faktisch die Menschen weg. Am Morgen des 9. November wurde im Innenministerium hektisch eine neue Ausreisebestimmung formuliert, die jedem DDR-Bürger erlauben sollte, nun auch direkt von der DDR bzw. Ostberlin das Land zu verlassen. Allerdings weiteten die verantwortlichen Offiziere eigenmächtig den Personenkreis aus, für den die erleichterten Reisebedingungen galten. Nicht nur, wer das Land dauerhaft verlassen wollte, sondern auch, wer einfach privat nur für ein paar Tage in den Westen fahren wollte, konnte das nun voraussetzungslos auf Antrag machen. Dass dies eine faktische Reisefreiheit für jeden bedeutete, war keinem aus der überforderten Führungselite wohl wirklich klar, auch nicht dem Ministerrat, der die Verordnung abnickte. Und erst recht nicht dem Sprecher der Regierung Günter Schabowski, der die Öffentlichkeit informieren sollte, aber weder bei der Beschlussfassung anwesend gewesen war noch den genauen Gesetzesinhalt kannte. Erst am Ende der Pressekonferenz las er eher beiläufig den komplizierten Text vor. Auf die Frage, wann diese Regelung in Kraft trete, antwortete Schabowski fälschlich: »Das tritt nach meiner Kenntnis … ist das sofort, unverzüglich.«

Tatsächlich sollten die neuen Reisemodalitäten erst am nächsten Tag ihre Gültigkeit haben. Doch die Agenturmeldung war bereits in der Welt und verbreitete sich medial wie ein Lauffeuer: »DDR öffnet die Grenze«. Tausende von Menschen drängten an die Grenzstellen in Ostberlin, wo die Kommandanten nicht wussten, was sie tun sollten. Als die Situation gegen 23 Uhr immer bedrohlicher wurde, öffneten die Grenzpolizisten eigenmächtig die Absperrungen. Kurze Zeit später tanzten Menschen aus beiden Teilen Berlins auf der Mauer vor dem Brandenburger Tor. Die DDR, wie sie vierzig Jahre bestanden hatte, existierte nicht mehr. Als freies Land hatte sie keine Überlebenschance mehr.

GÜNTER SCHABOWSKI

In der DDR war Journalismus von politischer Parteinahme nicht zu trennen. Nach seinem Abitur 1946 durchlief Günter Schabowski (1929–2015) eine klassische Karriere in der staatlichen Propagandamaschinerie der DDR. Nach einer ersten Station bei der Gewerkschaftszeitung *Tribüne* war er ab 1968 beim SED-Zentralorgan *Neues Deutschland* tätig, wo er 1978 zum Chefredakteur aufstieg. Gleichzeitig rückte er ab 1984 als Mitglied des Politbüros immer näher ins Zentrum der politischen Macht und wurde sogar als möglicher neuer SED-Chef gehandelt. Im Herbst 1989 trat er zusammen mit dem gesamten Zentralkomitee zurück und wurde im Januar darauf aus der SED-PDS ausgeschlossen. Im wiedervereinigten Deutschland wurde er 1997 wegen des Schießbefehls an der Berliner Mauer zu drei Jahren Haft verurteilt (die er 1999 antrat), im Jahr 2000 jedoch begnadigt. Als einziger der SED-Größen distanzierte er sich vom SED-Regime und bekannte sich zu seiner Schuld.

»Wir sind das Volk«

Losung der DDR-Bürgerrechtsbewegung

Leipzig, 2. Oktober 1989. An die 20 000 Menschen ziehen im Rahmen der wöchentlichen Montagsdemonstration friedlich durch die Innenstadt, um für demokratische Reformen in der DDR und die Zulassung von Oppositionsparteien zu demonstrieren. Als die DDR-Staatsmacht mit den Worten »Hier spricht die Volkspolizei« die Menschen zur Ordnung aufruft, schallt es höhnisch zurück: »Aber wir sind das Volk«. Diese Replik auf die SED-Manier, Institutionen der DDR mit der Vorsilbe »Volks-« – Volkskammer, Volkspolizei, Volksarmee – pseudodemokratisch zu legitimieren, entwickelte sich im Laufe der folgenden Wochen zur zentralen Losung der DDR-Oppositionsbewegung während der »Friedlichen Revolution«. Der selbstbewusste Aufruf zur demokratischen Selbstbestimmung erinnerte nicht von ungefähr an frühere Parolen historisch-politischer Umbrüche. Der Satz findet sich bereits wörtlich in Georg Büchners Revolutionsdrama *Dantons Tod* (1835) und Ferdinand Freiligraths sozialistischem Kampflied aus dem Vormärz *Trotz alledem* (1848).

Zunächst ging es den Demonstrierenden vor allem um die Demokratisierung der DDR, einen »besseren« Sozialismus; Bürgerrechte und politische Freiheiten wurden eingefordert, die seit dem Machtantritt von Michail Gorbatschow 1985 unter den Schlagworten »Glasnost« und »Perestroika« auch in der Sowjetunion vorsichtig Einzug gehalten hatten. Weil der Reformdiskurs längst in der SED selbst geführt wurde, fehlte der Staatspartei die Kraft und der Wille, gegen die Proteste vorzugehen, die fast täglich Zulauf im ganzen Land fanden. Als am 4. November fast eine Million Menschen auf dem Berliner Alexanderplatz tiefgreifende Veränderungen in Staat und Partei einforderten, war dies eine offiziell von der Partei genehmigte Großveranstaltung. Unter den Rednern waren auch prominente Vertreter der SED-Führungskader. Die noch vor Tagen allmächtig scheinende Staatspartei hatte vor aller Augen faktisch abgedankt. Und selbst der gefürchtete Stasi-Chef Erich Mielke verlor seinen Schrecken. »Aber ich liebe, ich liebe doch alle Menschen« – seine hilflos wirkende bizarre Liebeserklärung wenige Tage später vor der Volkskammer rief nur noch Gelächter hervor.

Dass sich die DDR in einem atemberaubenden Tempo zu demokratisieren begann, geriet allerdings fast in den Hintergrund, als am 9. November 1989 die

DDR-Führung überhastet die Grenzen für alle öffnete. »Jetzt wächst zusammen, was zusammengehört« – die legendären Worte Willy Brandts, die er im Nachhinein in das Manuskript seiner Rede zur Maueröffnung auf dem Balkon des Schöneberger Rathauses am 10. November hineinredigieren ließ, sollten sich bewahrheiten. Von einer »besseren« DDR wollten danach immer weniger Menschen etwas wissen. Viele suchten jetzt schnell Anschluss an das demokratische und ökonomische Erfolgsmodell Bundesrepublik. Die demokratische Forderung »Wir sind das Volk« wandelte sich auf der Straße in den patriotischen Aufruf »Wir sind ein Volk«. Als im März 1990 in den einzigen freien Wahlen der DDR ein Parteienbündnis die Mehrheit erhielt, das sich für eine schnelle Wiedervereinigung aussprach, war die Richtung klar. Bereits im Oktober 1990 waren die DDR und mit ihr auch die DDR-Bürgerrechtsbewegung Geschichte.

»Wir sind das Volk« – bis heute ist die Parole eng mit der demokratischen Selbstermächtigung der Bürger und Bürgerinnen der DDR im Herbst 1989 verbunden. In neuerer Zeit nutzten allerdings verschiedene staatskritische Gruppen – Querdenker, Rechtspopulisten u.a. – vor allem in den östlichen Bundesländern den Revolutionsmythos und die Losung für sich, mal als Protest gegen die Aufnahme und Unterstützung von Flüchtlingen, mal als Statement gegen die staatlichen Corona-Maßnahmen. Doch diese Gruppen sind nicht das Volk, sondern nur ein kleiner, lautstarker Teil davon.

PAROLEN DER WENDEZEIT

»Freie Wahlen«, »Auf die Straße«, »Freiheit«, »Wir wollen raus« oder auch »Keine Gewalt!« waren andere zentrale Sätze und Schlagworte, mit denen im Herbst 1989 die ersten Demonstrierenden ihren Forderungen nach Freiheit und Demokratie Ausdruck verliehen. Viele Plakataufschriften waren so kreativ und witzig, dass sie im Gedächtnis blieben: »Stasi in die Produktion«, »Wandlitz zeig dein Antlitz«, »Volksauge sei wachsam«, »Weiter, weiter und nichts vergessen«, »Reformen – aber unbekrenzt«, »TschüSSED«, »Macht ist keine Dauer-Pacht«, »Mit dem Kopf durch die Wende«, »Erst Verhauen – dann Vertrauen?«, »Visafrei bis Hawaii«, »Pässe für alle – Laufpaß für die SED«, »Es lebe die 1989er-Oktoberrevolution«.

8

»*Wir schaffen das*«

Deutschland in Zeiten der Globalisierung oder die Berliner Republik

Die deutsche Wiedervereinigung wurde möglich, als in der Bundesrepublik selbst Bürgerlich-Konservative die Existenz der DDR nicht mehr infrage stellten. Trotz der Öffnungspolitik des sowjetischen Staatschefs Michail Gorbatschow seit 1985 lag noch bis weit ins Jahr 1989 ein Zusammenbruch des Ostblocks außerhalb der Vorstellungskraft. Doch im Herbst war der demokratische Druck der Straße auf die kommunistischen Machthaber so groß geworden, dass innerhalb weniger Wochen die SED-Alleinherrschaft in sich zusammenbrach. Nach der Öffnung der innerdeutschen Grenzen im November nutzte Bundeskanzler Kohl die historische Chance, binnen Monaten mit Zustimmung aller vier Siegermächte den Beitritt der sich auflösenden DDR zur Bundesrepublik durchzusetzen und damit den alten Traum von der deutschen Einheit zu realisieren. Von Aachen im Westen bis Frankfurt an der Oder im Osten, von Rügen im Norden bis Garmisch-Partenkirchen im Süden – seit dem 3. Oktober 1990 leben alle Deutschen wieder in einem Land, dessen Grenzen weder national noch international infrage gestellt werden.

Deutsch-deutsches Zusammenwachsen

Der Euphorie über die schnelle staatliche Einheit folgte innenpolitisch jedoch eine deutsch-deutsche Katerstimmung. Das Zusammenwachsen der über Jahrzehnte getrennten Landesteile gestaltete sich schwieriger als erwartet, zumal die Hoffnungen auf eine rasche Angleichung der Lebensverhältnisse illusorisch waren. Man hatte den desolaten Zustand der DDR-Wirtschaft unterschätzt. Während für die Menschen in Ostdeutschland mit neuen Gesetzen, Institutionen und Werten ein ganz neues Leben begann, glaubte man in Westdeutschland sehr lange, alles könne beim Alten bleiben. Da in den »neuen Bundesländern« vor allem Westdeutsche wichtige Führungspositionen in Verwaltung, Parteien, Betriebe und Universitäten übernahmen, entstand dort ein Gefühl der Bevormundung durch die »Besserwessis«. Die vielfach herrschende Perspektivlosigkeit gerade der Älteren und die mangelnde Wertschätzung gegenüber der Lebensleistung der Ostdeutschen begünstigten nicht nur eine nostalgische Verklärung der DDR (»Ostalgie«), sondern erzeugten Misstrauen und eine Distanz gegenüber den demokratischen Institutionen, von denen sich viele bis heute nicht repräsentiert fühlen. Nach wie vor zeigen sich große politische Unterschiede zwischen Ost und West.

Rückkehr auf die Weltbühne

Außenpolitisch kehrte mit dem wiedervereinigten Deutschland das traditionelle Kraftzentrum im Herzen des Kontinents auf die Weltbühne zurück. Wie alle hochentwickelten Industriestaaten hatte es sich den neuen Herausforderungen der Globalisierung und Digitalisierung zu stellen. Durch die Öffnung neuer Märkte und das Voranschreiten der digitalen Revolution sind seit den 1990er-Jahren weltweit Gesellschaften zusammengewachsen und auch Volkswirtschaften immer engmaschiger miteinander vernetzt. Seit 1999 bzw. 2002 (Bargeld) ist Deutschland durch eine gemeinsame Währung ökonomisch enger denn je an andere europäische Staaten gebunden. Als starke Exportnation hat es diese Entwicklung maßgeblich gefördert und von ihr überproportional profitiert. Die von der Regierung Schröder mit der Agenda 2010 initiierten Sozialreformen liberalisierten ab 2003 den Arbeitsmarkt und stärkten die Wettbewerbsfähigkeit der Wirtschaft.

Als Angela Merkel 2005 als erste Frau ins Bundeskanzleramt einzog, setzte auch sie auf eine enge weltweite Zusammenarbeit zwischen den Nationen. Außerdem trug Deutschland bereits in den letzten Jahrzehnten, wenn auch oft zögerlich, durch die Teilnahme an Militäraktionen zur internationalen Friedenssicherung seiner gestiegenen weltpolitischen Verantwortung verstärkt Rechnung.

Durch Globalisierung und Migrationsbewegungen ist auch die deutsche Gesellschaft multikultureller und multireligiöser geworden. Inzwischen leben viele Menschen in Deutschland, die aus anderen Ländern zugewandert sind. Die Toleranz gegenüber Minderheiten ist auch durch politische Maßnahmen gewachsen. Doch es gibt auch Gegenbewegungen. Das demokratische Ideal einer (welt-)offenen Gesellschaft ist auch heftig in die Kritik geraten. Die Widerstandsfähigkeit der deutschen Demokratie nach innen wie nach außen rückt wieder stärker in den Fokus. Dies ist aber nur eine der zentralen Herausforderungen der Zukunft, zu denen vor allem der Umbau zum klimaneutralen Wirtschaften und der konsequente Ausbau erneuerbarer, natürlicher Energiequellen gehören.

»*Blühende Landschaften*«

HELMUT KOHL

»Kommt die D-Mark nicht zu uns, gehen wir zu ihr.« Zehntausende DDR-Bürger verließen im ersten Halbjahr des Jahres 1990 ihr Land in Richtung Bundesrepublik und beschleunigten den Zerfall eines Staates, der ohne Hilfe aus dem Westen nicht mehr lebensfähig war. Am 1. Juli wurde die DDR faktisch bereits Teil der Bundesrepublik; sie übernahm deren Sozial- und Rechtsordnung, vor allem aber die D-Mark als alleiniges Zahlungsmittel. »Nur die Währungs-, Wirtschafts- und Sozialunion bietet die Chance, ja die Gewähr dafür, dass sich die Lebensbedingungen rasch und durchgreifend bessern«, erklärte Helmut Kohl in einer Fernsehansprache den historisch einmaligen Schritt der Währungsunion, um dann den DDR-Bürgern und -bürgerinnen Mut zuzusprechen und ein Versprechen abzugeben: »Durch eine gemeinsame Anstrengung wird es uns gelingen, Mecklenburg-Vorpommern und Sachsen-Anhalt, Brandenburg, Sachsen und Thüringen schon bald wieder in blühende Landschaften zu verwandeln, in denen es sich zu leben und zu arbeiten lohnt.« Wie die Westdeutschen nach dem Krieg würden auch die Ostdeutschen durch harte Arbeit in einer sozialen Marktwirtschaft schnell zu Wohlstand gelangen. »Wir schaffen das«, hätte eine spätere Bundeskanzlerin vielleicht gesagt.

Von der Ansprache blieb letztlich das Bild von den zukünftigen »blühenden Landschaften« im Osten hängen. Es fehlte fortan in keiner Rede zum Programm des »Aufbau Ost«, vor allem in keiner Wahlkampfrede des Bundeskanzlers im Jahr 1990. Im Osten wurde die Formulierung schnell zum Synonym für den Glauben an einen schnellen Wirtschaftsaufschwung und Wohlstand auf Westniveau – und später zum Ausdruck unhaltbarer Versprechungen im Rausch der Einheit. Denn Kohls Zukunftsvision eines neuen Wirtschaftswunders bewahrheitete sich nicht.

Zwar gab es wohl im Sommer 1990 keine echte realistische Alternative zur Übernahme des bundesdeutschen Wirtschaftsmodells. Doch vor allem der Umtauschkurs 1:1 von DDR- und D-Mark erwies sich als schwere Hypothek für die Wirtschaft in der DDR, die in fast allen Bereichen marode und rückständig und im globalen Wettbewerb nicht ansatzweise konkurrenzfähig war. Ganze Industrien brachen zusammen und mussten von Grund auf erneuert werden. Eine

Treuhandanstalt wurde eingerichtet, die die DDR-Wirtschaft in die Marktwirtschaft überführen sollte. Bis 1994 privatisierte sie im Eiltempo über die Hälfte der fast 10 000 ostdeutschen Unternehmen; ein Drittel wickelte sie ab. Millionen Menschen wurden arbeitslos und mussten sich beruflich vollständig neu orientieren. Vor allem junge Menschen zogen weg, sodass es zu einer Überalterung der Gesellschaft in den sogenannten neuen Bundesländern kam. Trotz jährlicher milliardenschwerer Transferleistungen dauerte es Jahrzehnte, bis das Wohlstands- und Lohnniveau im Osten der Republik sich langsam dem des Westens anglich. Gerade im Kapitalbesitz gibt es bis heute enorme Unterschiede.

Lange Zeit fiel das Kohlsche Wort von den »blühenden Landschaften« nur noch, wenn man spöttisch-ironisch auf den wirtschaftlichen Rückstand der neuen Bundesländer hinweisen wollte. Dabei wird von keinem bezweifelt, wie sehr die ostdeutschen Landschaften im eigentlichen Sinn des Wortes aufgeblüht sind. Nicht nur, dass ganze Städte kunstvoll restauriert wurden und die Infrastruktur eine Modernisierung erfuhr. Vor allem konnten die von enormen Umweltschäden geprägten Industriegebiete der DDR vergleichsweise schnell und nachhaltig renaturiert werden. Stark verschmutzte Flüsse wie Elbe und Saale erholten sich rasch. Eine der letzten Handlung einer DDR-Regierung war es, knapp fünf Prozent des Staatsgebiets unter Naturschutz zu stellen. Das Ergebnis waren tatsächlich blühende Landschaften.

DER EUROPÄER KOHL

Die Zustimmung der Alliierten zur deutschen Wiedervereinigung im Zwei-plus-Vier-Vertrag 1990 hatte ihren Preis. Im Gegenzug zum NATO-Beitritt Gesamtdeutschlands erhielt Gorbatschow erhebliche wirtschaftliche Unterstützung, Deutschland erklärte den endgültigen Verzicht auf alle Ostgebiete, und Frankreich wurde die Verankerung Deutschlands in Europa garantiert. Als historischer »Kanzler der Einheit« engagierte sich Kohl in den nächsten Jahren daher vor allem auch für die Vertiefung der europäischen Einigung. Er setzte maßgeblich 1998 die Teilnahme Deutschlands an der europäischen Währungsunion durch, durch die ab 2002 der Euro alleiniges gesetzliches Zahlungsmittel wurde. Nach seiner Abwahl 1998 verlor er im Jahr 2000 stark an Ansehen, als bekannt wurde, dass er jahrelang illegal »schwarze« Parteikassen unterhalten hatte. Im Ausland blieb er bis zu seinem Tod 2017 der »große Europäer«.

»Wir wollten Gerechtigkeit und bekamen den Rechtsstaat«

BÄRBEL BOHLEY

Am 12. November 1992 saß der letzte DDR-Staatschef Erich Honecker erstmals auf der Anklagebank des Berliner Landgerichts. Zwei Monate später wurde nach einer Verfassungsbeschwerde der Prozess wegen des schlechten Gesundheitszustands des Angeklagten eingestellt. Ein knappes Jahr später verurteilte ein anderes Gericht Erich Mielke zu einer Gefängnisstrafe, aber nicht wegen seiner Tätigkeit als Minister für Staatssicherheit und seiner Mitverantwortung für die von der Stasi begangenen Verbrechen, sondern wegen zwei Morden an Polizisten im Jahr 1931. Dies sind nur die zwei prominentesten Beispiele für die Schwierigkeiten der bundesdeutschen Justiz nach der Wiedervereinigung, das Unrecht der DDR in einem rechtsstaatlichen Verfahren adäquat aufzuarbeiten. Besonders unter den Opfern des SED-Regimes löste das große Verbitterung aus. Während etliche ehemalige SED-Funktionäre und andere staatliche Würdenträger rechtlich unbehelligt blieben und teils hohe Renten erhielten, mussten viele Leidtragende des Systems sehr lange und manchmal vergeblich um Rehabilitierung und Wiedergutmachung vor Gericht kämpfen.

»Wir wollten Gerechtigkeit und bekamen den Rechtsstaat« – der Satz der DDR-Bürgerrechtlerin Bärbel Bohley ist zum Ausdruck der Enttäuschung vieler ehemaliger Regime-Gegner über den Umgang der bundesdeutschen Justiz mit der DDR-Elite geworden. Natürlich war das Statement auch eine Provokation, weil es zu suggerieren schien, mit der Übernahme des westlichen Rechtsstaats sei quasi neues Unrecht entstanden. In diesem Sinn wurde das geflügelte Wort auch von unliebsamer Seite instrumentalisiert. Ausgerechnet Erich Honecker zitierte in der Gerichtsverhandlung Bärbel Bohley, um die vermeintliche Unrechtmäßigkeit des Verfahrens anzuprangern.

Dabei wollte Bohley keineswegs den Rechtsstaat diskreditieren, der sich strikt an der individuellen Schuld und am konkreten Gesetz orientiert. Dies machte sie in ihrer Rede deutlich, die sie am 9. Juli 1991 auf einer Konferenz über die Aufarbeitung der SED-Diktatur in Bonn hielt. »Unser Problem war ja nicht, den westlichen Rechtsstaat zu übernehmen, unser Problem war, dass wir Gerechtigkeit wollten«, sagte sie dort laut Protokoll. Was sie meinte, war im Kontext ganz klar:

Nicht die Strafjustiz, sondern die Politik hatte versagt, weil sie nicht geschafft hatte, was nur sie hätte schaffen können, nämlich Gerechtigkeit im Einigungsprozess herzustellen. Erst im Zeitungsbericht war dann zum ersten Mal der Satz zu lesen, der ihre Aussage etwas missverständlich zuspitzte und fast zu einem Aphorismus verdichtete: »Wir haben Gerechtigkeit erwartet und den Rechtstaat bekommen«. Später wurde die Sentenz meist noch pointierter wiedergegeben: »Wir wollten Gerechtigkeit und bekamen den Rechtstaat.«

Dass das Zitat in dieser Form Karriere machte, lag vor allem daran, dass es dem Gefühl vieler Ex-DDR-Bürger und -Bürgerinnen Anfang der 1990er-Jahre entsprach, vom Westen einseitig vereinnahmt zu werden – ein Unbehagen, das weit über die juristische Behandlung der Vergangenheit hinausging. Über die Treuhandanstalt wurde ab 1990 das von den Ostdeutschen erarbeitete Volksvermögen der DDR fast vollständig an private Unternehmen aus Westdeutschland verkauft, was viele Menschen, unabhängig von ihrer konkreten DDR-Vergangenheit, als tiefe Ungerechtigkeit empfanden.

BÄRBEL BOHLEY

Die freischaffende Künstlerin aus Ostberlin, Bärbel Bohley (1945–2010), war eine der zentralen Symbolfiguren der »Friedlichen Revolution« von 1989. Die überzeugte Pazifistin und Basisdemokratin setzte sich ab Mitte der 1980er-Jahre in Initiativgruppen verstärkt für mehr Freiheitsrechte in der DDR ein und gründete 1989 das »Neue Forum« mit, das zum Zentrum der Bürgerrechtler und DDR-Oppositionellen in der Wendezeit wurde. Erfolglos widersetzte sie sich 1991 der Gründung der Bürgerrechtspartei Bündnis 90, die 1993 mit den westdeutschen Grünen fusionierte. Nach der Wiedervereinigung engagierte sie sich vor allem für eine aktive Auseinandersetzung mit der SED-Diktatur und erhielt mehrere staatliche Auszeichnungen.

»Durch Deutschland muss ein Ruck gehen«

ROMAN HERZOG

Das Ende des Ost-West-Konflikts veränderte die Welt. Es ermöglichte nicht nur die deutsche Wiedervereinigung, sondern brachte die europäischen Staaten politisch, aber vor allem auch wirtschaftlich enger zusammen. Selbst die bis dahin abgeschottete kommunistische Hemisphäre öffnete sich der Marktwirtschaft und wurde – befeuert durch die in den 1990er-Jahren einsetzende digitale Revolution – immer stärker in die internationalen Handels-, Produkt- und Dienstleistungsmärkte integriert. Insbesondere in Asien wuchsen die Volkswirtschaften in einem atemberaubenden Tempo und setzten nach und nach die etablierte Wirtschaftsmacht Deutschland immer stärker unter Druck. Ab Mitte der 1990er-Jahre war es nicht mehr zu übersehen, dass Deutschland mit der Wirtschafts- und Innovationsdynamik in anderen Teilen der Welt nicht mithalten konnte: Über vier Millionen Arbeitslose, teure, aber nicht immer effiziente Sozialversicherungssysteme, ein schwerfälliger Bürokratismus, dazu ein politisches Patt zwischen Regierung und Opposition in Bundestag und Bundesrat lähmten das Land. Es war wie erstarrt.

Dass sich etwas ändern musste, wenn man nicht in der sich neu strukturierenden Welt zurückfallen wollte, war der Imperativ der Zeit. »Die Welt ist im Aufbruch, sie wartet nicht auf Deutschland«, urteilte Roman Herzog am 26. April 1997 und brachte den dringenden Reformbedarf mit dem berühmt gewordenen Satz auf den Punkt: »Durch Deutschland muss ein Ruck gehen.« In dem als »Ruck-Rede« später bezeichneten öffentlichen Vortrag im traditionsreichen Berliner Hotel Adlon forderte der damalige Bundespräsident in engagierten Worten und einprägsamen Bildern die Deutschen auf, Angst und Unsicherheit zu überwinden und den Mut zu umfassenden Veränderungen aufzubringen: »Wir müssen Abschied nehmen von liebgewordenen Besitzständen. Alle sind angesprochen, alle müssen Opfer bringen, alle müssen mitmachen.« Die Bundesbürger und -bürgerinnen sollten in den Reformen nicht nur die Risiken, sondern auch die Chancen erkennen und mehr Zutrauen in die eigenen Fähigkeiten gewinnen, statt immer nach dem schützenden Staat zu rufen.

Ein »Ruck« ist im Wortsinn eine kurze, kräftige Bewegung; »sich einen Ruck geben« heißt umgangssprachlich »sich überwinden«. In diesem Sinne ist der »Ruck« seit Herzogs Rede fester Bestandteil politischer Rhetorik geworden – als

Aufforderung, sich von alten Routinen zu befreien und sich optimistisch und mit Kraft den Herausforderungen der Gegenwart zu stellen.

Tatsächlich kam es im folgenden Jahr in Deutschland zu einem politischen Ruck: Der »Kanzler der Einheit« Helmut Kohl erlitt bei der Bundestagswahl 1998 eine dramatische Niederlage. Zum ersten Mal in der Bundesrepublik löste die Opposition die Regierung über Wahlen ab. Die neue rot-grüne Koalition unter Führung des sozialdemokratischen Kanzlers Gerhard Schröder setzte ab 1998 gesellschaftspolitische Neuerungen durch, die der notwendigen Internationalisierung des Landes Rechnung trugen. Schröder war mit dem Slogan »Wir wollen nicht alles anders, aber vieles besser machen« in den Wahlkampf gegangen. Das klang nicht nach »Ruck«. Doch die neue Regierung macht vieles anders: Sie modernisierte das aus dem Jahr 1913 stammende Staatsbürgerrecht und bemühte sich um eine bessere Integration von Migrantinnen und Migranten. Mit der Agenda 2010 senkte sie die Steuern und deregulierte auf Kosten der sozialen Absicherung den Arbeitsmarkt, um die Wettbewerbschancen der heimischen Wirtschaft auf dem Weltmarkt zu verbessern. Was Deutschland einen langjährigen Aufschwung und fast eine Halbierung der Arbeitslosenzahlen brachte, zerriss jedoch die regierende Sozialdemokratie innerparteilich fast. Von dem wirtschaftsliberalen Ruck profitierten das Land und auch spätere CDU-geführte Regierungen, jedoch nicht die Partei, die ihn verantwortete. Sie geriet durch ihn in eine langjährige Identitätskrise.

ROMAN HERZOG

Gefördert vom Staatsrechtler und späteren bayerischen Kultusminister Theodor Maunz legte der 1934 geborene evangelische Bayer Roman Herzog eine akademische Blitzkarriere in den Rechtswissenschaften hin und wurde 1964 im Alter von gerade einmal 30 Jahren in München habilitiert. Nach einer ersten Professur an der Freien Universität Berlin ging er 1969 an die Hochschule für Verwaltungswissenschaften in Speyer. 1970 trat er auf Zureden von Helmut Kohl in die CDU ein, für die er bis 1983 verschiedene Ministerämter in Baden-Württemberg übernahm. 1987 wurde er Präsident des Bundesverfassungsgerichts in Karlsruhe, bevor er 1994 mit den Stimmen von Union und FDP zum siebten Bundespräsidenten der Bundesrepublik gewählt wurde. Wunschgemäß trat er nach der fünfjährigen Amtsperiode ab, blieb aber bis ins hohe Alter politisch aktiv. Er starb 2017.

»Ich bin schwul – und das ist gut so«

KLAUS WOWEREIT

Dem spektakulären Outing war ein politischer Tabubruch in der Berliner Lokalpolitik vorausgegangen. Am 6. Juni 2001 hatte die SPD die langjährige Koalition mit der CDU aufgekündigt, und zehn Tage später wurde ihr Fraktionsvorsitzender Klaus Wowereit im Abgeordnetenhaus mit den Stimmen von SPD, Grüne und PDS zum neuen Regierenden Bürgermeister gewählt. Gleichzeitig wurden für den Herbst vorgezogene Neuwahlen angekündigt. Dass Wowereit für den Machterhalt auf die Unterstützung der bis dahin ausgegrenzten PDS setzte, sorgte in der Öffentlichkeit für große Aufregung. Ausgerechnet in der ehemaligen Mauerstadt mit der Ex-SED »ganz normal« politisch kooperieren zu wollen – das war eine offene Provokation für viele Menschen gerade im Westteil Berlins und zudem auch in der SPD umstritten. Wowereit ahnte, wie rücksichtslos der Wahlkampf werden würde. Er befürchtete, dass seine politischen Gegner auch seine Homosexualität, die bisher nur im engeren Partei- und Medienzirkel bekannt war, zum Thema machen könnten. »Berater haben vorher gesagt, häng' das niedriger, sag's mal lieber nicht. Aber ich habe mich dann noch entschieden, es zu sagen«, erzählte Wowereit in einem ZDF-Interview 2021. Am 10. Juni ging er auf dem Nominierungsparteitag der SPD in die Offensive und machte Privates erstmals politisch. Hochemotional und nach eigener Aussage spontan formulierte er dann am Ende seiner Bewerbungsrede vor seinen Parteigenossen und -genossinnen die Worte, die historisch wurden: »Ich sage euch auch, und wer's noch nicht gewusst hat, ich bin schwul«, um dann trotzig-selbstbewusst hinzuzufügen, »und das ist auch gut so«.

Zum ersten Mal in der Bundesrepublik hatte sich ein Politiker öffentlich zu seiner Homosexualität bekannt. In den Medien gab es tagelang kaum ein anderes Thema, wobei die öffentliche Reaktion überwiegend wohlwollend war. Plötzlich kannte nicht nur ganz Berlin, sondern ganz Deutschland, ja fast die halbe Welt, einen gewissen Klaus Wowereit, der als Schwuler im Amt des Bürgermeisters der neuen deutschen Hauptstadt bestätigt werden wollte. Wenn auch Anfeindungen nicht ausblieben, gelang es tatsächlich, den vermeintlichen Nachtteil in einen Wahlkampfschlager zu wandeln. T-Shirts mit der Aufschrift »und das ist gut so« fanden reißenden Absatz.

Die Neuwahlen im Oktober 2001 endeten mit einem triumphalen Wahlerfolg für die SPD. Im Januar 2002 wurde Klaus Wowereit an der Spitze einer SPD/PDS-Regierung zum Regierenden Bürgermeister wiedergewählt – ein Amt, das er von nun an fast dreizehn Jahre bekleiden sollte und ihn zur Symbolfigur eines neuen, weltoffenen Deutschlands machte. Der Blick auf die Hauptstadt änderte sich nicht zuletzt dank ihm. Er personifizierte den Aufstieg Berlins in den 2000er-Jahren zur globalen Hauptstadt des Nachtlebens, zur Metropole der Antispießer, in der jeder leben und feiern kann, wie er will. Ein Imagewechsel, der die Stadt – »arm, aber sexy« – international auch zu einem attraktiven Wirtschaftsstandort gerade von Start-ups werden ließ.

»Ich bin schwul und das ist gut so« – der Satz gab konkret der LGBTI-Bewegung politischen Auftrieb, was in den Folgejahren zum Abbau rechtlicher Diskriminierungen von homosexuell lebenden Menschen führte – und 2017 nach langjähriger Blockade weiter Teile der CDU/CSU zur »Ehe für alle«. Durch Wowereit fassten viele Prominente, aber auch Normalbürger den Mut, sich zu »outen«. Als Guido Westerwelle 2009 deutscher Außenminister wurde, spielte seine Homosexualität praktisch keine Rolle mehr in der Öffentlichkeit. Wenn auch noch lange nicht in allen Lebensbereichen, so sind Schwule und Lesben gerade im Politik-, Kultur- und Wissenschaftsbetrieb zu einer Normalität geworden – und das ist auch gut so. Mit der Phrase kann man heute Äußerungen jeder Art pointiert Nachdruck verleihen. Und obwohl sie im Grunde beliebig ist, erkennt sie fast jeder als Zitat.

KLAUS WOWEREIT

Der Ur-Berliner Klaus Wowereit (geboren 1953) wuchs in einfachen Verhältnissen im Stadtteil Tempelhof auf. Durch Fleiß und Bildung gelang ihm der soziale Aufstieg. Nach dem Abitur begann er ein Rechtsstudium, das er 1981 als Volljurist abschloss. Gut vernetzt in der Berliner SPD, wurde er 1999 Landesvorsitzender und regierte ab 2001 für gut 13 Jahren die deutsche Hauptstadt. Während dieser Zeit entwickelte sich Berlin zu einer hoch attraktiven europäischen Touristenmetropole. Gleichzeitig verordnete Wowereit der hoch verschuldeten Stadt einen radikalen Sparkurs. Als Aufsichtsratsvorsitzender hatte er auch wesentlich das Bau- und Kostendebakel um den neuen Berliner Großflughafen BER mitzuverantworten.

»Die Sicherheit Deutschlands wird auch am Hindukusch verteidigt«

PETER STRUCK

Dass von deutschem Boden kein Krieg mehr ausgehen darf, war Konsens in der deutschen Außenpolitik nach dem Zweiten Weltkrieg. Auch nach der Wiedererlangung der vollen nationalen Souveränität nach der Wiedervereinigung unterstützte Deutschland in den folgenden Jahren internationale Befriedungseinsätze vor allem logistisch oder finanziell. In aller Regel wurden aber keine Soldaten in Krisengebiete gesandt, was auch der pazifistischen Grundhaltung im Land entsprach. Die Bündnispartner in der NATO forderten jedoch vom wiedervereinigten Deutschland immer deutlicher einen stärkeren militärischen Eigenbeitrag, der seiner Größe und Bedeutung entspreche. Unter dem Eindruck der dramatischen Terroranschläge von New York und Washington am 11. September 2001 vollzog sich ausgerechnet unter einer rot-grünen Regierung ein fundamentaler Paradigmenwechsel.

Bereits 1999 hatte sich die Luftwaffe an dem hochumstrittenen NATO-Militäreinsatz im ehemaligen Jugoslawien beteiligt. Aber erst der von Afghanistan aus koordinierte Angriff auf die USA durch islamistische Gotteskrieger führte zu einer offiziellen Neubewertung der Sicherheitslage Deutschlands. In Einklang mit der bereits am 12. September 2001 durch Kanzler Schröder erklärten »uneingeschränkten Solidarität« mit den USA im von ihr ausgerufenen weltweiten »Krieg gegen den Terror« plante man, den Aktionsradius der Bundeswehr erheblich zu erweitern. Dem ging folgende Analyse voraus: Die deutsche Demokratie wird von dezentral organisierten Terrornetzwerken bedroht, die überall auf der Welt ihre Basen aufbauen, wo undemokratische Regime herrschen bzw. nicht funktionierende Staatsstrukturen bestehen. Erst wenn auch in diesen Gebieten demokratischere Verhältnisse herrschen, ist Deutschland vor Angriffen wirklich geschützt. Die Armee muss deshalb global einsetzbar sein.

»Die Sicherheit der Bundesrepublik Deutschland wird heute auch am Hindukusch verteidigt«: Bundesverteidigungsminister Peter Struck prägte im Zuge der strategischen Neuausrichtung der Bundeswehr im Jahr 2002 diesen Satz, den er danach immer wieder in offizielle Erklärungen und Interviews einbaute – und der dementsprechend häufig zitiert wurde. Er avancierte zur Formel für den neuen außenpolitischen Kurs der Bundesrepublik. Vor allem der langjährige Afghanistan-Einsatz galt in der Folgezeit als Vorzeigeprojekt für den Anspruch, gefährliche Krisenregionen dauerhaft zu befrieden, um die eigene Stabilität zu sichern.

Nachdem das radikale Taliban-Regime, das die Drahtzieher von 9/11 geschützt hatte, vor allem durch US-amerikanische Truppen im November 2001 gestürzt worden war, wurden im Rahmen eines internationalen Mandats nach und nach auch immer mehr Bundeswehreinheiten nach Afghanistan beordert. Was nur sechs Monate dauern sollte, dauerte am Ende fast zwanzig Jahre – ohne dass die inneren Konflikte Afghanistans auch nur ansatzweise hätten gelöst werden können. Als im Sommer 2021 die deutschen Truppen zusammen mit den NATO-Truppen überhastet abzogen, konnten die islamistischen Taliban fast kampflos das Land wieder übernehmen – ein Debakel für alle westlichen Demokratien. Ist Deutschland unsicherer geworden, weil der Kampf am Hindukusch verloren zu sein scheint? Eine Frage, die nach dem Überfall Russlands auf die Ukraine im Februar 2022 keiner mehr stellt. In Europa bahnt sich eine neue »Eiszeit« zwischen West und Ost, zwischen liberaler Demokratie und Autoritarismus an. Die Sicherheit Deutschlands wird vor allem wieder in Europa verteidigt. (Eine neue Rüstungsspirale droht.)

PETER STRUCK

Der leidenschaftliche Pfeifenraucher und Motorradfahrer Peter Struck, geboren 1943 in Göttingen, stammte aus einfachen Verhältnissen. Er absolvierte ein Jurastudium, das er 1971 mit einer Promotion abschloss. Als Stadtdirektor in seinem langjährigen Wohnort Uelzen begann seine politische Karriere in der SPD, deren Höhepunkte das Amt des Verteidigungsministers von 2002 bis 2005 und der Fraktionsvorsitz der SPD von 2005 bis 2009 waren. Vor allem war Struck von 1980 bis zu seinem freiwilligen Ausscheiden 2009 ununterbrochenes Mitglied des Deutschen Bundestags, ein überzeugter, über alle Parteigrenzen hinweg beliebter Parlamentarier. Sein Mantra, dass kein Gesetz im Bundestag so verabschiedet wird, wie es eingebracht wurde, ist heute noch als »Strucksches Gesetz« bekannt. Ab 2010 bis zu seinem plötzlichen Tod 2012 war Struck Vorsitzender der Friedrich-Ebert-Stiftung.

»Der Islam gehört inzwischen auch zu Deutschland«

CHRISTIAN WULFF

Deutschland werde durch die zunehmende Einwanderung aus islamischen Ländern immer dümmer. Die meisten Muslime können ihren Lebensunterhalt nicht aus eigener Arbeit bestreiten und verharren über Generationen in bildungsfernen Milieus. Weil sie überdurchschnittlich viele Kinder kriegen, werde diese Unterschicht immer größer. Es waren extrem polemische Thesen, die der frühere Berliner Finanzsenator Thilo Sarrazin im Frühsommer 2010 in seinem Buch mit dem fast sprichwörtlich gewordenen Titel *Deutschland schafft sich ab* aufstellte. Der Bestseller traf einen gesellschaftlichen Nerv. Die Behauptungen wurden nicht nur von den Fachwissenschaften fast einheitlich als zu pauschal und undifferenziert zurückgewiesen, sondern empörten auch weite Teile der Gesellschaft. Sie lösten monatelange kontroverse Diskussionen in den Medien aus, die deutlich machten, wie tief die durch Vorurteile gestützte Ablehnung des Islam »an sich« in allen Schichten der Bevölkerung verankert war. Die teils offen rassistischen Töne in der Debatte sorgten für große Besorgnis in den muslimischen Communitys, was Bundespräsident Christian Wulff am 3. Oktober 2010 in der Rede zum 20. Jahrestag der deutschen Einheit zu einer grundlegenden Feststellung veranlasste. »Das Christentum gehört zweifelsfrei zu Deutschland. Das Judentum gehört zweifelsfrei zu Deutschland. Das ist unsere christlich-jüdische Geschichte. Aber der Islam gehört inzwischen auch zu Deutschland.«

Er drückte damit eigentlich nur das bis dahin scheinbar Selbstverständliche aus: dass es in Deutschland ein vom Grundgesetz geschütztes Recht auf Religionsfreiheit gibt und es angesichts der steigenden Zahl von Muslimen in Deutschland Aufgabe der Politik ist, die praktische Ausübung des Islam zu ermöglichen bzw. deren Bedingungen zu verbessern. Was vier Jahre vorher schon der CDU-Bundesinnenminister Wolfgang Schäuble bedeutungsgleich gesagt hatte, »Der Islam ist Teil Deutschlands und Europas«, und damals öffentlich kaum zur Kenntnis genommen wurde, geriet im Licht der aufgewühlten Debattenlage um Sarrazins Buch zu einem politischen Aufreger erster Güte. Vor allem Christdemokraten empfanden die explizite Betonung der Zugehörigkeit des Islam zu Deutschland am nationalen Gedenktag fast als Skandal. Einige versuchten, sich später von dem

Verdacht der Fremdenfeindlichkeit zu befreien, in dem sie spitzfindig formulierten, dass zwar die Menschen, aber nicht die Religion zu Deutschland gehören, also die muslimischen Einwanderer, aber nicht der Islam an sich.

Dabei gehört mit den Muslimen natürlich der Islam inzwischen zu Deutschland. Wulff sprach in seiner Rede von der ursprünglich christlich-jüdischen Prägung Deutschlands, zu der sich nun auch eine islamische hinzugeselle. Bereits zur Zeit des Kaiserreichs hatten wirtschaftliche und kulturelle Beziehungen zum Osmanischen Reich bestanden; im Ersten Weltkrieg stellte es sich politisch-militärisch an die Seite Deutschlands und auch der persönliche Austausch intensivierte sich. Mit dem verstärkten Zuzug türkischer Arbeitsmigranten ab den 1960er-Jahre wurde muslimisches Leben in Deutschland alltäglicher. Mit deren Integration und vor allem rechtlicher Gleichstellung begann man aber erst, nachdem offensichtlich geworden war, dass auch die zweite und dritte Generation von türkischen Migranten bleiben würde. Seit 2010 ist der Islam in Schulen, Universitäten und im Alltagsleben rechtlich und gesellschaftlich immer besser eingebunden worden. Das änderte nichts daran, dass tiefe Vorbehalte blieben, die insbesondere nach der Flüchtlingskrise 2015 erfolgreich von Rechtspopulisten politisch instrumentalisiert wurden. Zu deren Feindbild wurde vor allem Angela Merkel, die sich bereits im Januar 2015 die Worte Wulffs zu eigen gemacht hatte, allerdings auf das relativierende »auch« verzichtete: »Der Islam gehört zu Deutschland«.

CHRISTIAN WULFF

Der 1959 in Osnabrück geborene Jurist Christian Wulff durchlief von der lokalen Jungen Union bis zur Übernahme des Ministerpräsidentenamt eine klassische Karriere in der CDU Niedersachsen und bewies dabei politisches Stehvermögen. Zwei bittere Wahlniederlagen gegen den späteren SPD-Kanzler Schröder musste Wulff hinnehmen, bevor er 2003 Ministerpräsident wurde. Als im Mai 2010 Bundespräsident Horst Köhler überraschend zurücktrat, wurde er von der CDU als Nachfolger nominiert. Dass er sich nur sehr knapp im dritten Wahlgang gegen Joachim Gauck durchsetzen konnte, war ein Menetekel für eine verunglückte Präsidentschaft. Verstärkt durch ungeschicktes Verhalten im Umgang mit Medien geriet er im Zusammenhang mit dem Verdacht der Vorteilsnahme öffentlich ins Kreuzfeuer der Kritik und musste, nachdem sein Ansehen nachhaltig beschädigt war, 2012 zurücktreten. Später wurde er jedoch von allen Vorwürfen freigesprochen.

»Wir sind Papst!«

BILD-Schlagzeile

Hadrian VI. ist selbst Kirchenhistorikern kaum bekannt. Gerade einmal ein Jahr war er 1522 Papst, ohne irgendeine besondere Spur in der Geschichte zu hinterlassen. Er besaß nur eine Eigenschaft, die ihn für lange Zeit zum letzten seiner Art machen sollte: Hadrian war der Herkunft nach Deutscher, denn sein Geburtsort Utrecht gehörte damals zum römisch-deutschen Reich. Was zwischen Waterkant und Toskana nur die allerwenigsten wussten, wurde 483 Jahre später zur Quelle nationalen Stolzes. Davon waren auf jeden Fall deutsche Boulevardjournalisten überzeugt, als am 19. April 2005 weißer Rauch aus der Sixtinischen Kapelle des Apostolischen Palasts in Rom aufstieg und bekannt wurde, dass Kardinal Joseph Ratzinger aus dem oberbayerischen Altötting als Benedikt XVI. zum neuen Oberhaupt der katholischen Kirche gewählt worden war. Ein Bayer, ein Deutscher auf dem Stuhl Petri!

Die *Bild,* die auflagenstärkste deutsche Tageszeitung, brachte die vermeintliche Gemütslage der Nation auf den Punkt. »Wir sind Papst!« stand am Tag nach der Wahl in Großbuchstaben auf der Titelseite – ein journalistischer Geniestreich wohl des Politik-Chefs Georg Streiter: einprägsam, schlagfertig und subtil humorvoll. Der Satz rang selbst den vielen *Bild*-Gegnern ein leises Lächeln ab. In seiner offensichtlichen Widersinnigkeit nahm er genau den marktschreierischen Populismus auf die Schippe, den das Boulevardblatt so gern pflegt. Patriotismus mit einem Schuss Selbstironie – wann gab es das schon einmal in Deutschland, dazu in der *Bild.*

Dass der Satz fast am selben Tag im ganzen Land Kult wurde, hatte auch etwas mit dem sich entkrampfenden Verhältnis vieler Deutschen zur eigenen Nation zu tun. Wir können stolz sein auf unser demokratisches Land, war das Gefühl jener Jahre. Es zeigte sich nicht zuletzt bei der Fußballweltmeisterschaft 2006, ein Jahr später, bei der sich Deutschland als weltoffener Gastgeber präsentierte, der zusammen mit den Fans aller Länder friedlich und entspannt den Fußballsport feierte. Wohl nicht zufällig erinnert der *Bild*-Spruch sprachlich an den Jubelruf glücklicher Fußballfans: »Wir sind Weltmeister!« Er wird seitdem in zahlreichen Abwandlungen immer wieder zitiert, um ein Ereignis national zu vereinnahmen (»Wir sind Oscar« etc.).

Aber auch bezogen auf das konkrete historische Ereignis lag in der Schlagzeile »Wir sind Papst!« ein ironisches Augenzwinkern. Nicht nur, weil es kaum etwas Kollektivunfähigeres gibt als das Amt des Papstes. Es gab auch selten einen Papst, der weniger volkstümlich war als Benedikt XVI. Im Gegensatz zu seinem charismatischen Vorgänger Johannes Paul II. war der ehemalige Kardinal Joseph Ratzinger ein brillanter intellektueller Kopf, ein hochangesehener Theologieprofessor, der aber kaum menschliche Wärme ausstrahlte. Nichts schien ihm ferner zu liegen, als sich mit seinen Landsleuten zu fraternisieren. Sein Eigensinn zeigte sich 2013, als er als erster Papst seit 700 Jahren aus Altersgründen auf das Amt verzichtete. Tatsächlich sind wir seit 2013 nicht mehr Papst, weil er es nicht mehr sein wollte.

DIE *BILD*-ZEITUNG

Viele bunte Bilder, reißerische Überschriften, kurze, einfache Texte: Nach Vorbild britischer Massenblätter 1952 von Medienunternehmer Axel Springer kreiert, entwickelte sich die *Bild* ab den 1960er-Jahren zur lange Zeit auflagenstärksten Boulevardzeitung Europas, die vorgab, die Stimmung der breiten Bevölkerung zum Ausdruck zu bringen. Von Politikern wegen seiner vermeintlichen Meinungsmacht gefürchtet und auch hofiert, wird das Blatt auch von Journalistenkollegen gern verachtet, weil es in seiner Berichterstattung oft hemmungslos an niedrige Instinkte wie Neid appelliert und Vorurteile schürt. Dabei erfand die Redaktion doch immer wieder zu historischen Ereignissen prägnante Schlagzeilen, die im Gedächtnis blieben: »Großer Gott, steh uns bei!« (9/11), »Der Mond ist jetzt ein Ami« (Mondlandung), »Der Westen tut NICHTS!« (Mauerbau) u.v.m.

»*Das Internet ist für uns alle Neuland*«

ANGELA MERKEL

Der offizielle Deutschlandbesuch von US-Präsident Barack Obama am 18./19. Juni 2013 in Berlin war atmosphärisch stark belastet. Wenige Monate zuvor hatten Journalisten enthüllt, dass US-amerikanische Geheimdienste mithilfe amerikanischer Tech-Software den Internetverkehr auch in Deutschland kontrollierten, dass also Millionen Deutsche ohne ihr Wissen ausgespäht wurden. Im Herbst sollte dann bekannt werden, dass auch die Kommunikation deutscher Spitzenpolitiker, ja sogar das Mobiltelefon von Bundeskanzlerin Merkel persönlich von der US-amerikanischen Botschaft in Berlin aus systematisch überwacht worden war, was Merkel scharf kritisierte: »Ausspähen unter Freunden – das geht gar nicht.« Davon wusste sie allerdings im Sommer noch nichts, und beim Obama-Besuch war vor allem Diplomatie gefragt. Während der US-Präsident betonte, dass durch die Spähaktionen viele potenzielle Anschläge auch in Deutschland verhindert werden konnten, hob Merkel auf der abschließenden Pressekonferenz vor allem die kaum abschätzbaren Gefahren des Missbrauchs von solch riesigen Datenmengen aus dem Internet durch gegnerische Staaten oder Organisationen hervor, denn: »Das Internet ist für uns alle Neuland, und es ermöglicht auch Feinden und Gegnern unserer demokratischen Grundordnung natürlich, mit völlig neuen Möglichkeiten und völlig neuen Herangehensweisen unsere Art zu leben, in Gefahr zu bringen.«

»Das Internet ist für uns alle Neuland« – das löste unter den Digital Natives im Netz natürlich sofort große Heiterkeit aus. Dass die Kanzlerin im Jahr 2013, als bereits fast 80 Prozent aller deutschen Erwachsenen »online« waren und viele von ihnen wie selbstverständlich online kommunizierten, Inhalte teilten oder einkauften, das Internet immer noch als »Neuland« ansah, lud zum Spott ein. Der Kontext der Internetkriminalität, in dem der Satz fiel, spielte schon am selben Tag praktisch keine Rolle mehr. Über Facebook, Twitter und Co. verbreitete sich der Satz wie ein Lauffeuer und wurde so bekannt, dass er zum sprichwörtlichen Synonym für die allgemeine Rückständigkeit Deutschlands im Bereich der Digitalisierung geworden ist. Er schien zu belegen, wie wenig die Politikerelite von dem fundamentalen digitalen Wandel mitbekommen hatte und vor allem verstand. Ob es sich um den langsamen Glasfaserausbau handelt, durch den Deutschland bei der schnellen Internetversorgung international weit hinterherhinkt, oder um die immer noch reichlich vorhandenen Papierberge in deutschen Behörden – mit dem Merkel-Zitat lässt sich heute noch gut spötteln.

Dabei ist die ursprüngliche Aussage der Ex-Bundeskanzlerin heute noch richtiger, als sie schon damals war. Aufgrund der vermeintlichen Anonymität der Nutzer und Nutzerinnen und der dezentralen, »anarchischen« Organisationsstruktur ist der »digitale Raum« nach wie vor das ideale Medium zur Begehung bzw. Vorbereitung von Straftaten jeder Art. Ein wirksames internationales Internetstrafrecht, das seinem grenzenlosen Charakter entspricht, steckt noch in den Kinderschuhen. Das Internet ist tatsächlich rechtspolitisch völliges Neuland.

ANGELA MERKEL

Vom Parteieintritt bis zur Wahl zur stellvertretenden Parteivorsitzenden waren es gerade einmal 16 Monaten: Die promovierte Physikerin aus der Uckermark, Angela Merkel (geboren 1954), die erst in der Wendezeit politisch aktiv wurde, legte nach 1990 im Windschatten von Helmut Kohl eine politische Blitzkarriere in der CDU und der Bundespolitik hin. 1999 sagte sich die langjährige Frauen- und Umweltministerin im Zuge der Spendenaffäre von ihrem politischen Ziehvater los und übernahm ein Jahr später selbst den Parteivorsitz. Wie Kohl lange unterschätzt, ordnete sie die Partei ihrem Machtwillen unter. 2005 wurde sie erste Bundeskanzlerin und bisher jüngste Amtsinhaberin. In ihrer sechzehnjährigen Regierungszeit bewährte sie sich vor allem als pragmatische Krisenmanagerin und Besitzstandswahrerin, ohne dass sie mit einem klaren eigenen politischen Projekt identifiziert werden kann.

»Wir schaffen das«

ANGELA MERKEL

»Yes, we can.« Der Slogan stand im Zentrum des US-Präsidentschaftswahlkampfs des Demokraten Barack Obama, der 2009 der erste schwarze Präsident der Vereinigte Staaten wurde. Viele Deutsche schauten fasziniert über den Atlantik in die USA, die wieder einmal Aufbruch und Zukunftsoptimismus ausstrahlten. Im eigenen Land hatte seit 2005 die nüchterne Pragmatikerin Angela Merkel die Zügel in der Hand, die 2008 die internationale Banken- und Finanzkrise oder auch die sich anschließende europäische Schuldenkrise 2010 erfolgreich managte, der aber eine klare Vision und politischer Mut zu fehlen schienen. Die seit 2014 rasant steigende Zahl an Flüchtlingen, die aus Kriegs- und Krisengebieten wie Syrien, Afghanistan, Irak und anderen Staaten des Nahen Ostens und Afrikas nach Europa drängten, war ihr zunächst kein besonderes politisches Anliegen – man betrachtete die Migrations- und Flüchtlingsströme vor allem als Problem der jeweiligen Anrainerstaaten oder der Länder an den EU-Außengrenzen. Noch im Juli 2015 hatte Merkel in einer Fernsehsendung einem vierzehnjährigen palästinensischen Flüchtlingskind, das nach dem Nachzug ihrer Eltern fragte, geantwortet: »Und wenn wir jetzt sagen: Ihr könnt alle kommen … das können wir auch nicht schaffen.« Als wenige Wochen später immer mehr Geflüchtete über Griechenland und die Balkanroute nach Mitteleuropa strömten und sich in ungarischen Aufnahmelagern eine humanitäre Katastrophe anbahnte, zeigte Merkel Herz und vor allem politische Durchsetzungskraft. Im Einvernehmen mit der ungarischen Regierung sagte sie die Aufnahme Hunderttausender Flüchtlinge zu. Wenige Tage vorher, am 31. August, hatte sie auf der Bundespressekonferenz vor dem Hintergrund der immer dramatischeren Flüchtlingssituation eine deutsche Kraftanstrengung angekündigt und versucht, nach dem Vorbild Obamas Optimismus zu verbreiten: »Wir haben so vieles geschafft, wir schaffen das. Wir schaffen das, und wo uns etwas im Wege steht, muss es überwunden werden.«

»Wir schaffen das« – die inhaltlich austauschbare Zuversichtsfloskel wurde so in der öffentlichen Wahrnehmung zur Überschrift, zum Schlagwort für die humane Asylpolitik Merkels, durch die über etwa eine Million vor allem syrische Kriegsflüchtlinge in Deutschland Zuflucht fanden. Der Slogan forderte und symbolisierte einen Gemeinsinn, der sich in einer »Willkommenskultur« gegenüber

ANGELA MERKEL

den Flüchtenden in weiten Teilen der Gesellschaft widerspiegelte. Zugleich steht er jedoch auch für die gesellschaftliche Polarisierung, die Merkels Entscheidung nicht nur in Deutschland, sondern auch in ganz Europa zur Folge hatte. Ein nicht so geringer Teil der Bevölkerung zeigte sich zumindest skeptisch. Während zahllose Deutsche sich aktiv in der Flüchtlingshilfe engagierten, lehnten andere aus Angst vor kultureller Überfremdung Asylanten und Zuwanderung per se mehr oder weniger radikal ab. Diese Angst bildete den Nährboden für den Aufstieg der rechtspopulistischen Partei AfD. Aber auch innerhalb der Europäischen Union offenbarten sich Spaltungen. Der Plan Merkels, die Flüchtlinge gleichmäßig auf alle Mitgliedsländer zu verteilen, erwies sich als Illusion. Erst langsam legte sich die Aufregung. Viele der in Deutschland aufgenommenen Geflüchteten sind inzwischen gut in die deutsche Gesellschaft integriert. Man kann also im Nachhinein durchaus mit Ex-Kanzlerin Merkel sagen: Wir haben es geschafft. Sogar hochrangige Politiker wie Gesundheitsminister Karl Lauterbach in der Coronakrise trauen sich wieder, die Phrase in ihre Appelle einzubauen. Denn das eine Aufforderung oder auch Verpflichtung ausdrückende Statement »Wir schaffen das« enthält auch eine zentrale demokratische Botschaft: dass es in einer freien Gesellschaft des Engagements aller Bürger bedarf, um wirksam zu handeln.

MERKEL, DIE KRISENMANAGERIN

Finanzkrise, Eurokrise, Fukushima-Krise, Flüchtlingskrise und nicht zuletzt die Coronakrise: Immer wieder musste sich Angela Merkel in ihrer Regierungszeit in Krisen bewähren, die schnelles pragmatisches Handeln erforderten. Vorsichtig-abwägend strebte sie im größtmöglichen Konsens eine vernünftige Politik an, die keiner Parteiideologie folgte, sondern sich an dem politisch und gesellschaftlich Durchsetzbaren orientierte. »Ich halte das Vorgehen für alternativlos.« Dieser im Zuge der Finanzkrise geprägte Satz wurde Merkel oft als Machtarroganz und demokratieschädigend vorgeworfen. Dennoch war ihr abwartend moderierender, präsidial wirkender Regierungsstil in großen Teilen der Bevölkerung beliebt und brachte der CDU jahrelange gute Wahlergebnisse (»Sie kennen mich.«).

»Wie könnt ihr es wagen?!«

GRETA THUNBERG

Die Regierungschefs der wichtigsten Länder der Welt waren am 23. September 2019 in das UNO-Zentralgebäude im New York gekommen, um zu beraten, wie man die beschlossenen Maßnahmen zur Verbesserung des Klimaschutzes schneller umsetzen könnte. Vier Jahren zuvor hatten sich alle Staaten – auch die »großen Klimasünder« China, Indien und die USA – auf der UN-Klimakonferenz in Paris darauf geeinigt, die Erderwärmung auf deutlich unter zwei Grad im Vergleich zum vorindustriellen Niveau zu begrenzen, den Weg dahin aber jedem Staat freizustellen. Weil auch diesmal nur wenige konkrete Beschlüsse gefasst wurden, wäre der UNO-Gipfel wohl längst vergessen, wenn nicht auch Greta Thunberg anwesend gewesen wäre und eine bemerkenswerte Eröffnungsrede gehalten hätte.

Die schwedische Klimaschutzaktivistin war seit Monaten in aller Munde, nachdem sie sich, statt in die Schule zu gehen, tagelang vor das schwedische Parlament gesetzt hatte, um für mehr Klimaschutz zu demonstrieren, und damit die weltweite Klima- und Jugendbewegung Fridays for Future initiierte. Auch in Deutschland gingen nun immer mehr Schüler und Schülerinnen jeden Freitag auf die Straße, um schnelleres und konsequenteres Handeln angesichts des Klimawandels einzufordern. Als Teil einer globalen Protestaktion am 15. März 2019 traten deutschlandweit 300 000 Menschen in den »Klimastreik« und demonstrierten, was nicht nur die Medien beeindruckte. Führende Aktivistinnen wie Luisa Neubauer (»die deutsche Greta«) oder Carla Reemtsma wurden jetzt auch von deutschen Spitzenpolitikern und -politikerinnen wahrgenommen. Die Jugend hatte nachhaltige Umweltpolitik ins Zentrum der politischen Agenda auch in Deutschland gesetzt. Als Greta Thunberg in New York das Wort ergriff, wussten die Zuhörer also, dass sie im Namen sehr vieler aus ihrer Generation sprach. Umso mehr Aufmerksamkeit bekam sie, als sie nicht wie erwartet erneut »nur« einen moralischen Appell an die Welt richtete, sondern eine persönliche Wutrede aus der Sicht der Jugendlichen hielt, wie sie in der UNO so noch nie zu hören war. Hoch emotional rechnete sie mit einer Politik ab, die sich vermeintlich nur halbherzig für den zwingend notwendigen ökologischen Umbau der Wirtschaft einsetzte und damit die Lebensbedingungen künftiger Generationen ruinierte. »Wir stehen am Anfang eines Massenaussterbens und alles, worüber ihr reden könnt, ist Geld«, empörte sie sich. Zum Leitmotiv der Rede wurde ein Satz, den sie gezielt rhetorisch einsetzte: »How dare you« – »Wie könnt ihr es wagen!« Immer verzweifelter wiederholte sie ihn nach jedem Vorwurf, den sie der versammelten Zuhörerschaft entgegenschleuderte, bis ihr schließlich Tränen in die Augen schossen. Am Ende gab es Applaus, aber auch viel betroffenes Schweigen.

»Wie könnt ihr es wagen!?« – der zornige Satz ist zum Symbol für die Wut der jüngeren über die ältere Generation geworden, die aktuell die politischen Machtpositionen besetzt und mit ihrem vermeintlichen zögerlichen Handeln die Zukunft der folgenden Generationen zerstört. An großformatigen Ankündigungen und Versprechen für die Zukunft fehlt es nicht. Die EU will Europa mit dem »Green Deal« bis 2050 zu einem klimaneutralen Kontinent machen, auch in Deutschland soll bis dahin die Energieversorgung zu 80 Prozent aus umweltschonenden nachhaltigen Energiequellen, wie Sonne, Wind oder Wasserstoff, gesichert werden. Tatsächlich ist aber von einem gesamtgesellschaftlichen Willen zu einer grundlegenden Veränderung nur wenig spürbar. Ob gerade Demokratien den politischen Mut aufbringen, den radikalen Ankündigungen auch notwendige radikale Taten folgen zu lassen, ist unklar. Ob sie es wirklich wagen?

GRETA THUNBERG

Gerade einmal 15 Jahre alt war die Stockholmer Schülerin Greta Thunberg, als sie 2018 dank der neuen Sozialen Netzwerke innerhalb von wenigen Monaten kometenhaft zur internationalen Ikone einer Jugendbewegung aufstieg. Ihre Popularität und Glaubwürdigkeit verdankte sie vor allem auch ihrer ungewöhnlichen Ernsthaftigkeit und Furchtlosigkeit, mit der sie die Politik für ihre vermeintliche Ambitionslosigkeit kritisiert. Sie tritt als Starrednerin bei Aktionen und Klimakonferenzen in der ganzen Welt auf, trifft sich mit hochrangigen Politikern – und sogar dem Papst – und spricht vor der UNO. Um ihre Glaubwürdigkeit zu unterstreichen, ließ sie sich zum UNO-Gipfel in New York sogar von Boris Herrmann über den Atlantik segeln. Thunberg erhielt zahllose Auszeichnungen und wurde 2019 vom *Time Magazine* zur »Person des Jahres gewählt«.

»*Wir werden einander viel verzeihen müssen*«

JENS SPAHN

Berlin, 22. April 2020. Vorsichtig beginnt die Regierung wieder einige Corona-Regeln zu lockern, die seit gut einem Monat fast das gesamte wirtschaftliche und gesellschaftliche Leben lahmgelegt haben. Geschäfte und Schulen waren geschlossen, strikte Kontaktbeschränkungen verordnet worden, und wer konnte bzw. durfte, arbeitete mobil von zu Hause aus. Das ganze Land war in einen »Lockdown« gegangen, nachdem ein hoch ansteckendes, potenziell tödliches, neuartiges Coronavirus Ende Februar auch Deutschland erreicht hatte. Völlig überrascht und überfordert von einer Situation, die absolut beispiellos war, aber nichtsdestotrotz sofortiges und souveränes Handeln erforderte, musste die Politik die Bewegungsfreiheiten der Menschen einschränken, um die öffentliche Gesundheitsversorgung aufrechtzuerhalten. Bei einer Bundestagsdebatte, bei der es u. a. um die finanzielle Corona-Soforthilfen für Unternehmen und eine eventuelle »Maskenpflicht« ging, sagte Gesundheitsminister Jens Spahn voraus, »dass wir nämlich miteinander in ein paar Monaten wahrscheinlich viel werden verzeihen müssen, weil noch nie ... in der Geschichte der Bundesrepublik und vielleicht auch darüber hinaus in so kurzer Zeit unter solchen Umständen mit dem Wissen, das verfügbar ist, und mit all den Unwägbarkeiten, die da sind, so tiefgreifende Entscheidungen haben getroffen werden müssen; das hat es so noch nicht gegeben«.

»Wir werden einander viel verzeihen müssen« – mit diesem Wortlaut ist Jens Spahn seither immer wieder zitiert worden. Wenn man irgendwann rückblickend die Pandemie rekonstruieren und das Verhalten von Politik und Gesellschaft bewerten wird, könnte der Satz als zentrale Überschrift dienen. Die Coronakrise, die die Gesellschaft in einen permanenten Stress- und Ausnahmezustand versetzte, war von Anfang an auch geprägt von politischen Fehleinschätzungen, die später immer wieder revidiert werden mussten. So wurde zunächst der Nutzen von Masken verneint, um diese dann wenig später zum wichtigsten Schutzmittel zu erklären und die Menschen zum Tragen derselben zu verpflichten. Fast wurde es zur Routine, dass Politiker öffentlich um Entschuldigung baten – wenn etwa doch ein branchenspezifischer »Lockdown« verhängt wurde, obwohl er nur wenige Wochen vorher mehr oder weniger kategorisch ausgeschlossen worden war. Tatsächlich bauten die Maßnahmen der Politik wesentlich auf jeweils aktuellen

Erkenntnissen der medizinischen Forschung auf, die sich im Sinne des naturwissenschaftstypischen »Nach-vorne-Irrens« teils recht rasch änderten. In Rekordzeit gelang es der Wissenschaft, wirksame Impfstoffe zu entwickeln, wodurch ein Ende der Pandemie absehbar wurde. Weil aber das politische Handeln während der ganzen Zeit immer wieder willkürlich und auch falsch erschien, weil es tief in das Leben der Bürger eingriff und ganze Branchen in Existenznot brachte, wuchsen Frust und Misstrauen in der zunehmend entnervten deutschen Gesellschaft. Auch werden nach zwei Jahren Pandemie bereits die sozialen, psychischen, politischen wie auch rechtlichen Folgen immer offensichtlicher. Gerade unter Kindern und Jugendlichen ist eine enorme Zunahme von seelischen Erkrankungen zu verzeichnen. Werden gerade sie später der Politik ihre kaum vermeidbaren Fehler verzeihen können? Wird sich die Gesellschaft nach Jahren der Wut, Angst und des Abstandhaltens mit sich selbst versöhnen können?

JENS SPAHN

Der offen homosexuell lebende Politiker Jens Spahn (geboren 1980) galt lange Zeit als Hoffnungsträger des konservativen Flügels der CDU für die Nach-Merkel-Ära. Nach einer Banklehre studierte Spahn Politikwissenschaften und wurde 2002 erstmals in den Bundestag gewählt. 2014 stieg er als Präsidiumsmitglied in den inneren Machtzirkel der Partei auf. 2018 wurde er Gesundheitsminister und damit jüngstes Mitglied im fünften Kabinett unter der Führung von Angela Merkel. Sein oft erratisches politisches Verhalten in der Coronakrise ließ seinen politischen Stern nach 2020 merklich sinken. Dazu kamen immer wieder Gerüchte um private Vorteilnahme im Amt, z. B. bei der »Maskenaffäre«, die aber nie belegt wurden.

Allgemein

Beier, Brigitte, et al., *Schicksalsorte der Deutschen – 55 Orte, die Geschichte machten.* Berlin 2016.

Boockmann, Hartmann; Schilling, Heinz et al., *Mitten in Europa. Deutsche Geschichte.* Berlin 1987.

Büchmann, Georg, *Der neue Büchmann – Geflügelte Worte. Der klassische Zitatenschatz.* Bearb. und akt. v. Winfried Hofmann. München 2017.

Demandt, Alexander, *Sternstunden der Geschichte.* München 2003.

Duden, *Zitate und Aussprüche. Herkunft, Bedeutung und aktueller Gebrauch.* Berlin 2019.

Emmerich, Alexander, et al., *Deutsche Geschichte. Menschen, Ereignisse, Epochen.* Berlin 2013.

Engehausen, Frank; Erbe, Michael, et al., *Deutsche Geschichte: Von der Antike bis heute.* Berlin 2020.

Fahrmeir, Andreas, *Deutsche Geschichte.* München 2017.

Görtemaker, Manfred, *Deutschland im 19. Jahrhundert. Entwicklungslinien.* Düsseldorf 1983.

Hattstein, Markus; Knebel, Arthur, et al., *Neue Globalgeschichte. Eine Chronik der Menschheit von Lucy bis Greta.* Darmstadt 2021.

Hertslet, William Lewis; Hofmann, Winfried, *Der Treppenwitz der Weltgeschichte – Geschichtliche Irrtümer, Entstellungen und Erfindungen.* Wiesbaden 2008.

Hesse, Helge, *Hier stehe ich, ich kann nicht anders – In 85 Sätzen durch die Weltgeschichte.* München/Berlin 2017.

Lehmann, Hans Georg, *Deutschland-Chronik 1945–2000.* Erschienen in der Schriftenreihe der Bundeszentrale für politische Bildung. Bonn 2002. www.bpb.de/themen/zeit-kulturgeschichte/deutschland-chronik

Marx, Christoph, *101 x Geschichte – Alles, was wichtig ist.* Darmstadt 2019.

Nipperdey, Thomas, *Deutsche Geschichte.* München 1998.

Schulze, Hagen, *Kleine deutsche Geschichte.* München 1999.

Winkler, Heinrich August, *Wie wir wurden, was wir sind – Eine kurze Geschichte der Deutschen.* München 2020.

Auswahlliteratur zu den Kapiteln

Kapitel 1

Becher, Matthias, *Karl der Große.* München 2014.

Kaftan, Oliver J., *Ora et labora, – (k)ein benediktinisches Motto. In: Erbe und Auftrag – Monastische Welt 90* (2014), 415–421.

Kaufhold, Martin, *Otto I., Ansprache vor der Schlacht auf dem Lechfeld (955).* In: Kaufhold, Martin, *Die großen Reden der Weltgeschichte* (S. 65–69). Wiesbaden 2017.

Mehrtens, Friederike, *Eusebius zu Konstantins Vision.* eManual Alte Geschichte, Hamburg online open university, 23. März 2017. https://emanual-altegeschichte.blogs.uni-hamburg.de/443-2

Pipereit, Robert, *Völkerwanderungszeit und Merowinger im Spiegel des Nibelungenliedes.* München 2000. www.grin.com/document/97940

Roth, Theresa, *Paderborner Epos – Ein Loblied auf Karl den Großen?.* München 2006. www.grin.com/document/168078

Saltzwedel, Johannes, *Römischer Historiker Tacitus: Über das Wesen der Germanen.* In: *Spiegel online,* 26.03.2013. www.spiegel.de/spiegelgeschichte/roemischer-historiker-tacitus-ueber-das-wesen-der-germanen-a-890966.html

Schulze, Ursula (Hrsg.), *Das Nibelungenlied. Mittelhochdeutsch/Neuhochdeutsch.* Übers. und Komm. von Siegfried Grosse u. Ursula Schulze. Ditzingen 2011.

Simek, Rudolf, *Die Germanen.* Stuttgart 2006.

Kapitel 2

Borchmeyer, Dieter, *Sturm und Drang: Straßburg – Frankfurt – Wetzlar.* In: Ders.: *DuMont Schnellkurs Goethe.* Köln 2005. www.goethezeitportal.de/wissen/enzyklopaedie/goethe/goetz-von-berlichingen.html

Ernst, Dagmar, *Der Reichston Walthers von der Vogelweide als literarisches und historisches Werk.* München 2006. www.grin.com/document/164162

Hammel-Kiesow, Rolf, *Die Hanse.* München 2008.

Klecker, Elisabeth: *Bella gerant alii, tu, felix Austria, nube. Eine Spurensuche.* In: *Österreich in Geschichte und Literatur (mit Geographie),* 41. Jg., 1997, Heft 1, S. 30–44.

Pulz, Waltraud, *Einfalt der Heiligen? Von heiligen SimulantInnen und der Simulation von Heiligkeit.* In: Göttsch-Elten, Silke; Köhle-Hezinger, Christel, *Komplexe Welt – kulturelle Ordnungssysteme als Orientierung:* 33. Kongress der Deutschen Gesellschaft für Volkskunde in Jena, 2001. Münster 2012, 311–321.

Rader, Olaf B., *Kaiser Friedrich II.* München 2012.

Reinhardt, Volker, *Geschichte der Schweiz.* München 2014.

Salomo ben Simson, *Bericht über die Verfolgung der jüdischen Gemeinden im deutschen Reich während des Ersten Kreuzzugs 1096.* Ins Deutsche übersetzt von S. Baer. In: *Hebräische Berichte über*

die Judenverfolgungen während der Kreuzzüge (Quellen zur Geschichte der Juden in Deutschland, 2), Berlin 1892, 81–152. https://archive.org/details/hebrischeberic00neubuoft/page/n5/mode/2up
Strahm, Hans, *Stadtluft macht frei.* In: Konstanzer Arbeitskreis, *Vorträge und Forschungen: Das Problem der Freiheit in der deutschen und schweizerischen Geschichte,* 1976 (1981, 4. Aufl.), 103–121. https://journals.ub.uni-heidelberg.de/index.php/vuf/article/view/15235/0
Thorau, Peter, *Die Kreuzzüge.* München 2012.
Werfring, Johann, *Rudolf, der Erzschwindler.* In: *Wiener Zeitung,* 13.05.2002. www.wienerzeitung.at/nachrichten/chronik/oesterreich/186802_Rudolf-der-Erzschwindler.html

Kapitel 3
Beeskow, Hans-Joachim, *»Geh aus mein Herz und suche Freud… « – Zum historischen Kontext der Lieder von Paul Gerhardt.* In: *Berlinische Monatsschrift* (Luisenstädtischer Bildungsverein), Heft 7, 1997, S. 15–21. https://berlingeschichte.de/bms/bmstxt97/9707prod.htm
Bezold, Andreas von, *Religiöse Toleranz unter Friedrich II. von Preußen,* München 2006. www.grin.com/document/55654
Kaufmann, René, *Gottfried Wilhelm von Leibniz: Die Theodizee.* In: *Die Tagespost. Katholische Zeitung für Politik, Gesellschaft und Kultur* Nr. 72 (14.06.2008), S. 10.
Kaufmann, Thomas, *Hier stehen wir.* In: *chrismon* 04/2021, S. 38–41.
Kaufmann, Thomas, *Luther.* München 2017.
Moser-Rath, Elisabeth, *Als Adam Grub / und Eva Spann / Wo War Denn da der Edelmann?.* In: Dies., *Dem Kirchenvolk die Leviten Gelesen.* Stuttgart 1991. https://doi.org/10.1007/978-3-476-03344-4_2
Nipperdey, Thomas, *Deutsche Geschichte 1800–1866 – Bürgerwelt und starker Staat.* München 1998.
Schilling, Heinz, *Europa zwischen Staatenbellizität, Glaubenskrieg und Friedensbereitschaft.* In: *1648 – Krieg und Frieden in Europa.* Europaratsausstellung zum 350. Jahrestag des Westfälischen Friedens, 3 Bde., Hg. zusammen mit K. Bußmann, München 1998.
Schorn-Schütte, Luise, *Karl V. – Kaiser zwischen Mittelalter und Neuzeit.* München 2006.
Schreiber, Mathias, *Karl V. – An die Grenzen der Macht.* In: *Spiegel online,* 24.11.2009. https://www.spiegel.de/spiegelgeschichte/a-666923.html
Seewald, Berthold, *Kinder an die Spyß, Jungfrawen bis in den todt genöttigt.* In: *Welt.de,* 26.09.2019. www.welt.de/geschichte/article200969996/Tuerken-vor-Wien-1529-Jungfrawen-bis-in-den-todt-genoettigt.html
Voß, Klaas, *Warum schießen die Preußen sprichwörtlich nicht so schnell?* In: *Hamburger Abendblatt,* 05.02.2014. www.abendblatt.de/ratgeber/wissen/article124537512/Warum-schiessen-die-Preussen-sprichwoertlich-nicht-so-schnell.html.

Kapitel 4
Burkhardt, Ramona , *Goethe und das Zeitalter der Französischen Revolution und Napoleons,* München 2005. www.grin.com/document/80163
Driessen, Christoph, *Die Deutschen als Dichter und Denker,* In: *Rhein-Zeitung* 25.06.2013.
Haller, Günther, *Die Wunden der Völker.* In: *Die Presse* 03.07.2016. www.diepresse.com/5039833/die-wunden-der-voelker
Handschel, Thomas, *Carl Joseph Meyer.* www.thueringen-lese.de/persoenlichkeiten/m/meyer-carl-joseph/carl-joseph-meyer
Kissel, Theodor, *Wiener Kongress: Die Stunde der Reaktion.* In: *spektrum.de,* 15.06.2015. www.spektrum.de/news/wiener-kongress-die-stunde-der-reaktion/1350188
Kolb, Eberhard, *Bismarck.* München 2014.
Leidinger, Hannes; Moritz, Verena, et al., *Streitbare Brüder Österreich: Deutschland. Kurze Geschichte einer schwierigen Nachbarschaft.* Salzburg 2010.
Lingenberg, Janina, *»Frisch, fromm, fröhlich, frei« – »Turnvater« Jahn,* In: *G/Geschichte* 6/2011. www.g-geschichte.de/plus/turnvater-jahn
Marx, Karl; Engels, Friedrich, *Das Kommunistische Manifest – Eine moderne Edition, mit einer Einleitung von Eric Hobsbawn.* Berlin 1999.
Seewald, Berthold, *Vor 195 Jahren. Die Schlacht von Waterloo bleibt immer aktuell.* In: *Welt.de,* 18.06.2010. www.welt.de/kultur/article8072805/Die-Schlacht-von-Waterloo-bleibt-immer-aktuell.html
Spoth, Friedrich, *Ovids Heroides als Elegien.* München 1992.

Kapitel 5
»Der Lotse geht von Bord«. Coverillustration. In: *Der Spiegel* Nr. 38/ 19.09.1982. www.spiegel.de/spiegel/print/index-1982-38.html
Clark, Christopher, *Wilhelm II. – Die Herrschaft des letzten deutschen Kaisers.* München 2009.
Großbongardt, Annette, *Der Erste Weltkrieg.* München 2014.

Longerich, Peter, *Antisemitismus. Eine deutsche Geschichte. Von der Aufklärung bis heute.* München 2021.
Reichlmayr, Georg, *Geschichte der Stadt München.* Erfurt 2013.
Reuth, Ralph Georg, *In Europa gehen die Lichter aus.* In: *Welt.de,* 19.03.2005. www.welt.de/print-welt/article558962/In-Europa-gehen-die-Lichter-aus.html
Seewald, Berthold, *08/15 – eine Kennung, die den Krieg veränderte.* In: *Welt.de,* 20.12.2013. www.welt.de/geschichte/article123150589/08-15-eine-Kennung-die-den-Krieg-veraenderte.html
Stöver, Bernd, *Geschichte Berlins.* München 2010.
Wohlleben, Natalie, *Ein Steuermann, kein Lotse: Vor 130 Jahren erschien »Dropping the pilot«.* 2020. www.bismarck-stiftung.de/2020/03/25/ein-steuermann-kein-lotse-vor-130-jahren-erschien-dropping-the-pilot.
Wolf, Nadja, *Der Kulturkampf. Bismarcks Streit mit der katholischen Kirche.* München 2017. www.grin.com/document/413673

Kapitel 6
Adorno, Theodor W., *Kulturkritik und Gesellschaft.* In: Gesammelte Schriften, Band 10.1: *Kulturkritik und Gesellschaft I, »Prismen. Ohne Leitbild«.* Frankfurt am Main 1977, S. 30.
Ebbert, Birgit, *Bücherverbrennung 1933. Heinrich Heine »Dort, wo man Bücher verbrennt, verbrennt man am Ende auch Menschen«.* 7. Dezember 2004. In: *Zukunft braucht Erinnerung.* Onlineportal. www.zukunft-braucht-erinnerung.de/buecherverbrennung-1933
Haaren, Franziska von, *Der Lügenbaron, der über die Leichen Verwandter ging.* In: *welt.de,* 08.12.2016. www.welt.de/geschichte/article160094975/Der-Luegenbaron-der-ueber-die-Leichen-Verwandter-ging.html
Kemmerer, Alexandra, *Rosakind – Luxemburg, die Revolution und die Bildpolitik.* In: *Zeitschrift für Ideengeschichte* 10 (3) 2016, 44–52.
Kolb, Eberhard, et al., *Die Weimarer Republik.* Oldenbourg Grundriss der Geschichte, Band 16. Berlin 2012.
Kühn, Volker, *Ich bin von Kopf bis Fuß auf Liebe eingestellt – Ein Schimmel geht um die Welt.* Bundeszentrale für politische Bildung, 03.08.2016. www.bpb.de/themen/zeit-kulturgeschichte/sound-des-jahrhunderts/210233/ich-bin-von-kopf-bis-fuss-auf-liebe-eingestellt
Kurbjuweit, Dirk, *Oswald Spengler – Der Prophet des Untergangs.* In: *Spiegel online,* 10.04.2018. www.spiegel.de/spiegel/oswald-spengler-vor-hundert-jahren-der-untergang-des-abendlandes-a-1201736.html
Longerich, Peter, *Goebbels Sportpalastrede – Stiller Staatstreich,* In: *Spiegel online,* 10.02.2011. www.spiegel.de/geschichte/goebbels-sportpalastrede-a-946856.html
Nagornaja, Oksana, *Erklärung des Generalfeldmarschalls von Hindenburg vor dem Parlamentarischen Untersuchungsausschuß (»Dolchstoßlegende«), 18. November 1919.* www.1000dokumente.de/index.html?c=dokument_de&dokument=0026_dol&object=context&st=&l=de
Niemetz, Daniel, *Wo und wann der Zweite Weltkrieg in Wahrheit begann.* In: *mdr.de,* 01.09.2021. www.mdr.de/geschichte/ns-zeit/polen-ueberfall-beginn-zweiter-weltkrieg100.html
November 1919. www.1000dokumente.de/index.html?c=dokument_de&dokument=0026_dol&object=context&st=&l=de
Pröse, Tim, *Tod von Sophie und Hans Scholl. »Ich erinnere mich, wie Mutter die Särge streichelte«.* In: *Spiegel online,* 22.02.2018. www.spiegel.de/geschichte/weisse-rose-der-tod-von-sophie-und-hans-scholl-a-1193874.html
Spreng, Eberhard, *»Ich liebe Deutschland«. Deutschlandfunk,* 11.10.2010. www.deutschlandfunk.de/ich-liebe-deutschland-100.html
Tauber, Peter, *Dieser Feind steht rechts.* In: *Welt.de,* 19.06.2019. www.welt.de/debatte/kommentare/plus195520597/Peter-Tauber-Muessen-endlich-Artikel-18-des-Grundgesetzes-anwenden.html
Wissenschaftliche Dienste des Deutschen Bundestages, *Die Republikproklamation am 9. November 1918 durch Philipp Scheidemann.* WD 1 - 3000 - 034/18. www.bundestag.de/resource/blob/575240/c32108ddfaa77a08b0cbea8a6b14a788/wd-1-034-18-pdf-data.pdf

Kapitel 7
B., Annalena, *Schwerter zu Pflugscharen – 19.11.1980: Ende der ersten Friedensdekade.* In: Gegen Vergessen – Für Demokratie e.V.,
Brandt, Peter, *1948 – Jahr der Entscheidungen – Ernst Reuter und der Weg in den Kalten Krieg,* Ernst-Reuter-Hefte, Heft 1. Be.bra wissenschaft: Berlin-Brandenburg 2012.
Bührer, Werner, *Der Traum vom »Wohlstand für alle«. Wie aktuell ist Ludwig Erhards Programmschrift?* In: Zeithistorische Forschungen, Online-Ausgabe, 4 (2007), H. 1–2. https://zeithistorische-forschungen.de/1-2-2007/4428

Chronik der Mauer. Ein Projekt des Leibniz-Zentrums für Zeithistorische Forschung Potsdam (ZZF), der Bundeszentrale für politische Bildung, des Deutschlandradios und der Stiftung Berliner Mauer. www.chronik-der-mauer.de

Clough, Patricia M., *Ära Kohl? Eine Kanzlerschaft in den 1980er Jahren.* In: *Aus Politik und Zeitgeschichte.* Bundeszentrale für politische Bildung, 06.11.2015. www.bpb.de/shop/zeitschriften/apuz/214869/aera-kohl/?p=3

Demokratiegeschichten vom 19. November 2019. www.demokratiegeschichten.de/schwerter-zu-pflugscharen-*19-11-1980*-ende-der-ersten-friedensdekade

Die Nationalhymne der DDR »Auferstanden aus Ruinen«. mdr.de, 14. Dezember 2010. www.mdr.de/geschichte/ddr/politik-gesellschaft/nationalhymne-auferstanden-aus-ruinen-100.html

Faerber-Husemann, Renate, *»Samstags gehört Vati mir«.* Deutschlandfunk, 01.05.2004. www.deutschlandfunk.de/samstags-gehoert-vati-mir-100.html

Fischer, Vanessa, *»Wir sind das Volk«.* Deutschlandfunk Kultur 28.09.2005. www.deutschlandfunkkultur.de/wir-sind-das-volk-108.html

Greffrath, Mathias, *Mehr Demokratie wagen – Eine Vision und was aus ihr geworden ist.* Deutschlandfunk Kultur, 16.10.2019. www.deutschlandfunkkultur.de/mehr-demokratie-wagen-eine-vision-und-was-aus-ihr-geworden-100.html

Kellerhoff, Sven Felix; *Ulbricht, Walter: »Niemand hat die Absicht, eine Mauer zu errichten«.* In: *Welt.de,* 15.06.2011. www.welt.de/kultur/history/article13428422/Niemand-hat-die-Absicht-eine-Mauer-zu-errichten

Leonhard, Wolfgang, *Die Revolution entlässt ihre Kinder.* Köln 2005.

Meyer, Frank, *»Wunderbarer Freund, großer Humorist«.* Interview mit H. M. Enzensberger zum Tod vom Fritz Teufel. Deutschlandfunk Kultur, am 07.07.2010. www.deutschlandfunkkultur.de/wunderbarer-freund-grosser-humorist-100.html

Regensburger, Marianne, *Bonn ist nicht Weimar.* In: *Die Zeit,* 17. Januar 1957. www.zeit.de/1957/03/bonn-ist-nicht-weimar

Rott, Wilfried, *Die Insel – Eine Geschichte West-Berlins 1948–1990.* München 2009.

Wiegelmann, Lukas, *Waterkantgate: Barschels »Ehrenwort« und viele ungelöste Rätsel.* In *welt.de,* 12.09.2012. https://www.welt.de/kultur/history/article109159553/Barschels-Ehrenwort-und-viele-ungeloeste-Raetsel.html

Winkler, Willi, *Die Geschichte der RAF.* Hamburg 2008.

Kapitel 8

Bahners, Patrick, *Bärbel Bohley – Gerechtigkeit und Rechtsstaat.* In: *FAZ.de,* 11.10.2020. www.faz.net/aktuell/feuilleton/debatten/baerbel-bohleys-zitat-von-gerechtigkeit-und-rechtsstaat-16996571.html

Detjen, Stephan, *»Der Islam gehört zu Deutschland«. Die Geschichte eines Satzes.* Deutschlandfunk, 13.01.2015. www.deutschlandfunk.de/der-islam-gehoert-zu-deutschland-die-geschichte-eines-satzes-100.html

Epp, Eugen, *»How dare you?!« – Dieser Satz von Greta Thunberg wird Geschichte schreiben.* In: *stern.de,* 24.09.2019. www.stern.de/politik/ausland/greta-thunbergs--how-dare-you----wird-geschichte-schreiben-8920164.html

Fischer, Vanessa, *20 Jahre Coming-out von Klaus Wowereit. »Den Satz hatte ich so nicht formuliert, der kam spontan«.* Interview mit Klaus Wowereit. In: *tagesspiegel.de,* 07.06.2021. https://plus.tagesspiegel.de/gesellschaft/queerspiegel/20-jahre-coming-out-von-klaus-wowereit-ich-bin-ein-bisschen-stolz-darauf-was-das-fuer-andere-bewirkt-hat-157769.html

Klein, Nelly, *»Das Internet ist für uns alle Neuland …«.* In: *LA UNI* – Das Campusmagazin, 11. Mai 2021. www.la-uni.org/2021/05/11/das-internet-ist-fuer-uns-alle-neuland

Löhr, Julia, *Politiker in der Pandemie – Es tut Ihnen leid.* In: *FAZ.de,* 09.02.2021. www.faz.net/aktuell/wirtschaft/corona-pandemie-politiker-entschuldigen-sich-17188636.html

Schimak, Florian, *Greta Thunbergs Rede beim UN-Klimagipfel im Wortlaut.* In: *Merkur.de,* 20.11.2009. https://www.merkur.de/politik/greta-thunberg-rede-un-klimagipfel-new-york-deutsch-zr-13031691.html

Wajsbrot, Cécile, *Tage, an denen ich gern dazugehört hätte.* In: *FAZ.de,* 29.11.2021. www.faz.net/aktuell/feuilleton/wir-schaffen-das-angela-merkels-satz-in-stunden-der-not-17656522.html

Wanzeck, Markus, *Ökologische Folgen der Wiedervereinigung. Blühende Landschaften.* In: *sueddeutsche.de,* 28. September 2014. www.sueddeutsche.de/wissen/oekologische-folgen-der-wiedervereinigung-bluehende-landschaften-1.2149033

Alle Online-Publikationen abgerufen am 2.5.2022

Über den Autor
Christoph Marx studierte Neuere und Neueste Geschichte, Politikwissenschaft und Neuere deutsche Literaturgeschichte an den Universitäten Freiburg und Berlin. Er lebt als Publizist und Lektor in Berlin. Veröffentlichungen u. a. bei Wissenschaftliche Buchgesellschaft, Brockhaus und National Geographic, im *Tagesspiegel* und *stern*.

Über den Illustrator
Dieter Wiesmüller studierte Grafik, Malerei und Illustration in Hamburg. Er hat neben zahlreichen Umschlägen für Bücher viele Jahre Titelbilder für *Der Spiegel* und den *stern* illustriert sowie eigene Bilderbücher geschrieben und gezeichnet. Er lebt als freischaffender Künstler in Hamburg.

Bibliographisches Institut GmbH

Mecklenburgische Straße 53, 14197 Berlin

Redaktion: Juliane von Laffert, Iris Glahn
Konzept: Detlef Berghorn, Christoph Marx
Lektorat: Juliane Steinbrecher
Herstellung: Maike Häßler, Christian Fleischer
Illustrationen: Dieter Wiesmüller
Layout und Satz: Hanna Zeckau
Druck und Bindung: L.E.G.O. S.p.A., Italien

ISBN 978-3-411-05973-7
www.duden.de